Münstersche Gespräche
zu Themen
der wissenschaftlichen Pädagogik

**Münstersche Gespräche
zu Themen
der wissenschaftlichen
Pädagogik**

Herausgegeben von
Joachim Dikow, Marian Heitger
Rainer Ilgner, Clemens Menze
Aloysius Regenbrecht, Johannes Schneider
Wilhelm Wittenbruch

Heft 14

Natur
Wissenschaft
Bildung

Im Auftrage
des Münsterschen Gesprächskreises
für wissenschaftliche Pädagogik
herausgegeben von

Norbert Hilgenheger

Aschendorff Münster

Gedruckt mit Unterstützung
des Bistums Münster

© 1997 Aschendorffsche Verlagsbuchhandlung GmbH & Co., Münster

Gesamtherstellung: Druckhaus Aschendorff, Münster, 1997

ISBN 3–402–04725–X

Inhalt

Norbert Hilgenheger, Meinolf Peters

Einführung in die Dokumentation des 14. Münsterschen Gesprächs

Das *Verhältnis des Menschen zur Natur* gilt seit etlichen Jahren als tiefgründig gestört. Die zunehmende *Beherrschung der Natur* versprach früher zivilisatorischen *Fortschritt* und Zugewinn an *Autarkie*. Heute ist diese Erwartung für viele unglaubwürdig geworden. Zwar führt der Einsatz von Technik zu großartigen Erfolgen. Der *Sieg* über die Natur hat jedoch seinen Preis. Das *feurige* Element, das der Mensch in immer größeren Energiemengen entfesselt, droht *Wasser, Erde* und *Luft* zu vergiften. Es ist sogar zu hören, das Überleben der Menschheit sei gefährdet. Wenn die Menschheit noch eine Zukunft haben wolle, müsse sie ihre *Einstellung zur Natur* und das aus dieser Einstellung resultierende *Verhalten* von Grund auf umstellen.

Bekanntlich lassen sich Einstellungen und Verhaltensweisen durch *Lernen* verändern. Deswegen wurde die ökologische Krise zu Recht zu einer Herausforderung für das *Erziehungssystem*. Insbesondere im Überschneidungsbereich von Erziehungs- und Wissenschaftssystem wird man auf sie reagieren müssen.[1] Zwingt die ökologische Krise vielleicht zu einem fundamentalen *Umdenken*, ja sogar zu einer *Revolution* der *bildungstheoretischen Denkungsart?* Der *Zusammenhang von Natur und Bildung* müßte dann neu gedacht werden.

1. Das antinaturalistische Vorurteil der Bildungstheorie als Anknüpfungspunkt für das 14. Münstersche Gespräch

Wo kann man mit seiner *naturpädagogischen Überlegung* ansetzen, wenn man sich nicht von fremden Provinzen aus regieren lassen will? Die Gefahr ist groß, daß sich die Pädagogen angesichts der gegenwärtigen Situation zu ökologischen Hand- und Spanndiensten entmündigen lassen. Nur selten haben sich die Verfechter der sog. *Ökopädagogik* (Umwelterziehung) bisher zu einer überzeugenden *pädagogischen Orientierung*[2] gefunden. Herman Nohl hat diese

---

[1] Zum Stellenwert des Beitrages, der vom *Erziehungssystem* zur Lösung ökologischer Probleme zu erwarten ist, vgl. Niklas Luhmann: Ökologische Kommunikation. Kann die moderne Gesellschaft sich auf ökologische Gefährdungen einstellen? Opladen ³1990, S. 193–201.

[2] Einen ersten Überblick über unterschiedliche ökopädagogische Positionen gibt der von Wolfgang Beer und Gerhard de Haan herausgegebene Sammelband: Ökopädagogik. Aufstehen gegen den Untergang der Natur. Weinheim 1984. Zu Fragen der „Umweltdidaktik" vgl. die folgende informative Studie: Hartmut Bölts: Umwelterziehung. Grundlagen, Kritik und Modelle für die Praxis. Darmstadt 1995. Zum Begriff ‚pädagogische Orientierung' vgl. Norbert Hilgenheger: Erziehung als Handeln. Eine begriffsanalytische Studie. In: Humani-

pädagogische Orientierung so umschrieben: Das Verhalten des Erziehers müsse von der „Einstellung (. . .) auf das Individuell-Persönliche des einzelnen Zöglings" geprägt sein. Der Pädagoge solle „seine Aufgabe, ehe er sie im Namen der objektiven Ziele nimmt, im Namen des Kindes verstehen". In dieser eigentümlichen „Umdrehung" liege das „Geheimnis des pädagogischen Verhaltens und sein eigenstes Ethos".[3]

Zwischen zwei Typen einer fremdbestimmten Umwelterziehung bei fehlender pädagogischer Orientierung ist zu unterscheiden. Auf der einen Seite grassiert immer noch der *technologische Übermut*, während auf der anderen Seite die *Sorge ums bloße Überleben* jeden Gedanken an Bildung verdrängt.

Es gibt Programme der Umwelterziehung, die davon ausgehen, daß die Beherrschung der *äußeren* Natur durch eine sozialtechnische Beherrschung der *inneren* Natur des Menschen vollendet werden müsse.[4] Diese Variante der Umwelterziehung atmet Bacons Geist. Man erkennt an, daß die bisherige Praxis der Naturunterwerfung zu unerwünschten, vielleicht sogar katastrophalen Nebenwirkungen führt. Der Fehler wird aber nicht in der Anlage des Programms, sondern in der Inkonsequenz seiner Durchführung gesucht: Unsere *Kenntnis der Natur* sei immer noch bruchstückhaft, unser *Denken und Lernen* nicht innovativ genug und zuwenig systematisch, unser *technisches Können* zu unzuverlässig und unsere *Moral*, da ökologisch inadäquat, ziemlich antiquiert. Um Abhilfe zu schaffen, wird auf dem Reißbrett das Bild einer neuen, biosanften Menschheit entworfen. Sie soll sich auf die hohe Kunst verstehen, die Natur maximal zu *nutzen*, ohne sie auch nur minimal zu *vernutzen*. Doch die Idee einer Erziehung, die all das bewirkt, wird eine Chimäre bleiben. Ihr fehlt nicht nur die pädagogische Orientierung; sie hat sich Unerreichbares vorgenommen.

Eine andere Variante der Umwelterziehung geht von der *Überlebensnot* der heutigen Menschheit aus. So stellt Hans Jonas in seinem für die Naturethik wegweisenden Werk „Das Prinzip Verantwortung" fest:

> Für den Augenblick tritt alle Arbeit am „eigentlichen Menschen" zurück hinter der bloßen Rettung der *Voraussetzung* dafür – der *Existenz* einer Menschheit in einer zulänglichen Natur.[5]

---

tät und Bildung. Festschrift für Clemens Menze zum 60. Geburtstag. Hildesheim 1988, S. 244–256.

[3] Herman Nohl: Die pädagogische Bewegung in Deutschland und ihre Theorie. Frankfurt a. M. [8]1978, S. 126f.

[4] Vgl. z. B. die pädagogischen Konsequenzen, die C. P. Snow an seine These von der Existenz zweier Kulturen knüpft: H. Kreuzer (Hg.): Die zwei Kulturen. Literarische und naturwissenschaftliche Intelligenz. C. P. Snows These in der Diskussion. Stuttgart 1967. Vgl. auch den sog. Lernbericht des Club of Rome: James W. Botkin, Mahdi Elmandjra und Mircea Malitza: Das menschliche Dilemma. Zukunft und Lernen. Wien–München–Zürich–Innsbruck 1979.

[5] Hans Jonas: Das Prinzip Verantwortung. Versuch einer Ethik für die technologische Zivilisation. Frankfurt a. M. 1984, S. 249.

Das Gebot, *daß* der Mensch sein solle und daß er *in einer zulänglichen Natur* sein solle, rückt in der Nachfolge von Jonas zur *obersten Leitnorm* auch der Erziehung auf. Das, was man früher unter Bildung des *eigentlichen* Menschen verstand, wird relativ unwichtig. Darf man sich denn *heute* noch bilden, wenn es zu verhindern gilt, daß *morgen* die Welt untergeht?

Eine Umwelterziehung, die von der Überlebensnot der Menschheit ausgeht, ist von einem tiefen *Gefühl der Verantwortung* für die Zukunft der Menschheit getragen. Das Prinzip Verantwortung wird deswegen auf das Verhältnis des Menschen zur Natur ausgeweitet. Doch nicht nur die Umwelterziehung aus technologischem Übermut, auch diese *Umwelterziehung der Überlebensnot* unterstellt sich voreilig einer fremden Regierung. Die *radikal-ökologische* verträgt sich nicht mit einer *eigentümlich-pädagogischen* Orientierung. Eine solche wurde uns aber im Rahmen der *Bildungstheorie* anempfohlen und war dem *Münsterschen Gesprächskreis* bisher lieb und teuer.

Die bisherige Ökopädagogik krankt an der ihr fehlenden *pädagogischen Orientierung.* Auch der Umwelterzieher wird seine Aufgabe, ehe er sie im Namen objektiver Zwecke nimmt, im Namen des Kindes verstehen müssen.[6] Das gilt zunächst einmal für die Forderung, zum Überleben der Menschheit in einer zulänglichen Natur beizutragen. Alle umwelterzieherischen oder ökopädagogischen Radikalismen sind zurückzuweisen. Darf man Kindern z. B. *Angst* machen, indem man die Ozonlöcher, das Waldsterben, das verseuchte Trinkwasser und die Phänomenologie des atomaren Super-GAU in die Kinderzimmer hineinholt? – Auf Angst als eine Triebkraft der ökologischen Reform läßt sich wohl kaum verzichten. Es verbietet sich jedoch, Angst als ein Mittel der Erziehung einzusetzen.

Der Weg der ökologischen Bewegung ist als solcher noch kein Weg der Bildung. Es bedarf viel größerer Anstrengungen, um das gefährdete Verhältnis des Menschen zur Natur aus einer *bildungstheoretischen Perspektive* vor den Blick zu bekommen. Es ist zu fragen: *Zu welchen Konsequenzen werden wir geführt, wenn wir den Zusammenhang zwischen der menschlichen Gesellschaft und ihrer bedrohten Umwelt bzw. das Verhältnis des Menschen zur Natur so, wie in der Bildungstheorie gefordert, im Namen des Kindes bzw. im Namen der nachwachsenden Generationen denken?*

Wer im Rahmen der traditionellen Bildungstheorie dieser *Frage nach der bildenden Bedeutung der Natur* nachgeht, wird auf eigentümliche Schwierigkeiten stoßen. Zwar wäre es ungerecht, pauschal der traditionellen Bildungstheorie *Naturfeindlichkeit* nachzusagen. *Naturfeindlich* war die Bildungstheorie nicht. Dagegen steht schon allein der große Name Jean-Jacques Rousseaus. Wohl jedoch hat sie so etwas wie ein *antinaturalistisches Vorurteil* in sich kultiviert, das sich, wenn es argumentativ entfaltet wurde, zu *antinaturalistischen Fehlschlüssen*[7] zuspitzte.

---

[6] Vg. H. Nohl, a.a.O., S. 127.

[7] Zum Begriff des *naturalistischen Fehlschlusses* vgl. George Edward Moore: Principia Ethica. Aus dem Englischen übersetzt und herausgegeben von Burkhard Wisser. Stuttgart

Dieser Vorwurf, daß die traditionelle Bildungstheorie an ihrem *antinaturalistischen Vorurteil* kranke, läßt sich an einer Passage aus Wilhelm Flitners ‚Allgemeiner Pädagogik' belegen und erläutern. Flitner geht von der überzeugenden Prämisse aus, daß er Mensch „nicht Sache unter Sachen, sondern Person
und Gemeinschaft in einer Welt seiner Gegenstände und Güter" sei. Diese
Welt der Gegenstände und Güter sei aber als solche noch nicht die *Welt der
Bildung*. Der menschliche Geist müsse sich diese Gegenstände vielmehr erst
anverwandeln:

> So werden sie zu Sinngefügen, zu objektiviertem Geist, der eine zweite Welt für uns wird:
> die geschichtliche Welt der objektiv-geistigen Gegenstände und Güter, in die sich unser
> Erleben und unsere Werke und Taten hineinfügen. Wir sind von dieser Welt geistig er-
> schaffen, wie wir in die Natur geschaffen sind. (. . .) Die Natur, die wir sind, ist uns nur
> durch diese Welt des Geistes hindurch gegeben.[8]

Demnach ist der Mensch *in die Natur hinein* geschaffen. Er ist aber nicht *von
der Natur* erschaffen. *Geistig erschaffen* wird er vielmehr *von der Welt der ob-
jektiv-geistigen Gegenstände und Güter*. Nur im Spiegel dieser Welt des Bewußtseins ist die Natur dem Menschen gegeben.

Besser kann man das antinaturalistische Vorurteil, das die Natur dem *Geist*
unterordnet und u. a. gewichtige *didaktische* Konsequenzen hat, nicht zum
Ausdruck bringen: Nicht die Natur als die *erste Welt* bildet den Menschen,
sondern die *zweite Welt des objektivierten Geistes* und der geistigen Objektiva-

---

1970, S. 40f. Zum Gegenbegriff des *antinaturalistischen Fehlschlusses* vgl. Hans Lenk: Die
Macher der Natur? Über operativistische Fehldeutungen von Naturbegriffen der Neuzeit.
In: Natur als Gegenwelt. Beiträge zur Kulturgeschichte der Natur. Hg. von Götz Großklaus
und Ernst Oldemeyer. Kalrsruhe 1983, S. 59–86.
[8] Wilhelm Flitner: Allgemeine Pädagogik. Nachdruck Frankfurt a. M.–Berlin–Wien 1980,
S. 103. Das antinaturalistische Vorurteil der Bildungstheorie läßt sich in deren Geschichte
weit zurückverfolgen. So ist es mehr als bloß zweifelhaft, ob Wilhelm von Humboldt die
Natur als eine Bildungswelt hätte gelten lassen. Clemens Menze erläutert die Bedeutung der
Natur innerhalb der Bildungstheorie Humboldts so: „Welt als Welt der Natur, des Kosmos,
klammert er (Humboldt) aus seiner auf die Bildungstheorie als Ziel und Endpunkt laufen-
den Anthropologie aus. Nicht das Gesamt der Welt, sondern Welt in ihrem Belang für Bildung ist der entscheidend wichtige und zugleich verkürzende und harmonisierende Ansatz
des Humboldtschen Denkens. (. . .) ist die Welt nur ein Sammelbegriff, der alle Gegenstände in ihr, alle Objektivationen des menschlichen Geistes und vor allem diese umfaßt.
Humboldts Weltbegriff ist nicht naturwissenschaftlich zu fassen. Welt bedeutet für Humboldt Kunst und Wissenschaft, Geschichte, Gegenwartsgeist, Persönlichkeitsbilder, Sprache und beschränkt sich keineswegs nur auf Dinghaftes. Welt ist für Humboldt primär der
Inbegriff alles Kulturellen in der Welt." (Clemens Menze: Wilhelm von Humboldts Lehre
und Bild vom Menschen. Ratingen 1965, S. 140.) Auf S. 148 heißt es dann: „Bildende Bedeutung kann nur die Welt haben, die die Sehnsucht des Individuums nach dem Ideellen
befriedigen kann. Die Welt des Mitmenschlichen (. . .) und die Welt der Kultur, in der
Ideen verwirklicht sind, bedeuten Humboldt die entscheidenden ‚Bildungswelten'. Alle
echten Kulturgüter sind Objektivationen des menschlichen Geistes." Es blieb dem jüngeren
Bruder Alexander vorbehalten, in kunstvoller Sprache zu demonstrieren, daß auch die
Natur die „Sehnsucht des Individuums nach dem Ideellen" befriedigen kann.

tionen. Die Natur hat lediglich den Rohstoff oder besser gesagt, den *rohen* Stoff, zu liefern, an dem sich die Bildung vollzieht.

Das 14. Münstersche Gespräch zum Thema „Natur – Wissenschaft – Bildung" kreiste um die Frage, ob es nicht an der Zeit sei, daß die Bildungstheorie ihr antinaturalistisches Vorurteil endgültig überwinde. Muß nicht auch die Natur als eine *Bildungswelt*[9] anerkannt werden? Oder kommt der Natur nur des schnöden Nutzens wegen, den man aus ihr ziehen kann, ein Platz im Kanon der menschlichen Bildung zu?

2. Zum Begriff ‚Natur' als einem Hauptbegriff des Gesprächs

Nach 13 vorausgegangenen Münsterschen Gesprächen zu Themen der wissenschaftlichen Pädagogik bedurfte es keiner weiteren Erläuterung des Bildungsbegriffes. Was man im allgemeinen unter Bildung versteht, war als bekannt vorauszusetzen. Nicht so durfte man mit dem Begriff ‚Natur' verfahren, der bisher im *Münsterschen Geprächskreis* bildungstheoretisch bestenfalls als ein Mauerblümchen galt. *Was also ist Natur?*

Es wäre töricht, diese *Grundfrage der Naturphilosophie* in wenigen Sätzen beantworten zu wollen.[10] Einige Anmerkungen, die Mißverständnissen vorbeugen sollen, mögen genügen. In spielerisch zugespitzter Paradoxie läßt sich formulieren, der Begriff Natur sei natürlich kein bloß natürlicher Begriff. In dieser Hinsicht entspricht er Begriffen wie ‚Kindheit' und ‚Jugend', deren Besonderheit darin besteht, daß sich in ihrer Bedeutung natürliche und kultürliche Merkmale verbinden. Natalität, Reifung und Mortalität geben den natürlichen Rahmen vor, in den aufgrund epochaltypischer Einstellungen Kindheit und Jugend hineingedeutet werden. Deswegen kann es eine Geschichte der Kindheit und eine Geschichte der Jugend geben. Man darf sogar sagen, daß es Kindheit und Jugend in grauer Vorzeit noch nicht gab und daß sie vielleicht auch einmal wieder verschwinden werden.

Nicht anders ist es mit dem Begriff ‚Natur', der von der kulturell geprägten *Einstellung* abhängt, die man zur Welt als einem Inbegriff der handlungsrelevanten Dinge hat. Wer versucht, die *Charaktere* eines epochaltypischen Begriffes von Natur zu bestimmen, wird auf natürliche *und* auf kultürliche Merkmale stoßen. Nicht nur die *Kultur*, auch die *Natur* hat eine Geschichte. Ähnlich wie von Kindheit und Jugend darf man sagen, daß es Natur in grauer Vorzeit noch gar nicht gegeben hat und daß sie vielleicht auch einmal wieder verschwinden wird.

Was in den verschiedenen Epochen der Menschheitsgeschichte Natur gewesen bzw. nicht gewesen ist, wird oft erst in der polaren Gegenüberstellung zu Bezugsbegriffen deutlich wie ‚Gott', ‚Geist', ‚Vernunft', ‚Kunst', ‚Technik', ‚Zi-

---

[9] Zum Begriff ‚Bildungswelt' vgl. Menze, a.a.O., S. 148.

[10] Vgl. hierzu Gernot Böhme: Was ist Natur? Charaktere der Natur aus der Sicht der modernen Naturwissenschaft. In: ders.: Natürlich Natur. Über Natur im Zeitalter ihrer technischen Reproduzierbarkeit. Frankfurt a. M. 1992, S. 56–76.

vilisation' oder ‚Gesellschaft'. So stehen wir heute noch unter dem Einfluß des für die Neuzeit charakteristischen Naturverständnisses, das den Begriff ‚Natur' Begriffen wie ‚Willkür' und ‚Freiheit' entgegensetzte: Natur in diesem Sinne ist das *Reich der Notwendigkeit*, das gedacht wird als ein nach unverbrüchlichen Gesetzen determiniertes Gesamt des Wirklichen. Eine so verstandene Natur kann man *beherrschen*, indem man ihren Gesetzen zu *gehorchen* lernt. Technik wurde zum vermittelnden Glied zwischen Mensch und Natur.

Dieser Zusammenhang von Natur, Technik und Bildung bestimmt unsere Gegenwrt so sehr, daß als Rahmenthema des 14. Münsterschen Gesprächs zunächst ‚Natur – Wissenschaft – Technik – Bildung' vorgesehen war. Doch in den Vorgesprächen verselbständigte sich der Technikaspekt immer mehr, so daß es schließlich richtiger zu sein schien, ihn zunächst einmal weitgehend auszugrenzen und als Gegenstand für ein späteres Münstersches Gespräch zu empfehlen. Man sollte dann z. B. der Frage nachgehen, ob ein Cyberspace als eine Bildungswelt erschlossen werden kann.

3. Inhaltliche Schwerpunkte des 14. Münsterschen Gesprächs

Die Beiträge dieses Dokumentationsbandes wollen mit unterschiedlicher Schwerpunktsetzung zu einer historischen und zugleich bildungstheoretischen Betrachtung des Naturverhältnisses anregen.

Im einleitenden Vortrag spannt *Norbert Hilgenheger* den Rahmen, innerhalb dessen die weiteren Beiträge ihren Ort finden. Seine Absicht ist es, das vorweg dargestellte antinaturalistische Vorurteil der traditionellen Bildungstheorie (vgl. S. 20) als ein bloßes Vorurteil zu entlarven. Denn nach seiner These ist das Verhältnis des Menschen zur Natur „eine Hauptdimension in der Geschichte seiner Bildung". Deshalb will er zunächst das gefährdete Naturverhältnis, so wie es sich heute darstellt, charakterisieren. Die folgende Analyse der Geschichte des Naturverhältnisses bemüht sich um Ansätze einer Typologie. Alexander von Humboldt wird abschließend als ein bildungstheoretisch aufgeschlossener Interpret des Naturverhältnisses vorgestellt.

Vor etwa 2500 Jahren begann in Griechenland der Prozeß des Fortschritts, der Rationalisierung, der Intellektualisierung, der Modernisierung, dann aber auch der Bildung, „der in Zukunft vielleicht einmal zur endgültigen Zerrüttung des Naturverhältnisses führen wird" (S. 21). Diese Krise des Naturverhältnisses resultiert vor allem aus einer Krise der Nutzung und der Beherrschung der Natur. Für Hilgenheger ist aber auch das wissenschaftliche Weltbild, die Logik unseres Nachdenkens über die Natur von dieser Krise betroffen. Denn an die Stelle der früheren wissenschaftlichen Anschauung der Welt ist eine bloß formelhafte und dennoch praxisleitende Auffassung der Welt getreten, ein Prozeß, der als „Entzauberung" verstanden werden kann. Damit gelten nämlich alle Kräfte der Natur als prinzipiell berechenbar und somit auch manipulierbar. In dieser Weise ging die Unmittelbarkeit des Naturbezugs verloren, der

Mensch wurde der Natur entfremdet, sie hat für ihn aufgehört zu existieren. Nach Werner Heisenberg steht der Mensch zum ersten Male nur noch sich selbst gegenüber.

Obwohl es eine verwirrende Vielfalt von Menschenbildern und eine ebenso verwirrende Vielfalt von Naturbildern gibt, erwartet der Autor trotzdem, einige Grundtypen des Verhältnisses Mensch–Natur ausmachen zu können. Sie lassen sich danach unterscheiden, „ob der Mensch sich selbst voll und ganz in die Natur einbezieht oder ob er sich außerhalb der Natur oder gar über der Natur sieht" (S. 25). In begrifflicher Unterscheidung kann man in Anlehnung an Hans Blumenberg von der Exteriorität bzw. Interiorität des Naturverhältnisses sprechen. Jede dieser beiden Deutungen führt zu charakteristischen Folgeproblemen: Wenn die Sicht der Interiorität den Menschen ganz in die Natur hineinzieht, wird es schwer, die menschliche Würde zu wahren. Bei der Exteriorität tritt die Sinnfrage in den Vordergrund, die Frage, welche Bedeutung die Natur für den Menschen hat, insbesondere für die Anschauung, die denkende Betrachtung der Natur. Die allgemeine Frage, welchen Sinn die Beschäftigung mit der Natur und mit Natürlichem habe, kann dann als die Leitfrage zur bildungstheoretischen Deutung des Naturverhältnisses betrachtet werden.

Als ein Interpret des Naturverhältnisses wird im letzten (und umfangreichsten) Teil Alexander von Humboldt vorgestellt. Der Autor stützt sich dabei vor allem auf das Kosmos-Werk Humboldts, in dem die Zusammenhänge zwischen Anschauung der Welt, Naturgenuß und Bildung entfaltet werden. In diesem Werk malt Humboldt in kunstvoller Sprache Bilder der Natur, umrahmt von naturphilosophischen Überlegungen. Dadurch entsteht ein Gesamtbild der Natur, das sowohl die physischen Erscheinungen auf der Erde als auch das Zusammenwirken der Kräfte im Weltall berücksichtigt. Damit dient dieses Werk der Kultivierung einer allgemeinen Weltanschauung. Aber nicht nur diese Anschauung der Welt ist das Werk der Beobachtung, der Intelligenz und der Zeit, sondern auch der Genuß der Natur, der – auf einer unteren Stufe – schon der vorreflexiven Naturanschauung folgt, sich dann aber auch dem Nachdenken verdankt, das die Anschauung der Natur begleitet. Erst auf dieser zweiten Stufe wird die Natur zu einer Bildungswelt, „indem sowohl die schier unerschöpfliche Vielheit in der Natur als auch die Einheit der Natur mit allen Gemütskräften gesucht werden … Die Natur wird auf diese Weise als ein Reich der Freiheit erschlossen, und d. h. der Freiheit des Intellekts, der Einbildungskraft und auch der politischen Freiheit" (S. 35); die als Reich der Freiheit erkannte Natur ist zur Bildungswelt geworden.

Die heutige Wissenschaft, die kein natürliches Organ der Anschauung mehr kennt, hat zu einer fortschreitenden Entfremdung von der Natur geführt. Daher bleibt zu fragen, „wie unter diesen Voraussetzungen das Verhältnis des Menschen zur Natur zu einer Dimension von Unterricht und Erziehung werden kann" (S. 36). Die folgenden Beiträge dieses Heftes sind als Versuche einer Antwort anzusehen.

Heinrich Stork geht in seinem Vortrag „Naturwissenschaftlicher Unterricht und Bildung" von der Forderung Theodor Litts aus, daß in der Bildung des Menschen die Vielfalt dessen, was sein Wesen und seine Bestimmung ausmacht, nach Möglichkeit gepflegt und zur Entwicklung gebracht werde. Zu fragen ist, wie die Naturwissenschaften ein Teil dieser Vielfalt sein können, da sie häufig lediglich als Verfügungswissen zur Weltbemächtigung angesehen werden.

Stork sieht es als gegeben an, daß die Naturwissenschaften „erheblichen Einfluß auf das Selbstverständnis des Menschen genommen haben und nehmen" (S. 37). So haben etwa die Astronomie und die Biologie mit der Entfaltung der Makro- und Mikrowelten und die Evolutionstheorie mit dem Hinweis auf die tiefe Verwurzelung des Menschen im animalischen Bereich dieses Selbstverständnis mitgeformt.

Obwohl Litt bemüht ist, den Naturwissenschaften Gerechtigkeit widerfahren zu lassen, besteht für ihn jedoch eine „echte Antinomie zwischen der Naturwissenschaft und dem Drang zur Menschenbildung". Sie müsse zwar unter dem in der Humanitätsidee geforderten Anspruch auf T o t a l i t ä t in die Bildungsbestrebungen einbezogen werden, um der H a r m o n i e willen müsse man sie fernhalten. Auf diese Antinomie bezieht sich der Autor, indem er in sechs Absätzen den Beitrag der Naturwissenschaften für Weltverstehen, das methodische Vorgehen der Naturwissenschaften und deren Widerspiegelung im Unterricht und schließlich Fragen der Erkenntnistheorie thematisiert.

Beim ersten Aspekt, dem Weltverstehen, dienen ihm die physikalischen Eigenschaften des Wassers als Beispiel. Die Anomalie, daß die Dichte des Wassers beim Übergang in den festen Zustand abnimmt, hat die Entstehung des Bodens, des Trägers der Vegetation ermöglicht; zugleich sichert dieses Phänomen das Überleben der Wassertiere, was im Prozeß der Evolution wesentlich war. Die genannte Erscheinung beim Wasser läßt sich zwar rein physikalisch beschreiben. Falls man sich aber mit den Ergebnissen der Forschung auseinandersetzt, gelangt man schnell „zu Fragen der Abhängigkeit der Natur vom Menschen und der fundamentalen Abhängigkeit des Menschen von der Natur" (S. 42). Dabei geht es um Weltverstehen und nicht um Weltbemeisterung.

Das Hauptproblem der Argumentation Litts ist damit aber nicht gelöst. Einen entscheidenden Mangel der Naturwissenschaften sieht er darin, daß sie von einer Gefühlstönung der Wahrnehmung absehen und damit keine ästhetische Qualität besitzen. An mehreren Beispielen erläutert Stork in einem Exkurs, daß es Naturphänomene gibt, die nur der naturwissenschaftlich Kundige mit deutlicher Gefühlstönung wahrnehmen kann.

Bei der Darstellung des methodischen Vorgehens der Naturwissenschaften bezieht sich der Autor auf die drei Aspekte: Handlungsfähigkeit, eigentätige Rekonstruktion von überlieferten Wissensbeständen und Sprache. Die H a n d l u n g s f ä h i g k e i t wird im naturwissenschaftlichen Unterricht dadurch gefördert, daß Verwissenschaftlichung nicht zur Verkopfung geführt hat, „sondern zur Betonung des empirischen Charakters der Naturwissenschaft und damit zur Hochschätzung experimentellen Tuns" (S. 44). Eine weitere Aufgabe dieses Unterrichts ist aber auch die Ü b e r l i e f e r u n g h i s t o r i s c h g e s a m m e l t e n W i s s e n s. Indem die Lernenden dieses Wissen rekonstruieren, geschieht die Weitergabe gesellschaftliche präsenten Wissens kraft Einsicht. Damit kann von den Naturwissenschaften ein von Interesse getragenes, „biographisches" (Allport) Lernen ausgehen, dessen Ergebnisse für die Lebenswelt relevant sind und Anregung zur Reflexion bieten. Der S p r a c h e im naturwissenschaftlichen Unterricht obliegt es, Erfahrungen zu bündeln, d. h. sie auf den Begriff zu bringen und ihnen ein gemeinsames Wort zuzuordnen. Eine weitere wichtige Leistung, die dieser Unterricht mit Hilfe der Sprache erbringt, ist die Förderung des hypothetischen Denkens, das nach Piaget die entwickelste Form des Denkens überhaupt ist.

Unter erkenntnistheoretischer Fragestellung geht der Autor von Kants Position aus, nach der sich der Mensch vermittels der Ordnungsprinzipien des Verstandes (Anschauungsformen, Verstandesbegriffe) die Gegenstände als Gedankendinge selbst schafft; die an sich seiende Welt affiziert zwar die menschlichen Sinne, zu ihr selbst hat er aber keinen Zugang. Die Anschauungsformen (Raum, Zeit) und die Verstandeskategorien (Einheit, Vielheit, Ganzheit) werden von Kant als „rein" gedacht, d. h. sie liegen vor aller menschlicher Erfahrung.

Diese Position zieht die moderne Naturwissenschaft in Zweifel. Als Beispiel dient ihr der Zufall der Radium-Atome, bei dem der Zerfall des einzelnen Atoms nicht auf eine bestimmte Ursache zurückgeführt werden kann. Dies legt die Umkehrung nahe, „daß die kausale Verknüpfung dort, wo man erfolgreich von ihr Gebrauch macht, ein Fundament in der Sache hat" (S. 54). Die Welt an sich bleibt damit nicht „gänzlich unbekannt" (Kant). Der Befund spricht auch dafür, daß die Konstruktionsprinzipien unseres Verstandes durch Erfahrung zumindest mitgeprägt werden, d. h. die Naturgesetze sind nicht nur eigenes Werk des Menschen, sondern öffnen eine Luke zur „Welt an sich". Da die Wissenschaft nicht ausschließt, aus dieser Erkenntnis auf einen letzten Urheber der Welt mit ihrer Ordnung und Gesetzlichkeit zu schließen, tritt für den Gläubigen die Werkoffenbarung an die Seite der Wortoffenbarung.

Erst die ökologische Krisenlage, die seit den 70er Jahren in das allgemeine Bewußtsein gelangt ist, hat die Frage nach „Natur – Wissenschaft – Bildung" in besonderem Maße virulent werden lassen. Denn in dieser Zeit wurde sichtbar – so *Gerhard Mertens* in seinem Beitrag „Konzeptionen ökologisch-orientierter Erziehung und Bildung – Kritische Analyse, Konstruktive Weiterentwicklung" –, daß es der Mensch in der Natur nicht mit einer beliebig manipulierbaren Größe zu tun hat. „Damit steht aber der gesamte, seit der Neuzeit durch Wissenschaft und Technik bestimmte Naturbezug, der Naturbezug der Verobjektivierung und Verzweckung der Natur auf dem Prüfstand" (S. 58). Die Notwendigkeit eines neuen Naturverhältnisses hat jedoch Konsequenzen für die Erziehung, die ein neues Bildungsverständnis voraussetzen.

In den vergangenen Jahren sind daher verschiedene pädagogische Entwürfe vorgelegt worden, die sich sehr unterscheiden und zum Teil widersprechen. Der Autor will daher diese Konzepte vorstellen, sie kritisch analysieren und zu einer konstruktiven Weiterentwicklung gelangen.

Der ökologische Anspruch fand seit den 70er Jahren unter dem Titel „Umwelterziehung" Eingang in die Pädagogik. Aufgabe sei es, die Umwelt für die gegenwärtige und für kommende Generationen zu verteidigen und zu verbessern. Die übergreifende Leitvorstellung dieser Erziehung ist die Bildung des Menschen zu ökologischer Verantwortung und Humanität. Die Kultusministerkonferenz griff diese Gedanken auf. Für sie war es erklärtes Ziel der Erziehung, „Bewußtsein für Umweltfragen zu erzeugen, die Bereitschaft für verantwortlichen Umgang mit der Umwelt zu fördern und zu einem umweltbewußten Verhalten zu erziehen, das über die Schulzeit hinaus wirksam bleibt" (1980).

In scharfem Gegensatz zur Umwelterziehung tritt seit Beginn der 80er Jahre die sog. „Ökopädagogik", entschieden in ihrer Ablehnung der industriegesellschaftlichen Lebensform schlechthin. Während der Umwelterziehung von ihr vorgeworfen wird, sie suche, im Dienst des Industriesystems, nach rein technologisch-pragmatischen Problemlösungen, wird nunmehr eine wahrhaft ökologische Grundeinstellung gegenüber der Natur gefordert, und zwar als Absage an die technisch-wissenschaftliche Beherrschung der äußeren Natur wie auch durch die pädagogische Freisetzung der inneren Freiheitsnatur der Subjekte. Die antitechnischen Intentionen dieses Konzeptes sollen realisiert werden durch das Eintreten für sanfte, angepaßte, ressourcenschonende Alternativtechnologien, durch Dezentralisierung und durch die Schaffung überschaubarer Lebensräume; die innere Freiheitsnatur dagegen wird gewonnen durch natürliches, ganzheitliches Lernen.

Ein dritter Ansatz, die analytische Umweltpädagogik, geht von einem gesellschaftstheoretischen Verstehenszusammenhang aus und unterzieht die beiden vorweg genannten einer grundsätzlichen Kritik, da sie nur geeignet seien, Gesinnungsgemeinschaften zu gründen, aber nicht, analytische Diskurse zum Verständnis der Gesellschaft anzuregen. Aufgabe der Pädagogik sei nämlich, „die Vermittlung analytischer Kompetenz an die Adressaten, und zwar durch Erschließung eines differenzierenden Wissens, das der Komplexität der Problemlage weitestmöglich gerecht zu werden sucht" (S. 64). Dabei geht es vor allem um die Erkenntnis des primär gesellschaftlichen Charakters aller umweltrelevanten Wissenszugänge.

In einer kritischen Analyse weist Mertens nach, daß die drei Konzeptionen einseitig sind und nur als Teilgrößen eines Theorieganzen der Umwelterziehung angesehen werden können. Die analytische Umweltpädagogik nennt als übergreifende Zielsetzung die Vermittlung ökologischer Sachkompetenz; ihr fehlt der Gedanke der Notwendigkeit eines neuen Naturverhältnisses und die Frage nach dem Sinn humaner Existenz. Die Ökopädagogik stellt mit Recht die Relevanz ganzheitlich-lebensnaher Lernvorgänge mit dem Ziel der Selbstbestimmung und der Selbstgestaltung der sozialen menschlichen Umwelt in den Mittelpunkt; es ist aber zu fragen, ob dies nur möglich ist um den Preis einer prinzipiellen Diskreditierung der modernen Industriegesellschaft. Die Umwelterziehung optiert zwar für den vernunftgeleiteten Ausbau der Industriekultur, ihr Frageansatz ist aber primär am menschlichen Überleben und Wohlergehen orientiert.

Unter der Leitidee der ökologischen Verantwortung entfaltet der Autor im umfangreichsten Teil seines Beitrags einen erweiterten und vertieften Ansatz.

Die Verantwortung des Menschen hat als die Selbstverpflichtung, sein Handeln dem Regelanspruch der Vernunft zu unterstellen, eine vertikale Dimension, als Verpflichtung, sich für eine gegebene Wirklichkeit einzusetzen, eine horizontale Dimension. Verantwortung ist damit „die Gestalt der Sittlichkeit, für die der praktische Lebens- und Weltbezug konstitutiv ist" (S. 68), und damit auch der Bereich der Natur. Da aber verantwortliches Handeln die Kenntnis von realen Abläufen, Gesetzmäßigkeiten und Funktionszusammenhängen voraussetzt, so muß eine Pädagogik der sittlichen Verantwortung ihre Adressaten dazu befähigen, „daß sie die an den Realitätsstrukturen abgelesene Sachverhaltsseite in den Sinnverhalt des sittlichen Anspruchs einzubeziehen vermögen" (S. 69).

Für dieses Ziel ist die Vermittlung einer profunden ökologischen Sachkompetenz erforderlich, die die weitverzweigten Auswirkungen und Nebenfolgen menschlichen Handelns in bezug auf Natur und Gesellschaft erkennen und beurteilen kann. Voraussetzung dafür ist der neue Typus des systemischen Denkens, eines Denkens in vernetzten Systemen. Inhaltlich muß die volle Verschränkung von Natur und Soziosystem in den Blick genommen werden. Als didaktische Konsequenz ergibt sich daraus, daß diese interdisziplinär angelegten Lernprozesse nicht durch die Ausweitung eines Einzelfaches gesichert werden können, sondern nur durch die Einbeziehung des ökologischen Gedankens als ein Prinzip, das alle Schulfächer und Schulstufen durchzieht. Dieser Unterricht müßte die Merkmale der Interdisziplinarität und der Situations- und Problemorientierung aufweisen und zu konkretem Handeln stimulieren.

In Ausweitung der pädagogischen Fragestellung behandelt der Autor das grundsätzliche Verhältnis des Menschen zur Natur: Ist die Verabsolutierung technisch-ökonomischen Verfügens über die Natur, wie sie unsere Industriekultur prägt, der angemessene Umgang mit ihr oder gibt es auch eine Wertschätzung der Natur um ihrer selbst willen? Im Verständnis eines humanen Naturbezuges müßte eine Sichtweise stehen, „die jenseits aller technisch-ökonomischer Naturverzweckung in Natur fundamental ein Leben schaffendes und Leben erhaltendes Sein erblickt" (S. 76).

Dieses Offenhalten eines Nicht-Verzweckbaren von Natur kommt in den unterschiedlichen Naturbezügen der Orientierung zum Ausdruck. Im *sinnlich-ästhetischen Umgang* begegnet der Mensch der Natur als einem gewaltigen Ausdrucksfeld lebendiger Gestaltgebung von übermechanischem Sinnzusammenhang. Im *religiös-kontemplativen Naturbezug* erfährt der Mensch die Tiefendimension der Naturwirklichkeit als Ganzer. Die Erziehung zu religiös-kontemplativem Naturverständnis müßte eine Sichtweise sensibilisieren, die im Blick auf Natur in uns und um uns den Sinn für das Wunderbar-Unergründliche offenhält. Daraus ergibt sich für die Pädagogik auch die Aufgabe einer *ethischen Sensibilisierung* im Umgang mit Natur, die es lehrt, der Natur sittlich zu begegnen, d. h. mit Wertschätzung, Rücksichtnahme und Respekt.

In diesen drei Naturbezügen der Orientierung kommt ein Nicht-Verzweckbares an Natur zum Anblick, in dessen Horizont sich die Naturwirklichkeit „als Sinnraum des Menschen und Raum seines selbstzwecklichen Daseinsvollzugs auftut" (S. 80).

Rainer Götz („Zum Verhältnis von Physik und Bildung – Bildungsziele des Physikunterrichts und ihre aktuelle Umsetzung") leitet aus der technologisch-ökologischen Entwicklung der letzten Jahrzehnte die Notwendigkeit einer Neubestimmung der Ziele des naturwissenschaftlichen und speziell des Physikunterrichts ab. Um diesen Wandel verständlich zu machen, bringt er zunächst einen knappen Überblick über die Entfaltung des Naturverständnisses von Homer und Hesiod über die Vorsokratiker, das Mittelalter bis zur jüngsten Vergangenheit. Die Entwicklung wurde als ein Prozeß des Fortschritts und der Modernisierung verstanden; der Unterricht zeigte dementsprechend auf, wie sich der Mensch fortschreitend die Erde untertan machen konnte. Dieser Prozeß scheint jedoch in eine Krise geführt zu haben. Die Menschen sind dabei, sich die Erde in einer Weise zu unterwerfen und sie auszubeuten, die sie zu zerstören droht. Daher muß auch der Bildungsauftrag des naturwissenschaftlichen Unterrichts überdacht und neu formuliert werden.

Die Entwicklung der Naturwissenschaften ist irreversibel. Daher ist zwar weiterhin ein Unterricht notwendig, der einen rationalen Diskurs im Umgang mit der Welt ermöglicht. Zugleich muß aber auch dafür Sorge getragen werden, „daß die Schule nicht nur Sachwissen, sondern auch Orientierungswissen vermittelt" (S. 93). Dieses Orientierungswissen ist ein Wissen um Handlungsmaßstäbe, es bedeutet Sittlichkeit.

Zur Verwirklichung dieser Bildungsziele gehört das vom eigenen Vorwissen ausgehende, selbständige und selbsttätige Erarbeiten neuer Erkenntnisse, das durch Schülerexperimente, Gruppenunterricht und Freiarbeit begünstigt wird. Kennzeichen der neuen Bestrebungen ist aber auch die Erlebnisorientierung, die Berücksichtigung der Emotionen, die neben der kognitiven Komponente größere Bedeutung im Unterricht erlangen soll.

Harald Ludwig untersucht „Natur und Naturwissenschaft in Bildungskonzepten der Reformpädagogik", ein Thema, das in der hier vorgelegten Form bislang noch nicht behandelt worden ist.

Ludwig versucht zunächst, für das breite Spektrum der in der Reformpädagogik entwickelten Konzeptionen einen einheitsstiftenden Grundgedanken zu finden. Für ihn scheint nach wie vor die Formel einer „Pädagogik vom Kinde aus" für eine solche Grundorientierung geeignet zu sein. Sie ist zu verstehen als der Versuch, „gegenüber Entwicklungen der modernen Industriegesellschaft eine pädagogische Antwort zu geben, in deren Rahmen ein Beitrag zur Bewahrung der Humanität des Menschen geleistet werden soll" (S. 97).

In seiner Analyse kommt der Autor zu dem Ergebnis, daß sich die Bildungskonzepte der Reformpädagogik unter den genannten Gesichtspunkten nach vier Positionen typisieren lassen:
– Zivilisations- und Fortschrittskritik und naive Naturverherrlichung.
– Anknüpfung an das neuzeitliche Verständnis von Natur und Naturwissenschaft.
– Ganzheitliche Naturbegegnung unter Bezug auf ein umfassendes Verständnis der menschlichen Geistigkeit.
– Versuch einer Synthese: Natur und Mensch in ökologisch-systemischer Perspektive.

Die frühe Phase der Reformpädagogik im ausgehenden 19. Jahrhundert ging von einer Kultur- bzw. Zivilisationskritik aus, die die vielfachen Entfremdungserscheinungen in der industriegesellschaftlichen Entwicklung begründet sieht. In seiner i n n e r e n N a t u r ist der Mensch dadurch von seinen Bedürfnissen und Entwicklungsgesetzen abgeschnitten. Hier gilt es, die schöpferischen Kräfte des jungen Menschen neu zur Entfaltung kommen zu lassen. „Freie Arbeit, Selbsttätigkeit, Lernen durch Tun sollen an die Stelle einseitiger intellektueller ‚Abrichtung' und vereinheitlichender ‚Belehrung' im traditionellen Unterricht treten" (S. 98).

Den besten Bildungsraum für den Menschen bietet wiederum die Natur, jetzt verstanden als ä u ß e r e N a t u r. Naturnahe Lebensformen sollen Kindern und Erwachsenen zur Entfaltung ihrer Menschlichkeit verhelfen.

Ludwig legt dar, wie sich aus dieser Forderung unterschiedliche „Bewegungen" entfalteten: die Jugendbewegung, die Landerziehungsheimbewegung (Lietz), die Schullandheimbewegung u. a., ferner die Erlebnispädagogik Kurt Hahns. Alle diese Bestrebungen tragen in ihrem Ursprung Züge einer Abwendung von der Industriegesellschaft, wie sie am deutlichsten in der radikalen Fortschrittskritik Ludwig Klages zum Ausdruck kommt. Im Bildungsbereich sucht man eine Überwindung der intellektualistischen Einseitigkeit durch ganzheitliche Erziehungs- und Bildungsformen, in denen dem Gemeinschafts- und dem Naturerlebnis hohe Bedeutung zukommen.

Wichtigste Repräsentanten des zweiten Typs, d. h. der Konzepte, die an das neuzeitliche Verständnis von Natur und Naturwissenschaft anknüpfen wollen, sind für den Autor Georg Kerschensteiner und John Dewey.

Kerschensteiner, Begründer der Arbeitsschulbewegung, hat sich intensiv um die bildungstheoretische Begründung der Naturwissenschaften bemüht. Die bildende Wirkung des naturwissenschaftlichen Unterrichts liegt für ihn in den Erkenntniswerten (etwa logisches Denken, Beobachtungsfähigkeit). Darüber hinaus schreibt er ihnen aber auch Erziehungswerte im engeren Sinn zu (etwa Wahrheitsliebe, Bescheidenheit, Sorgfalt).

Während Kerschensteiner auf die unmittelbar unterrichts- und schulbezogene Dimension beschränkt ist, sucht Dewey eine Begründung im Rahmen einer umfassenden Deutung des menschlichen Natur- und Weltverhältnisses. Natur ist für Dewey der Raum für soziale Betätigungen der Menschheit; sie wird primär gesehen unter dem Aspekt der Bearbeitung durch den Menschen und ihrer Bedeutung für das soziale Zusammenleben. Die Verbindung zwischen Mensch und Natur geschieht durch die Erfahrung, die die Existenz des Menschen grundlegend charakterisiert. Naturwissenschaft wird daher mit Erfahrungswissenschaft gleichgesetzt. Sie ist verständig gewordene Erfahrung und dient der Lebenssicherung des Menschen und seiner Höherentwicklung. Daher gibt es für Dewey auch keinen Gegensatz zwischen der Naturwissenschaft und der Wissenschaft vom Menschen. Man muß deshalb die wechselseitige Abhängigkeit humanistischer und naturwissenschaftlicher Studien sehen und die Bildungsbemühungen so organisieren, daß es zu einer wechselseitigen Befruchtung kommt.

Der dritte Typus des reformpädagogischen Naturverhältnisses verbindet sich mit den Namen Steiners und Petersens.

Rudolf Steiner will in der Anthroposophie Geist und Natur miteinander versöhnen. Sie begründet eine Geisteswissenschaft, die nicht mehr im Widerspruch zur Naturwissenschaft steht, weil sie diese mit umfaßt. „Es wird eine ganzheitliche Schau aller Bereiche des Menschen sowie der Natur und des Kosmos insgesamt möglich" (S. 109). Daher können naturwissenschaftliche Fächer in der Schule nur dann Bedeutung haben, wenn in ihrem Rahmen auch das Bild des Menschen zum Vorschein kommt.

Für Peter Petersen sind Gott, Natur und Menschenwelt die drei großen Wirklichkeiten, in denen und vor denen jeder Mensch sein Leben gewinnen und führen muß und allein Mensch werden kann. Der einzelne lebt somit nicht nur in Gemeinschaft mit seinen Mitmenschen, sondern auch mit Gott und der Natur. Die neuzeitliche Entwicklung, die zu einem einseitigen Vorherrschen des Verstandes führte, hat das ursprüngliche Verhältnis des Menschen zur Natur gestört, aber auch zum Mitmenschen. Denn wo der Mensch die Ehrfurcht vor der Natur verloren hat, ging sie auch vor seinem Mitmenschen verloren. Daher fordert Petersen, vernachlässigte Kräfte des Menschen wieder zu beleben, wozu vielfältige Formen einer bildenden Begegnung mit der Natur hilfreich sind.

Die letzte der vier Positionen versucht, die Widersprüche im Naturverhältnis des Menschen durch eine neue systemische Denkweise zu überwinden. „Der Mensch hat zwar eine Sonderstellung in der Natur, aber er bleibt trotz des Heraustretens aus ihr doch immer zugleich in sie eingebunden" (S. 112).

Als Beispiel für eine solche Konzeption nennt Ludwig das Konzept einer „Kosmischen Erziehung" bei Maria Montessori. In diesem Konzept bezieht sich Montessori, lange vor der ökologischen Wende im öffentlichen Bewußtsein, auf die Wissenschaft der Ökologie und bedient sich ökologischer Denkformen. Für sie ist das Universum eine dynamische Einheit, in der in den vielfältigen Wechselbeziehungen alles mit allem verknüpft ist, in der auch die Schöpfungen des Menschen wieder auf ihn selbst zurückwirken. Die Menschen sind sich dabei der Folgen der rasanten Entwicklungen noch nicht bewußt. So können die Menschen zum Opfer ihrer Umwelt werden, die sie selber geschaffen haben. Da soziale, ökonomische, politische Maßnahmen nicht ausreichen, ist eine grundlegende Neuorientierung der Erziehung notwendig, die Montessori in ihrem Konzept der „Kosmischen Erziehung" entwirft.

Für die Thematik des Münsterschen Gespräches zeigen für Ludwig die vorgestellten Konzepte die „Vielfalt und Unterschiedlichkeit der bildenden Bedeutung von Natur und Naturwissenschaft und belegen damit zugleich die Vielgestaltigkeit und den Gedankenreichtum dieser Epoche der Pädagogikgeschichte" (S. 114). Zudem enthalten sie einen Anregungsgehalt, sich in kritischer Reflexion mit den Einseitigkeiten, Unzulänglichkeiten und Gefahren bestimmter Zugangsweisen zur Natur auseinander zu setzen.

Die Arbeitsgruppe „Wissenschaftstheorie im Unterricht? (Beispiel: Chemieunterricht)" ging der Frage nach, in wieweit im naturwissenschaftlichen Unterricht wissenschaftstheoretische Fragestellungen aufgenommen werden können. Als Einführung gab *Wilfried Plöger* einen Einblick in den Stand der empirischen Wissenschaftstheorie, die vor allem durch die Auseinandersetzung zwischen Thomas Kuhn und Karl Popper gekennzeichnet ist. Der Text dieser Einführung wird im Heft vollständig wiedergegeben.

Unterschiede zwischen wissenschaftstheoretischen Positionen sieht Plöger durch das Ausmaß gegeben, in dem ein Autor wissenschaftshistorische Aspekte in seine Überlegungen mit einbezieht. Poppers Position, die auf die Kenntnisnahme historischer Details verzichtet, suggeriert zunächst „Ordnung", „Struktur" und „Sinn". Die Wissenschaft und ihre Geschichte sind aber zu komplex, als daß sie in ahistorischen und schematischen Entwürfen aufgehen könnten. Durch die ausführliche Darlegung der Position Kuhns weist der Autor nach, wie wenig Poppers Falsifizierungsthese dem wirklichen Gang wissenschaftlicher Forschung entspricht.

Aber auch mit Kuhn setzt sich der Autor kritisch auseinander, etwa wenn er nach der Angemessenheit des Begriffs von der wissenschaftlichen „Revolution" fragt. Wichtiger sind aber seine Erläuterungen zu dem Versuch Kuhns, grundlegende Änderungen im Wissenschaftssystem mit dem aus der Gestaltpsychologie bekannten Gestaltwandel zu erklären.

In vier ausführlich begründeten Antworten faßt Plöger die Ergebnisse seiner Analyse zusammen. Danach können Experimente niemals über konkurrierende Theorien entscheiden, gibt es keine falsifizierende Erfahrungen, verläuft die Geschichte nicht linear und kummulativ, sollte schließlich die Vorstellung aufgegeben werden, daß der Paradigmenwechsel die Wissenschaftler und die von ihnen Lernenden näher und näher an die Wahrheit heranführt.

Nach einem verbreiteten Vorurteil – so *Jürgen Rekus* („Technik, Technologie und Bildung") – kann sich Bildung in einem allgemeinen Sinn nur gegen die Welt der Technik entfalten. Denn Bildung, so die Meinung, hat es mit dem Geist des Menschen zu tun, Technik dagegen mit der Natur. Diese Entgegensetzung von Geist und Natur tritt in der Geschichte des abendländischen Denkens immer wieder auf, wenn auch mit unterschiedlicher Begrifflichkeit. Angesichts einer wachsenden Konstituierung kultureller Lebenswelten durch die Technik wird diese Trennung jedoch zunehmend problematisch.

Da Technik auch als Praxis möglicher Konstruktionen verstanden werden kann, setzt sie eine Denkungsart voraus, die sich als „Technologie" bezeichnen läßt. Und gerade als technologisch bestimmte Praxis erfordert Technik ein Wissen um Konstruktions- und Verfahrensmöglichkeiten, zugleich aber auch die Haltung, technisch handeln zu wollen. „So gesehen öffnet sich jetzt erst der bildungstheoretische Fragehorizont in voller Breite: nämlich in der Frage nach dem Zusammenhang von Sachlichkeit und Sittlichkeit im technologischen Denken" (S. 138). Daher gehören Technik und Bildung im Sinne technologischen Denkens zusammen und sind in allen Bildungsinstitutionen so zusammenzubringen, daß die Einlösung der Zukunftsverantwortung jedem Menschen möglich wird.

In drei Schritten entfaltet Rekus seine These. Im ersten verfolgt er die aufgeworfene Frage in problemgeschichtlicher Perspektive und zeigt dabei auf, daß die Trennung von Bildung und Technik eng mit einer ständisch strukturierten Gesellschaft verknüpft ist. Schon in der griechischen Polis wurden Kenntnisse und Fertigkeiten, die durch Erfahrung und Übung gewonnen werden, für Sklaven und Lohnarbeiter für ausreichend angesehen, während eine ethische, sinnstiftende Reflexion Aufgabe der freien Bürger war. Der Autor entfaltet, wie sich die Trennung von technologischem Wissen und technologischer Urteilskraft bis in die Gegenwart fortsetzt. Erst in der Aufklärung wird sie – zumindest der Idee nach – aufgehoben.

Im zweiten Schritt wird dann in systematischer Hinsicht gezeigt, „daß das technologische Denken notwendig zur Bildung in einer technischen Lebenswelt gehört, ja, daß eine neuzeitliche Bildung geradezu defizitär erscheinen muß, wenn sie diesen Aspekt unterschlägt" (S. 139). Denn seit der Aufklärungspädagogik und dem Neuhumanismus wird es als Aufgabe der Bildung gesehen, daß der Mensch als Selbstzweck befördert und vor technischer Verzweckung bewahrt werden soll; der Mensch muß seine Bestimmung in der Welt selbst suchen. Da die neuzeitliche Lebenswelt auch eine technische ist, gehört zum Logos neuzeitlicher Bildung deshalb auch der Techno-Logos.

Der letzte Schritt entwickelt einige allgemeinpädagogische und schulpädagogische Konsequenzen eines für Technik und technologisches Denken offenen Bildungsbegriffs. Da die Technik als eigenständiges Phänomen menschlichen, nicht bloß instrumentellen Handelns Welt gestaltet, muß die Auseinandersetzung mit ihr auch normativ sein, d. h. sie muß auch nach dem fragen, „was gelten soll", um Maßstäbe für verantwortliches Handeln zu gewinnen. „Zu solcherart technologischem Denken gehört notwendig ein Mindestmaß an technischem Wissen und Können, um die Funktionen von technischen Gegenständen und Verfahren zu durchschauen. Dazu gehört aber auch die Fähigkeit zur ethischen Beurteilung ihres tatsächlichen und möglichen Gebrauchs" (S. 145f).

Zum Schluß skizziert Rekus eine bildungspolitische Forderung und einige unterrichtsmethodische Konsequenzen auch im Hinblick auf eine thematische, methodische und organisatorische Öffnung des bildenden Fachunterrichts. Für die Bildungspolitik ergibt sich für ihn die Notwendigkeit, das Fach Technik in den Lehrkanon aller allgemeinbildenden Schulen aufzunehmen. Ein solcher allgemeinbildender Technikunterricht ist zweckfrei zu konzipieren; es geht nicht um die Vorbereitung auf die Berufs- und Arbeitswelt; er intendiert keine Ausbildung, sondern Bildung. Auf diese Weise können in einem eigenständigen Fachunterricht oder als fachüberschreitende Fragestellung die technologischen Aspekte menschlichen Denkens aufgegriffen und die mit den technischen Verfahren und Gegenständen verknüpften Wert- und Normfragen in den Unterricht einbezogen werden.

Zu Beginn ihrer Untersuchung zum Verhältnis von Natur und Bildung bei Goethe macht *Barbara Schneider* auf die ebenso radikale wie polemische Absage aufmerksam, die die Ergebnisse der Naturforschungen Goethes bei positivistischen Naturwissenschaftlern des vorigen Jahrhunderts gefunden haben. Aber auch Zeitgenossen Goethes hatten in manchen seiner vielfältigen naturkundlichen Studien kaum mehr als einen gelehrten Dilettantismus gesehen. Die Kritiker haben insofern recht, als sich zahlreiche seiner Aussagen und Einschätzungen aus der Sicht der modernen empirischen Naturwissenschaften schlichtweg als falsch erwiesen haben. Wenn aber Goethes Forschungen nur noch antiquarischen Wert haben, dann könnte eine Beschäftigung mit ihm unter dieser Perspektive nur noch für Spezialisten der Goethe-Forschung oder für Wissenschaftshistoriker von Interesse sein.

Schneider sucht daher nach einem anderen Ausgangspunkt, um den Sinn einer Auseinandersetzung mit Goethes Verständnis von Natur und Naturforschung einsichtig zu machen. Natur muß – so ihr Gedankengang – als ein Bereich aufgefaßt werden, dessen sich der Mensch in einer bestimmten Zugriffsweise bemeistert hat, nämlich im Medium der Wissenschaft von der Natur. Diese Bemeisterung und der daraus resultierende Erkenntniszuwachs und technische Fortschritt haben sich als so konstitutiv und zunehmend unverzichtbar für die menschliche Welt erwiesen, daß daraus eine neuartige Fundierung von Bildung schlechthin hätte entstehen müssen. Daß aber die Naturwissenschaft die von ihr zu erwartende Leistung für die Bildung nicht erbracht hat und erbringt, wird angesichts wachsender Naturentfremdung und Naturzerstörung immer deutlicher; mehr noch, die Naturwissenschaft „verstellt geradezu den Zugang des Menschen zur Natur und damit die Möglichkeit seiner Bildung in und an der Natur" (S. 154). Die Abkehr von der unmittelbaren sinnlich gegebenen Welt und die damit verbundene Teilung der Welt in verschiedene Bereiche hat, so schon Werner Heisenberg, zu einer großen Zersplitterung des Geisteslebens geführt; notwendig sei es, bei der Entwicklung der Naturwissenschaft in enger Verbindung mit der anschaulichen Erfahrung zu bleiben.

Genau diese Zerstörung des menschlichen Naturverhältnisses durch eine sich absolut setzende empirische Naturwissenschaft und die Möglichkeit seiner Wiederherstellung durch die Besinnung auf die Dignität anschaulicher Erfahrung sind geradezu Leitmotive des Goetheschen Denkens. Daraus ergibt sich die Fragestellung, ob das von Goethe gezeichnete Bild der Natur und sein in Analogie dazu entwickelter Begriff der Naturforschung in ihrer bewußten Gegensätzlichkeit zur modernen Naturwissenschaft in der aktuellen bildungstheoretischen Problematik noch einen Ort haben könnten. Als zu kurzschlüssig erweist es sich dabei jedoch, Goethes Aussagen bloß als Anstoß zum Nachdenken über die Grenzen von Naturwissenschaft und ihrer technischen Nutzung zu lesen, etwa wenn Goethe die Selbstbescheidung des Naturforschers oder einen schonenden, ökologisch vertretbaren Umgang mit der Natur fordert. So gibt es unter Vertretern der modernen Naturwissenschaft sogar die Erwartung, Goethe könne als ‚grüner‘ Eckstein der alternativen Kulturbewegung wiederentdeckt und reaktualisiert werden.

Vor solchen Inanspruchnahmen Goethes kann die Autorin nicht eindringlich genug warnen. Sie kritisiert nicht nur den dabei gegebenen eklektizistischen Umgang mit den Schriften Goethes; bedenklicher erscheint es ihr vielmehr, daß sich so lediglich Handlungsanweisungen und Verfahrensvorschriften im Umgang mit der Natur und der Naturwissenschaft gewinnen ließen. Ein solcher zweckorientierter Pragmatismus verkennt in dem rhetorischen Rückzug auf eine vermeintlich maßgebliche Autorität seine eigene Theoriebedürftigkeit und verhindert geradezu die notwendige Reflexion auf die bildungstheoretische Bedeutung von Mensch und Natur. Die Aufklärung des Verhältnisses von Mensch und Natur, der verschiedenen Modi von Naturerfahrung und -erkenntnis und ihrer möglichen Folgen für den Menschen, für sein Verständnis seiner selbst und der Natur, somit für seine Bildung ist dagegen das zentrale Motiv des Goetheschen Denkens. Erst solche Aufklärung erlaubt es, praktische Maximen zu formulieren.

In drei Schritten erörtert Schneider anschließend die prinzipiellen Erwägungen Goethes. Zunächst wird die noch unreflektierte, gleichsam kindlich-naive Naturerfahrung als Konstituens des – immer schon in der Polarität von Natur und Geist stehenden – menschlichen Naturverhältnisses dargestellt. Im zweiten Teil wird die Naturwissenschaft als ein spezifischer Modus der Naturerfahrung und als Dimension menschlicher Bildung vorgestellt. Im Spannungsverhältnis von Erkenntnis und Anerkennung der Natur erweist sich die Naturwissenschaft zugleich als notwendiges Medium der Bildung und als potentielle Selbstgefährdung des Menschen. Abschließend werden die Genese und die bildende Bedeutung des Antagonismus von anschaulicher und naturwissenschaftlicher Erfahrung selbst thematisiert.

Leider konnten im engen Rahmen eines bloß zweitägigen Gesprächs nicht sämtliche Fächer berücksichtigt werden. Wer sich in der umfangreichen Literatur zum Problemkreis „Natur – Wissenschaft – Bildung" umsieht, wird die *Biologie*, die *Geographie*, die *Kunst*, die *Musik*, die *Sozialkunde* und die *Leibeserziehung* vermissen. So ist es bedauerlich, daß der Gedanke der *Evolution* und der biologisch-wissenschaftliche Begriff der *Ökologie* nicht aufgegriffen werden.[11] – Die Geographie war bis vor wenigen Jahren die einzige Naturwissenschaft, die versuchte, die Erde nicht bloß zergliedernd, sondern *ganzheitlich* aufzufassen.[12] Es wäre aufschlußreich gewesen, aus fachdidaktischer Perspektive nach der Karriere dieses ganzheitlichen Naturverständnisses zu fragen. – Im Bereich des Kunst- und des Literaturunterrichts gäbe es die Möglichkeit, ein einseitig naturwissenschaftliches Bild der Natur richtigzustellen. So läßt sich die Geschichte des Naturverhältnisses nicht nur in der Wissenschaftsgeschichte, sondern viel anschaulicher und damit naturnäher in der Kunstgeschichte dokumentieren. – Die Musik wäre insofern interessant, als Töne und Klänge zumeist Natur nicht abbilden, sondern ganz einfach Natur sind. – Im Sozialkundeunterricht müßte man sich damit befassen, inwiefern Naturwissenschaft und Technik unter den heutigen Voraussetzungen durch eine „soziale Wissenschaft von der Natur" ergänzt werden müßten. – Schließlich kann noch angemerkt werden, daß auch im Sportunterricht die Naturproblematik aufgegriffen werden könnte und vielleicht sogar müßte: Kein Unterrichtsfach ist mit derselben Ausschließlichkeit mit der *Natur, die der Mensch ist*, beschäftigt, wie der Sportunterricht.[13]

---

[11] Zur möglichen Antwort des Biologieunterrichts auf die ökologischen Herausforderung vgl. Gerhard Winkel: Umwelt und Bildung. Denk- und Praxisanregungen für eine ganzheitliche Natur- und Umwelterziehung. Seelze-Velber 1995.

[12] Vgl. hierzu Gerhard Hard: Zu Begriff und Geschichte der ‚Natur' in der Geographie des 19. und 20. Jahrhunderts. In: Natur als Gegenwelt. Beiträge zur Kulturgeschichte der Natur. Hg. von Götz Großklaus und Ernst Oldemeyer. Karlsruhe 1983, S. 139–167.

[13] Vgl. hierzu Gernot Böhme: Leib: Die Natur, die wir selbst sind. In: Gernot Böhme: Natürlich Natur. Über Natur im Zeitalter ihrer technischen Reproduzierbarkeit. Frankfurt a. M. 1992, S. 77–93.

Norbert Hilgenheger

Das Verhältnis des Menschen zur Natur als Dimension seiner Bildung

Die Natur gibt dem Menschen den rohen Stoff seiner Bildung vor. Dieser *bildungstheoretischen Fundamentalsatz*[1] impliziert aber noch nicht, daß die Natur auch als *eine Bildungswelt* bzw. sogar als *die Bildungswelt* anerkannt werden muß. Für die Auffassung, daß Bildung in einer *kulturellen Welt* bzw. in einer *Welt des Mitmenschlichen* stattfinde, lassen sich gute Gründe anführen. Erst der Prozeß der *Kultivierung* scheint den Menschen über die Rohigkeit und Wildheit seines Naturzustandes emporzuheben.

Es waren diese guten Gründe, die das *antinaturalistische Vorurteil*[2] der Bildungstheorie immer von neuem nährten. Zur Widerlegung des antinaturalistischen Vorurteils müßte gezeigt werden, daß auch die Natur eine *Bildungswelt* ist bzw. daß sie sogar zu einem *Subjekt* der Bildung mit dem Menschen als ihrem Objekt werden kann. Es wäre also zu zeigen, daß sich Bildung nicht nur der *Selbsttätigkeit des menschlichen Geistes,* sondern auch der *prägenden Beeindruckung durch die Natur* verdankt.

Im folgenden möchte ich das antinaturalistische Vorurteil der Bildungstheorie als ein *bloßes* Vorurteil entlarven. Meine Leitthese lautet: Das Verhältnis des Menschen zur Natur ist eine Hauptdimension in der Geschichte seiner Bildung. Meine Ausführungen zerfallen in drei Teile: Ich gehe aus von einer Charakteristik des gefährdeten Naturverhältnisses, so wie es sich uns heute darstellt (1.). Anschließend öffne ich die Tür zur *Geschichte des Naturverhältnisses* für einen Spalt, indem ich nach einer *Typologie des Naturverhältnisses* frage (2.) Ich gehe drittens auf *Alexander von Humboldt* als einen bildungstheoretisch aufgeschlossenen Interpreten des Naturverhältnisses ein. Alexander von Humboldt hat *Ansichten der Natur* entworfen, die die *Natur* als das *Reich der Freiheit* und somit als eine *Bildungswelt* vor den Blick bringen (3.). Da aber die Entwicklung der wissenschaftlichen Weltauffassung inzwischen über Alexander von Humboldt hinausgegangen ist, werde ich abschließend auf das *gegenwärtige* Verhältnis des Menschen zur Natur zurückkommen müssen.

---

[1] Vgl. die folgende Formulierung aus Wilhelm von Humboldts Fragment zur Theorie der Bildung des Menschen: „Da (...) die bloße Kraft einen Gegenstand braucht, an dem sie sich üben, und die bloße Form, der reine Gedanke, einen Stoff, an dem sie, sich darin ausprägend, fortdauern könne, so bedarf auch der Mensch einer Welt außer sich" (Wilhelm von Humboldt: Bildung und Sprache. Hg. von Clemens Menze. Paderborn ²1965, S. 24).

[2] Zum Begriff ‚antinaturalistisches Vorurteil' vgl. die Einführung zu Beginn dieses Bandes!

1. Die gegenwärtige Krise des Naturverhältnisses

Vor etwa 2500 Jahren begann in Griechenland der Prozeß, der in Zukunft vielleicht einmal zur endgültigen Zerrüttung des Naturverhältnisses führen wird. Wir sind gewohnt, ihn als einen Prozeß des *Fortschritts*, der *Rationalisierung*, der *Intellektualisierung*, der *Modernisierung*, dann aber auch der *Bildung* anzusehen. Mit dem Beginn der Neuzeit wurde der zuvor im wesentlichen bloß *theoretische* Prozeß der Rationalisierung *praktisch*, wodurch er sich sprunghaft beschleunigte. Zudem ist der so unterschiedlich benannte Prozeß inzwischen *selbstreflexiv* geworden. Es gibt nicht mehr bloß *rationale Theorie* und *rationalisierte Praxis*, sondern zudem eine Reflexion auf die Theorie und eine Praxis der Praxissteuerung. So dienen die Erkenntnistheorie, seit Anfang unseres Jahrhunderts auch die *Wissenschaftstheorie*, die *Wissenschaftsgeschichte* und die *Wissenssoziologie*, der Selbstreflexion von Theorie.

Die *Bildungstheorie* ist hervorgegangen aus einer sich reflektierenden pädagogischen Praxis. Sie expliziert den pädagogischen Grundgedankengang, der in der Praxis immer schon enthalten war. Inzwischen ist aber auch die Bildungstheorie reflexiv geworden, so daß sie sich auf ihre eigenen Urteile und Vorurteile kritisch zurückwenden kann.

Das antinaturalistische Vorurteil der Bildungstheorie ist in die Vorgeschichte der gegenwärtigen Krise des Naturverhältnisses einzuordnen. Die gegenwärtige Krise des Naturverhältnisses ist allerdings hauptsächlich eine Krise der *Nutzung* und der *Beherrschung der Natur*. Früher wurden nur *kleine* Kräfte gegen die Natur mobilisiert. Inzwischen sind es immer größere Energiemengen, die zunächst aus der Natur herausgezogen und dann gegen die Natur eingesetzt werden. Der Einsatz so großer Kräfte hat dazu geführt, daß sich der natürliche Kreis des menschlichen Lebens, die sog. *Biosphäre*, als zerstörbar herausgestellt hat, ohne daß abzusehen wäre, wie das Fortschreiten dieser Zerstörung auf Dauer gebremst werden könnte.

Die Krise der technischen Naturbeherrschung, die auch als *ökologische Krise* bezeichnet wird, ist deswegen so fatal, weil sie primär gar nicht durch einen *Mißbrauch* der Technik verschuldet ist, sondern durch eine ganz normale Nutzung der vielfältigen, jede für sich völlig harmlosen technischen Möglichkeiten. Jeder noch so kleine Schritt, der das Leben auf dieser Erde erleichtert, führt tiefer in die ökologische Krise hinein. Erschwerend kommt hinzu, daß den neuen technischen Möglichkeiten immer neue *Antriebe* und *Bedürfnisse* nachwachsen. Der Mensch läßt sich das, was er zu können gelernt hat, zunächst zur Gewohnheit werden, um es schließlich kontinuierlich zu wollen und auch in die Tat umzusetzen. Der heimliche Lehrplan des Baconschen Zeitalters hat die menschlichen Bedürfnisse wuchern lassen. Bescheidenheit im Umgang mit der Natur ist kaum noch möglich.

Die gegenwärtige Krise des Naturverhältnisses betrifft aber nicht nur die Nutzung der Natur, sondern auch das *wissenschaftliche Weltbild*, allgemeiner sogar die Logik unseres Nachdenkens über die Natur. Die konkret-anschaulichen Kategorien der alltäglichen Lebenswelt, die z. B. in der aristotelischen Physik eine wichtige Rolle spielten, sind als Werkzeuge der Naturforschung unbrauchbar geworden. Wir können uns das, was uns die Formeln der theoretischen Physik beschreiben, gar nicht mehr *vorstellen*. Noch für Alexander von Humboldt war das Auge „das Organ der Weltanschauung".[3] Heute ist an die Stelle der wissenschaftlichen *Anschauung* der Welt eine bloß formelhafte und dennoch praxisleitende *Auffassung* der Welt getreten. Sowohl im Mikrobereich als auch im kosmologischen Maßstab hat die Natur aufgehört, *anschaulich* zu sein. Die *wissenschaftliche Weltauffassung* hat kein natürliches Organ mehr und ist *unsinnlich* geworden. Da sich aber das Wort ‚Theorie' von ‚Schauen' herleitet, ist Naturtheorie im ursprünglichen Sinne, und d. h. als *Naturanschauung*, inzwischen antiquiert. Die Forscher beobachten nicht mehr die Natur, sondern die Zeigerstellungen ihrer messenden Apparate.

Diese *Entwertung der Naturanschauung* blieb aber nicht ohne Folgen für die *Einstellung zur Natur*. Die unanschaulich gewordene Natur, in der es keine Geheimnisse mehr gibt, hat ihren Reiz für die Einbildungskraft verloren. Max Weber hat in diesem Zusammenhang von einem Prozeß der *Entzauberung* gesprochen.[4] Die Tendenz zur „versachlichenden Entzauberung der Welt" hat sich dann immer mehr, wie Theodor Litt es treffend formuliert hat, „zur Form der *wissenschaftlichen* Weltdurchdringung" ausgebildet.[5]

Häufig wird der Begriff der Entzauberung *ästhetisch* aufgefaßt und damit mißverstanden: Auch in einer entzauberten Welt gibt es Gestalten und Strukturen, die uns bezaubern. Die Entzauberung betrifft lediglich das *Kraftfeld*, in das der Mensch die Gegenstände seines Tuns hineinsieht: Alle Kräfte, die das menschliche Leben beeinflussen, gelten als *prinzipiell* berechenbar und daher auch als *manipulierbar*. Dämonen, die der Mensch fürchten müßte, haben aufgehört zu existieren. Es gibt aber auch keine *Gegenkräfte* mehr, die eine boshafte menschliche Willkür in Schranken halten könnten. Die Entzauberung der Welt war mit einer *Enthemmung* menschlichen Verhaltens verbunden. Nichts ist dem Menschen mehr heilig, auch sein eigenes Leben nicht. In diesem Sinne greifen Max Horkheimer und Theodor W. Adorno gleich zu Anfang ihrer „Dialektik der Aufklärung" den Begriff der entzauberten Welt auf:

> Seit je hat die Aufklärung im umfassendesten Sinn fortschreitenden Denkens das Ziel verfolgt, von den Menschen die Furcht zu nehmen und sie als Herren einzusetzen. Aber die vollends aufgeklärte Erde strahlt im Zeichen triumphalen Unheils. Das Programm der Aufklärung war die Entzauberung der Welt. Sie wollte die Mythen auflösen und Einbildung durch Wissen stürzen.[6]

---

[3] Alexander von Humboldt: Kosmos. Entwurf einer physischen Weltbeschreibung. Hg. und kommentiert von Hanno Beck. Teilbände I und II. Darmstadt 1993, I, S. 65.

[4] Max Weber: Wissenschaft als Beruf. In: ders.: Gesammelte Aufsätze zur Wissenschaftslehre. Tübingen ³1969, S. 582–613, S. 594.

[5] Theodor Litt: Goethes Naturanschauung und die exakte Naturwissenschaft. In: ders.: Naturwissenschaft und Menschenbildung. ⁵Heidelberg 1968, S. 133–167, S. 137.

[6] Max Horkheimer und Theodor W. Adorno: Dialektik der Aufklärung. Philosophische Fragmente. Frankfurt a. M. 1969, S. 9.

Die unanschauliche, entzauberte Natur ist dann dem Menschen zunehmend fremd geworden. Der Begriff ‚Entfremdung' bezieht sich nicht nur auf das Verhältnis des Menschen zu den *Produkten seiner Arbeit* und auf das *Verhältnis der Menschen zueinander*, sondern auch auf das Verhältnis des Menschen zur Natur. Die Wissenschaft flüstert uns immer von neuem ein: Die Natur ist nicht so, wie ihr sie seht. Zudem hat sich eine Welt der Geräte und der künstlichen Höhlen zwischen den Menschen und die Natur geschoben. *Naturanschauung* und *handelnder Umgang mit natürlichen Gegenständen* sind selten geworden. Bei Maria Montessori findet sich der bemerkenswerte Satz aus dem Munde eines achtjährigen Kindes: „Ich würde wer weiß was geben, um abends einmal die Sterne sehen zu können."[7] Wir sind auf die selbstgeschaffene *Medienwelt* angewiesen, um uns wenigstens noch ein *scheinbares* Bild der Natur zu verschaffen. Die Medien verdrängen nicht nur das Gespräch, sondern auch den Bezug zur wirklichen, fühl-, tast- und riechbaren Natur, in der man sich leibhaftig bewegen kann. Ist aber die Natur unserer Bilder und Scheinbilder noch die Natur, mit der der Mensch früher Umgang gehabt hat?

Die *Naturwissenschaft* bietet uns keinen Ersatz für die verlorene *Unmittelbarkeit des Naturbezuges*. Denn die unanschauliche Natur der Naturwissenschaft kann gar nicht mehr zum Gegenstand alltäglicher Gespräche werden, da Alltagsgespräche sich auf anschaulich Gegebenes beziehen. Wohl jedoch lernt es auch der Alltagsmensch, die technischen Apparate, die auf der Grundlage naturwissenschaftlicher Erkenntnisse entwickelt wurden, zu bedienen und zu nutzen. Trotz aller Technik ist der Nutzer dieser Apparate jedoch *der Natur entfremdet*. Deswegen verliert er fast zwangsläufig das Augenmaß, wenn er die Natur den Auswirkungen seiner Kraftmaschinen und seiner Explosionen aussetzt.

Die Entfremdung des Menschen von der Natur führt in letzter Konsequenz dazu, daß die Natur für den Menschen aufhört zu existieren. Deswegen kann es gar nicht mehr gelingen, das Verhältnis des Menschen zur Natur als das Verhältnis zweier voneinander unabhängiger Relata zu denken. So ließ der Physiker Werner Heisenberg seine Überlegung zum Naturbild der modernen Physik in der allerdings zur Kritik herausfordernden Feststellung gipfeln,

daß zum erstenmal im Laufe der Geschichte der Mensch auf dieser Erde nur noch sich selbst gegenübersteht, daß er keine anderen Partner oder Gegner mehr findet.[8]

---

[7] Maria Montessori: „Kosmische Erziehung". Freiburg [2]1993, S. 120.
[8] Werner Heisenberg: Das Naturbild der heutigen Physik. In: ders.: Das Naturbild der heutigen Physik. Reinbek b. Hamburg 1955, S. 7–23, S. 17.
Der einleitende Text, dessen Titel über das ganze Bändchen gesetzt wurde, geht auf einen Vortrag zurück, den Heisenberg im Jahre 1953 vor Künstlern gehalten hat. Auf diesen Vortrag bezieht sich Martin Heidegger in seinen Technik-Aufsätzen: Die Technik und die Kehre. Pfullingen [8]1991, S. 23 und 27: Es mache sich der Anschein breit, „alles was begegne, bestehe nur, insofern es ein Gemächte des Menschen sei. Dieser Anschein zeitigt einen letzten trügerischen Schein. Nach ihm sieht es so aus, als begegne der Mensch überall nur noch sich selbst. Heisenberg hat mit vollem Recht darauf hingewiesen, daß sich dem heutigen Menschen das Wirkliche so darstellen muß. *Indessen begegnet der Mensch heute in*

Zusammenfassend möchte ich die folgenden Gefährdungsmomente des heutigen Naturverhältnisses festhalten: Die Krise des Naturverhältnisses ist primär eine Krise der *Naturbeherrschung* und des komplementären menschlichen *Strebens nach Autarkie.* Als weitere Momente treten hinzu die *Entwertung der Naturanschauung,* die *Entzauberung der Natur* und die *Entfremdung von der Natur,* die im *Verlust der Natur* gipfeln. Ob es Sinn macht, den „Tod der Natur" zu verkünden, sei dahingestellt. Wohl jedoch darf man behaupten, daß die Natur in ihrer erhabenen Größe für den Menschen aufgehört hat zu existieren. Heisenbergs Unschärferelation hat einen tieferen symbolischen Sinn, der über ihre physikalische Bedeutung hinausgeht. Der Mensch, der in der Natur nur noch sich selbst und seine Störeinflüsse findet, erkennt zu spät, daß er mit der Natur auch seine Personalität und damit sein eigenes Wesen verloren hat.

2. Zur Typologie der Deutung des Naturverhältnisses

Das Verhältnis des Menschen zur Natur ist zugleich ein naturphilosophisches und ein anthropologisches Thema. Wer nach der *Natur* fragt, stößt auf den *Menschen,* und wer nach dem *Menschen* fragt, stößt auf die *Natur.* Nur im Rahmen einer *systemischen Deutung* wird man das Naturverhältnis beschreiben können. Jedes *Menschenbild* und jedes *Naturbild* ist im Vergleich zu dem

Wahrheit gerade nirgends mehr sich selbst, d. h. seinem Wesen. Der Mensch steht so entschieden im Gefolge der Herausforderung des Gestells, daß er dieses nicht als einen Anspruch vernimmt, daß er sich selbst als den Angesprochenen übersieht und damit auch jede Weise überhört, inwiefern er aus seinem Wesen her im Bereich eines Zuspruchs ek-sistiert und damit *niemals* nur sich selbst begegnen *kann"* (S. 27). – Heisenbergs Gedanke wird positiv aufgegriffen bei Serge Moscovici: Versuch über die menschliche Geschichte der Natur. (Frz. Paris 1968), Frankfurt a. M. 1990, S. 47. – Neuerdings hat Hans Lenk kritisch zu Heisenbergs Thesen Stellung genommen. Er unterstellt Heisenberg einen von ihm sog. Überdehnungsfehlschluß: „Bekanntlich zieht *Heisenberg* (. . .) die (. . .) Schlußfolgerung: In der modernen Naturwissenschaft begegne der Mensch nunmehr nur noch sich selbst", er stehe allgemeiner auf dieser Erde gar „nur noch sich selbst gegenüber", finde „keine anderen Partner oder Gegner mehr. Dies ist zweifellos ein Überdehungsfehlschluß, der – wenn angenommen – zu einem totalen positivistischen Idealismus oder wenigstens Anthropozentrismus führen müßte." (Hans Lenk: Der Macher der Natur? Über operativistische Fehldeutungen von Naturbegriffen der Neuzeit. In: Götz Großklaus und Ernst Oldemeyer [Hg.]: Natur als Gegenwelt. Beiträge zur Kulturgeschichte der Natur. Karlsruhe 1983, S. 59–86, S. 69.)
Heisenberg behauptete nicht nur, daß der Mensch auf dieser Erde nur noch sich selbst gegenüberstehe. Zudem ließ er deutlich werden, daß die Natur nicht immer ein bloßer Scheinpartner bzw. Scheingegner des Menschen gewesen sei: „In früheren Epochen sah sich der Mensch der Natur gegenüber; die von Lebewesen aller Art bewohnte Natur war ein Reich, das nach seinen eigenen Gesetzen lebte und in das er sich mit seinem Leben irgendwie einzuordnen hatte. In unserer Zeit aber leben wir in einer vom Menschen so völlig verwandelten Welt, daß wir überall, ob wir nun mit den Apparaten des täglichen Lebens umgehen, ob wir eine mit Maschinen zubereitete Nahrung zu uns nehmen oder die vom Menschen verwandelte Landschaft durchschreiten, immer wieder auf die vom Menschen hervorgerufenen Strukturen stoßen, daß wir gewissermaßen immer nur uns selbst begegnen" (S. 18f).

Netz der Beziehungen, das zwischen Mensch und Natur geknüpft ist, ein bloß *sekundäres.*

Dieser postulierten systemischen Deutung des Naturverhältnisses stehen jedoch mannigfache kulturelle und historische Varianten gegenüber. Ich möchte deswegen so etwas wie eine *Typologie der möglichen Deutungen des Naturverhältnisses* versuchen.[9]

Es gibt eine verwirrende Vielfalt von *Menschenbildern* und eine verwirrende Vielfalt von *Naturbildern.* Die Vielfalt in der Deutung des Verhältnisses, das zwischen Mensch und Natur bestand oder besteht, korrespondiert mit der Vielzahl der Kulturen und der Vielzahl der Epochen. Rückblickend kann man einige *Grundtypen* in der Deutung des Naturverhältnisses ausmachen. Der wohl wichtigste Unterschied in dieser Deutung hängt davon ab, ob der Mensch sich selbst voll und ganz in die Natur einbezieht oder ob er sich außerhalb der Natur oder gar über der Natur sieht. Hans Blumenberg hat in diesem Zusammenhang zwischen *Exteriorität* und *Interiorität* des Naturverhältnisses unterschieden: So sei das griechische Naturverhältnis dadurch gekennzeichnet, daß sowohl die Götter als auch die Menschen *außerhalb* des Kosmos angesiedelt gewesen seien. Die Griechen hätten den *Kosmos* erfunden, allerdings in Verbindung mit der *Tragödie:*

> Die Tragödie ist Ausdruck dessen, daß die Götter für den Kosmos nicht verantwortlich sind, ihn nicht erdacht und nicht erschaffen haben, gleichsam auf dem Sprunge, ihn in die Transzendenz oder in die Intermundien zu verlassen, während die Menschen dem Kosmos nur am unteren Rande, in der verworrensten Zone seiner Elemente weniger angehören als gegenüberstehen.[10]

Die Menschen stehen zwar etwas weniger aus dem Kosmos heraus als die Götter. Mit ihrem Leib gehören sie zur Natur. Wie Blumenberg jedoch betont, ist menschliche *Freiheit* für die Griechen nur denkbar gewesen unter der *Bedingung einer gewissen Exteriorität zum Kosmos.* Wäre der Mensch voll und ganz in die Ordnung des Kosmos eingebunden, gäbe es für ihn nur Bewegungen aus Notwendigkeit.

Bei jeder Deutung des Naturverhältnisses, die dem Menschen *Interiorität* bzw. *Exteriorität* zuschreibt, kommt es nun zu charakteristischen Folgeproblemen. Bei einer Sicht der Natur, die den Menschen ganz in die Natur hineinzieht, wird es schwer, die *menschliche Würde* zu *wahren.* Er wird zu einer Maschine, einem Organismus oder zu einem autopoietischen System wie andere auch. Bei Exteriorität des Naturverhältnisses ist das wohl gewichtigste Folge-

---

[9] Zur Problematik einer *Typologie des Naturverhältnises* vgl.: Arnold Gehlen: Urmensch und Spätkultur. Frankfurt a. M. ⁴1977, S. 97ff; Ernst Oldemeyer: Entwurf einer Typologie des menschlichen Verhältnisses zur Natur. In: Götz Großklaus und ders. (Hg.): Natur als Gegenwelt. Beiträge zur Kulturgeschichte der Natur. Karlsruhe 1983, S. 15–42; Hans Lenk: Macher der Natur? Über operativistische Fehldeutungen von Naturbegriffen der Neuzeit. In: Natur als Gegenwelt, S. 59–86, insbesondere S. 64.
[10] Hans Blumenberg: Die Genesis der kopernikanischen Welt. Die Zweideutigkeit des Himmels. Eröffnung der Möglichkeit eines Kopernikus. Frankfurt a. M. 1975, S. 16.

problem die *Sinnfrage:* Was bedeutet die Natur (der Kosmos) für den Menschen, der doch in der Natur bzw. im Kosmos bestenfalls eine periphere Stellung hat? Und umgekehrt: Hat vielleicht auch der Mensch einen kosmischen Auftrag? Welche Bedeutung hat insbesondere die *Anschauung,* die *denkende Betrachtung der Natur* (des Kosmos)? Und welchen Sinn hat die *Tätigkeit* des Menschen in Auseinandersetzung mit der Natur, also sein *Arbeiten,* sein *Herstellen* von Werken der Kunst und sein *Handeln* im Rahmen der der Natur abgetrotzten Ordnung der Polis?

Ich möchte die Frage, welchen Sinn die Beschäftigung mit der Natur und mit Natürlichem habe, als die *Leitfrage zur bildungstheoretischen Deutung des Naturverhältnisses* festhalten.

Von der griechischen Deutung des Verhältnisses zur Natur unterscheidet sich die *jüdisch-christliche:* Auch aus christlicher Sicht kommt dem Menschen in seinem Verhältnis zur Natur *Exteriorität* zu. Doch die Prämissen dieser Exteriorität sind völlig andere: Der Kosmos wird als ein *geschaffener* verstanden, wobei dem Schöpfer Exteriorität zukommt. Er ist jedoch für das, was er geschaffen hat, und insbesondere für den Menschen *verantwortlich.* Der Mensch ist geschaffen als ein Wesen, das wiederum nur am Rande der Natur steht. Dementsprechend stellt sich für den Christen die Sinnfrage anders bzw. gar nicht. Die Frage ‚Warum bin ich auf Erden?‘ ist für jedes Geschöpf immer schon im voraus beantwortet. Obwohl oder gerade weil der Mensch nur am Rande der Natur steht, ist er dennoch deren beherrschter Herrscher.

Bei dieser christlichen Deutung des Naturverhältnisses schieben sich jedoch andere Fragen in den Vordergrund: Welche Bedeutung hat die *Anschauung der Natur* und welche Bedeutung hat eine *Tätigkeit in der Natur* (Arbeiten, Herstellen und Handeln) für den Menschen? Ist die Natur lediglich eine Quelle der *Verführung,* die das Geschöpf seinem Schöpfer entfremdet? Oder läßt sich die Schöpfung lesen wie ein Buch, das Rückschlüsse auf den Autor zuläßt?

Schon in der Antike hat es Varianten des griechischen bzw. des jüdisch-christlichen Naturverhältnisses gegeben: die stoische, die epikureische und die gnostische Deutung des Naturverhältnisses. Sämtliche Deutungen (vielleicht mit Ausnahme der epikureischen) stehen unter der Bedingung der Exteriorität. Die innere Differenzierung dieses Typs hängt ab von der Art und Weise, wie die Bedeutung der Natur für den Menschen bzw. die Bedeutung des Menschen für die Natur gesehen wurde.

Verfolgt man die Entwicklungslinie, die von den antiken Deutungen des Naturverhältnisses bis zur Gegenwart führt, kann man feststellen, daß der *Typ der Exteriorität* immer weiter zurückgenommen wurde zugunsten des *Typs der Interiorität:* Der Mensch mußte erkennen, daß er selbst ein Glied in der Kette der irdischen Wesen ist. Exteriorität des Naturverhältnisses schien sich als ein Vorurteil zu erweisen. Ein menschliches Wesen, das überall auf dieser Erde nur auf sich selbst stößt, muß voll und ganz im Inneren der Natur stehen. – Offenbar handelt es sich um eine Entwicklung, deren anthropologische bzw. bildungstheoretische Bedeutung kaum überschätzt werden kann. Auf diese

Entwicklung hat Blumenberg seine These von der *Zweideutigkeit des Himmels* gemünzt. Der Gang der menschlichen Selbsteinschätzung von der griechischen bzw. der jüdisch-christlichen Exteriorität zur heute gebotenen Interiorität lasse sich an der Entwicklung kosmologischer Vorstellungen dokumentieren. Am Anfang habe ein *begrenzter Kosmos* bzw. *begrenztes Himmelsgewölbe* gestanden. Seit der kopernikanischen Revolution habe sich das All dann für den Menschen immer weiter ausgedehnt. Zuvor habe sich die Möglichkeit der kopernikanischen Revolution ganz allmählich und unter großen Schwierigkeiten herausgebildet. Zur dieser „Genesis der kopernikanischen Welt" stellt Blumenberg fest:

> Sie nimmt ein wissenschaftliches als ein anthropologisches Ereignis. Sie muß davon sprechen, wie ein peripheres Bewußtsein sich selbst auf die Spur dessen kommt, dies zu sein. Das ist die Zweideutigkeit des Himmels: er vernichtet unsere Wichtigkeit durch seine Größe, aber er zwingt uns auch durch seine Leere, nichts anderes wichtiger zu nehmen als uns selbst.[11]

Die Entstehung von Bildung und Bildungstheorie ist nicht zuletzt der Tatsache zu verdanken, daß der Mensch seit dem Beginn der Neuzeit nichts anderes mehr wichtiger nahm als sich selbst. Diese relative *Selbstaufwertung des Menschen* hat dann die Natur in Mitleidenschaft gezogen: Die menschliche Überheblichkeit konnte besser wuchern denn je zuvor. Die Natur war dem Menschen ausgeliefert.

3. Alexander von Humboldt als Interpret des Naturverhältnisses

Das *antinaturalistische Vorurteil der Bildungstheorie*, von dem anfangs die Rede war, dann aber auch die Bildungstheorie selbst, hängen an einer Sicht des Naturverhältnisses, die dem Menschen relative *Exteriorität* zuschreibt. Bildung nach diesem Verständnis besteht darin, daß sich der Mensch von seiner rohen Natürlichkeit und seiner wilden Triebhaftigkeit befreit und sich als *disziplinertes Geistwesen* aus der Natur herausstellt. Der Mensch wird zum Menschen erst durch Kultivierung. Die *Natur* liefert lediglich den *Stoff*, dessen die Vernunft zu ihrer selbstbildnerischen Tätigkeit bedarf.

Die Exterioritätsthese läßt jedoch ein mehr oder weniger zu. Je weniger der Mensch sich aus der Natur herausstellt, desto eher wird er bereit sein, auch der Natur bildende Kräfte zuschreiben. So ließ sich Jean-Jacques Rousseau das vorrangige Ziel der Erziehung von der Natur vorgeben, und Johann Heinrich Pestalozzi folgte in seinen pädagogischen Überlegungen dem verschlungenen „Gang der Natur in der Entwicklung des Menschengeschlechts". – Ich möchte mich im folgenden jedoch weder auf Rousseau noch auf Pestalozzi beziehen. Vielmehr gehe ich auf einen großen Naturwissenschaftler ein, der ganz bewußt die *Wissenschaft* als Bindestrich zwischen die *Natur* und die Aufgabe der *Bildung* setzt. Ich frage nach dem Zusammenhang von Natur und Bildung im

[11] A.a.O., Klappentext.

Kosmos-Werk[12] *Alexander von Humboldts*, das ohne auch nur den Anflug eines antinaturalistischen Vorurteils die Natur als eine Bildungswelt erschließt. In einem ersten Schritt beschreibe ich das Kosmos-Werk und erläutere die Intention, die Humboldt mit diesem Werk verfolgt. Das Kosmos-Werk entfaltet die Zusammenhänge zwischen *Anschauung der Welt, Naturgenuß* und *Bildung*. In einem zweiten Schritt möchte ich dann skizzieren, wie Humboldt seine Studien zur Geschichte der Weltanschauung und des Naturgenusses zu einer Geschichte der Menschenbildung werden läßt.

3.1. Das Kosmos-Werk Alexander von Humboldts

Alexander von Humboldt war ein echter Sohn des Baconschen Zeitalters, der den Zusammenhang von naturwissenschaftlicher Forschung und gesellschaftlichem Nutzen klar durchschaute.[13] Eine kontinuierliche naturwissenschaftliche Forschung galt ihm als eine Garantin des nationalen Wohlstandes. Auch auf die Bedeutung, die einer breiten *naturwissenschaftlichen Volksbildung* für die Mehrung und Sicherung des Wohlstandes zukommt, wies er vorausschauend hin. Humboldts eigene naturwissenschaftliche Forschungen dienten der Mehrung des gesellschaftlichen Nutzens. Dennoch unterstellte er die Naturwissenschaft zudem einem „höheren" und „erhabeneren" Zweck als dem Zweck des Nutzens. Es ist der *Zweck der Bildung*. Der Mensch bedürfe der Natur, um sich überhaupt zum Menschen bilden zu können. Die Bindung zwischen dem Inneren des Menschen und seiner Außenwelt sei genauso innig wie die zwischen Geist und Sprache:

---

[12] Ich zitierte das Kosmos-Werk unter Angabe der Bandnummer und der Seitenzahl nach der in Fußnote 3 benannten, von Hanno Beck herausgegebenen Ausgabe aus dem Jahre 1993.

[13] „Gleichmäßige Würdigung aller Teile des Naturstudiums ist (. . .) vorzüglich ein Bedürfnis der gegenwärtigen Zeit, wo der materielle Reichtum und der wachsende Wohlstand der Nationen in einer sorgfältigeren Benutzung von Naturprodukten und Naturkräften gegründet wird. Der oberflächliche Blick auf den Zustand des heutigen Europa lehrt, daß bei ungleichem Weltkampf oder dauernder Zögerung notwendig partielle Verminderung und endlich Vernichtung des Nationalreichtums eintreten müsse; denn im Lebensgeschick der Staaten ist es wie in der Natur, für die, nach dem sinnvollen Ausspruche Goethes, ‚es im Bewegen und Werden kein Bleiben gibt und die ihren Fluch gehängt hat an das Stillestehen'. Nur ernste Belebung chemischer, mathematischer und naturhistorischer Studien wird einem von dieser Seite einbrechenden Übel entgegentreten. Der Mensch kann auf die Natur nicht einwirken, sich keine ihrer Kräfte aneignen, wenn er nicht die Naturgesetze nach Maß- und Zahlverhältnissen kennt. Auch hier liegt die Macht in der volkstümlichen Intelligenz. Sie steigt und sinkt mit dieser. Wissen und Erkennen sind die Freude und die *Berechtigung* der Menschheit; sie sind Teile des Nationalreichtums, oft ein Ersatz für die Güter, welche die Natur in allzu kärglichem Maß ausgeteilt hat. Diejenigen Völker, welche an der allgemeinen industriellen Tätigkeit, in Anwendung der Mechanik und technischen Chemie, in sorgfältiger Auswahl und Bearbeitung natürlicher Stoffe zurückstehen, bei denen die Achtung einer solchen Tätigkeit nicht alle Klassen durchdringt, werden unausbleiblich von ihrem Wohlstand herabsinken" (I 39).

So geheimnisvoll unzertrennlich wie Geist und Sprache, der Gedanke und das befruchtende Wort sind, ebenso schmilzt, uns selbst gleichsam unbewußt, die Außenwelt mit dem Innersten im Menschen, mit dem Gedanken und der Empfindung zusammen. (I 59f)

Auch unabhängig vom Streben nach Beherrschung der Natur bedürfe der Zusammenhang von Außen- und Innenwelt der Kultivierung:

Wie in jenen höheren Kreisen der Ideen und Gefühle, im Studium der Geschichte, der Philosophie und der Wohlredenheit, so ist auch in allen Teilen des Naturwissens der erste und erhabenste Zweck geistiger Tätigkeit ein *innerer*, nämlich das Auffinden von Naturgesetzen, die Ergründung ordnungsmäßiger Gliederung in den Gebilden, die Einsicht in den notwendigen Zusammenhang aller Veränderungen im Weltall. (I 40)

Es ist der von Humboldt sog. „Natursinn", der die Natur als eine *Bildungswelt* erschließt. Der Natursinn gewährt „Anschauungen und Gefühle" (I 13), spricht also nicht nur das Erkenntnisvermögen an. Er darf allerdings nicht ausschließlich als ein Mittel zur Befriedigung von Bedürfnissen eingesetzt werden, wozu er sich zweifellos eignet. Auch Humboldt kennt und schätzt diesen *praktischen Natursinn*. So könne man die Resultate der Naturforschung in ihrem Verhältnis „zu den individuellen Bedürfnissen des geselligen Lebens" (I 13) betrachten. Bei einer Gesamtwürdigung des menschlichen Naturverhältnisses sei jedoch nicht der praktische, sondern der *reine* Natursinn vorrangig. Das *Gefühl* reagiere auf die *Eigentümlichkeiten* der natürlichen Umgebung. Die Natur könne zu einem Ort der Angst und des Schreckens, dann aber auch zu einer Quelle eines gesteigerten Lebensgefühls werden. Sogar die naturwissenschaftliche Forschung diene letztlich der Mehrung und Veredlung des Naturgenusses:

Wer die Resultate der Naturforschung in ihrer großen Beziehung auf die gesamte Menschheit betrachtet, dem bietet sich als die erfreulichste Frucht dieser Forschung der Gewinn dar, durch Einsicht in den Zusammenhang der Erscheinungen den Genuß der Natur vermehrt und veredelt zu sehen. (I 13)

Der Zusammenhang von Naturanschauung, Naturgenuß und Bildung ist das zentrale Thema des unvollendet gebliebenem großem Kosmos-Werkes, das unter dem Titel ‚Kosmos. Entwurf einer physischen Weltbeschreibung' zwischen 1845 und 1862 in fünf Bänden veröffentlicht wurde. Es ist eines der merkwürdigsten literarischen Zeugnisse zum Verhältnis des Menschen zur Natur, das aus einem beobachtungsgesättigtem Nachdenken über die Natur hervorgegangen ist. In seiner Art war es *ohne Vorläufer*, und es hat auch keine Nachfolger gefunden.

Humboldt malt in seinem Kosmos-Werk in kunstvoller Sprache *Bilder der Natur*. Diese *Naturbilder* und die naturphilosophischen Überlegungen, die sie umrahmen, gehen in keiner der uns heute geläufigen wissenschaftlichen Disziplinen auf, weder in der Geographie noch in der Astronomie, weder in der Physik noch in der Chemie, weder in der Biologie noch in der Anthropologie. Die Materialien seiner Naturbilder entlehnt Humboldt der *allgemeinen Physik*, d. h. einer allgemeinen Lehre von den Kräften, mehr allerdings der *Natur-*

geschichte, d. h. einer empirischen Kunde von der Natur. Humboldt ging es jedoch um wesentlich mehr als um *bloße* Physik bzw. um *bloße* Naturgeschichte, nämlich um ein *Gesamtbild der Natur*, das sowohl die physischen Erscheinungen auf der *Erde* als auch das Zusammenwirken der Kräfte im *Weltall* berücksichtigt. Das Kosmos-Werk dient somit der Kultivierung einer *allgemeinen Weltanschauung*, deren Grundlage in einer Beschreibung der *ganzen* Welt besteht. Diese *physische Weltbeschreibung* ist

> Betrachtung alles Geschaffenen, alles Seienden im Raum (der Naturdinge und Naturkräfte) als eines gleichzeitig bestehenden Naturganzen. (I 43)[14]

Sie will eine „Abspiegelung des großen und freien Naturlebens" sein. Hierzu ist eine Beschreibung der besonderen Himmelserscheinungen, dann aber auch der Pflanzen, Tiere und ihrer eigentümlichen Umgebung unerläßlich. Jedem Teil der Natur schreibt Humboldt eine *Physiognomie*[15] zu, die es zu erfassen gilt. Die „Einzelheiten im Naturwissen" besäßen die Kraft, „wie durch eine aneignende Kraft sich gegenseitig zu befruchten" (I 13). Auf der Grundlage treffend erfaßter Einzelheiten soll dann ein „Bild" (I 34), eine „Ansicht" (I 40)

---

[14] Weitere Kennzeichnungen der Weltbeschreibung: „Die Physische Weltbeschreibung, indem sie die Welt ‚als Gegenstand des äußeren Sinnes' auffaßt, bedarf (...) der allgemeinen Physik und der Naturgeschichte als Hilfswissenschaften; aber die Betrachtung der körperlichen Dinge unter der Gestalt eines durch innere Kräfte bewegten und belebten Naturganzen hat als abgesonderte Wissenschaft einen ganz eigentümlichen Charakter" (S. 45). Die Weltbeschreibung umfaßt einen tellurischen und einen siderischen (uranologischen) Teil (S. 43). „Der höchste Zweck der physischen Erdbeschreibung ist (...), Erkenntnis der Einheit in der Vielheit, Erforschung des Gemeinsamen und des inneren Zusammenhanges in den tellurischen Erscheinungen. Wo der Einzelheiten erwähnt wird, geschieht es nur, um die Gesetze der organischen Gliederung mit denen der geographischen Verteilung in Einklang zu bringen" (S. 47). „Das Wort physische Weltbeschreibung, dessen ich mich hier bediene, ist dem längst gebräuchlichen physische Erdbeschreibung nachgebildet. Die Erweiterung des Inhalts, die Schilderung eines Naturganzen von den fernen Nebelfleckern an bis zur klimatischen Verbreitung der organischen Gewebe, die unsere Felsklippen färben, machen die Einführung eines neuen Wortes notwendig" (S. 52).

[15] Zur Bedeutung der naturkundlichen Physiognomie-Studien vgl.: Alexander von Humboldt: Ideen zu einer Physiognomik der Gewächse. In: ders.: Ansichten der Natur. Erster und zweiter Band. Darmstadt 1987, S. 175–297, insbesondere Anm. 37 (S. 293ff): „Die Physiognomik der Gewächse soll nicht ausschließlich bei den auffallenden Kontrasten der Form verweilen, welche die großen Organismen einzeln betrachtet darbieten; sie soll sich an die Erkenntnis der Gesetze wagen, welche die Physiognomie der Natur im allgemeinen, den landschaftlichen Vegetations-Charakter der ganzen Erdoberfläche, den lebenden Eindruck bestimmen, welche die Gruppierung kontrastierender Formen in verschiedenen Breiten- und Höhen-Zonen hervorbringt. Unter diesen Gesichtspunkten konzentriert, offenbart sich erst, worin die enge, innere Verkettung der in den vorhergehenden Blättern abgehandelten Materien besteht. (...) Ich habe gewagt, die Methode zu befolgen, welche zuerst in den zoologischen Werken des Aristoteles so glänzend hervortritt und vorzugsweise geeignet ist, wissenschaftliches Vertrauen zu begründen, die Methode, in der neben dem unausgesetzten Bestreben nach Verallgemeinerung der Begriffe immer durch Anführung einzelner Beispiele in das Besonderste der Erscheinungen eingedrungen wird" (S. 294).

bzw. die „Erkenntnis eines Naturganzen" (II 88) entstehen.[16] Die so verstandene physische Weltbeschreibung konzipiert Humboldt dann als eine „eigene und abgesonderte Disziplin" (I 42), die sowohl über der allgemeinen Physik als auch über der Naturgeschichte steht.

Humboldt geht in seinem Kosmos-Werk aber weit über eine bloße Beschreibung der Natur hinaus, indem er sein Gemälde der Natur durch Betrachtungen ergänzt, die sich insgesamt als eine *Theorie des Naturverhältnisses* lesen lassen. Zu ihnen gehören hinzu Skizzen zur Geschichte der *Naturdichtung,* der *Naturmalerei,* dann aber auch der *zoologischen* und der *botanischen* Gärten. Im Mittelpunkt der Theorie des Naturverhältnisses stehen aber Studien zur *Geschichte der physischen Weltanschauung* und damit zusammenhängend zur *Geschichte des Naturgenusses.* Diese Geschichte der physischen Weltanschauung ist die Geschichte der Natur als einer Bildungswelt.

3.2. Zum Zusammenhang von Weltanschauung, Naturgenuß und Bildung

Das Wort ‚Weltanschauung' verweist zunächst auf die Leistung eines Sinnesorgans, nämlich des Auges. Das Auge rezipiert äußere Eindrücke, die dann verständig verarbeitet werden. Die Qualität der Weltanschauung hängt zunächst von den Leistungen der *Sinnlichkeit* und des *Verstandes* ab. Gleich zu Anfang seines Kosmos-Werkes nennt Humboldt ein weiteres Moment in der Anschauung von Welt: Sowohl die *Anschauung der Welt* als auch der *Genuß der Natur* seien „das Werk der Beobachtung, der Intelligenz und der Zeit, in welcher alle Richtungen der Geisteskräfte sich reflektieren".[17]

Da sich die Anschauung der Welt in Abhängigkeit von der *Zeit* verändert, kann man ihr eine *Geschichte* zuschreiben. Welches ist aber die Aufgabe einer *Geschichte der physischen Weltanschauung?* – Es geht ihr nicht bloß darum, das Anwachsen besonderer Naturerkenntnisse zu beschreiben. Die Geschichte der physischen Weltanschauung darf nicht mit der *Geschichte der Naturwissenschaften* und oder mit der *Geschichte der empirischen Naturkunde* verwechselt

---

[16] Humboldt spricht auch von einer „denkenden Betrachtung der durch Empirie gegebenen Erscheinungen als eines Naturganzen" (I 36), von einer „allgemeinen Naturkunde" (I 38), von einer „physischen Weltbeschreibung" (I 41), die mehr sei als eine physische Beschreibung bloß der Erde, und schließlich knapp und treffend von einer „Lehre vom Kosmos". Die physische Weltbeschreibung umfasse „die Welt als Gegenstand der äußeren Sinne" und sei „Betrachtung alles Geschaffenen, alles Seienden im Raum (der Naturdinge und Naturkräfte) als eines gleichzeitig bestehenden Naturganzen" (I 43), sei „Betrachtung der körperlichen Dinge unter der Gestalt eines durch innere Kräfte bewegten und belebten Naturganzen" (I 45).

[17] Kosmos, Bd. I, S. 13: „Wer die Resultate der Naturforschung nicht in ihrem Verhältnis zu einzelnen Stufen der Bildung oder zu den individuellen Bedürfnissen des geselligen Lebens, sondern in ihrer großen Beziehung auf die gesamte Menschheit betrachtet, dem bietet sich als die erfreulichste Frucht dieser Forschung der Gewinn dar, durch Einsicht in den Zusammenhang der Erscheinungen den Genuß der Natur vermehrt und veredelt zu sehen. Eine solche Veredlung ist aber das Werk der Beobachtung, der Intelligenz und der Zeit, in welche alle Richtungen der Geisteskräfte sich reflektieren."

werden. Sie ist vielmehr die *Geschichte der Zusammenschau des menschlichen Naturwissens*. Sie ist, wie Humboldt sagt, die „Geschichte der Erkenntnis eines Naturganzen, die Darstellung des Strebens der Menschheit, das Zusammenwirken der Kräfte im Erd- und Himmelsraum zu begreifen" (II 88).

Im einzelnen ist es nicht leicht, eine Grenzlinie zwischen *Naturgeschichte, Geschichte der Naturwissenschaft* und *Geschichte der physischen Weltanschauung* zu ziehen. Die Naturgeschichte und die Geschichte der Naturwissenschaft geben das Material für die Geschichte der physischen Weltanschauung vor. Für diese ist aber nur das von Belang, was zu *generalisierenden Betrachtungen* anregt oder was den *Gesichtskreis der Naturbetrachtung erweitert*. Humboldt nennt einige Beispiele. Die Geschichte der Weltanschauung gehe auf Entdeckungen ein wie die

> des zusammengesetzten Mikroskops, des Fernrohrs und der farbigen Polarisation, weil sie Mittel verschafft haben, das, was allen Organismen gemeinsam ist, aufzufinden, in die fernsten Himmelsräume zu dringen und das erborgte reflektierte Licht von dem selbstleuchtender Körper zu unterscheiden, d. h. zu bestimmen, ob das Sonnenlicht aus einer festen Masse oder aus einer gasförmigen Umhüllung ausstrahle. (II 88)

Die optischen Versuche hingegen, die zur *Entdeckung* der farbigen Polarisation geführt haben, gehören in die *Geschichte der Optik*. – Oder ein Beispiel aus der Botanik: Während die Entwicklung der Grundsätze, nach denen sich die Gewächse nach Gattungen und Arten unterteilen lassen, in die Geschichte der Botanik fällt, ist die *Geographie der Pflanzen*, d. h. die „Einsicht in die örtliche und klimatische Verteilung der Vegetation über den ganzen Erdkörper" (II 89), der Geschichte des Naturganzen zuzurechnen.

Mehr noch als die allgemeine Physik oder als die Naturgeschichte wird die Geschichte der physischen Weltanschauung bei Humboldt zu einem Bindeglied zwischen der Natur und der Aufgabe der Bildung. Sie trage zur Vervollkommung des Menschen bei und insbesondere zur Ausbildung seiner Intelligenz. In dieser Funktion habe sie eine größere Bedeutung als jeder andere Teil der Kulturgeschichte. Die „Einsicht in den Zusammenhang der lebendigen Kräfte des Weltalls" sei die „edelste Frucht der menschlichen Kultur, als das Streben nach dem höchsten Gipfel, welchen die Vervollkommnung und Ausbildung der Intelligenz erreichen kann" (II 89). Sie bringe zur Darstellung, wie sich der „Gedanke von der Einheit in den Erscheinungen und vom Zusammenwirken der Kräfte im Weltall" (II 90) allmählich herausgebildet habe.

Humboldts eigener Entwurf zu einer Geschichte der physischen Weltanschauung orientiert sich an der Unterscheidung verschiedener Epochen mit einem revolutionierenden Epochenwandel zu Beginn der Neuzeit. Durch sämtliche der von ihm unterschiedenen Epochen zieht sich der Gedanke hindurch, daß die Natur als „ein harmonisch geordnetes Ganzes" (I 14), und d. h. *Kosmos* sei. Die Anfänge der physischen Weltanschauung seien an den *Gedanken einer allumfassenden Ordnung* geknüpft gewesen, der allerdings nicht in abgesicherten Erfahrungserkenntnissen, sondern in einem bloßen *Ahnen* gegründet gewesen sei.

Die Veränderungen der physischen Weltanschauung bis zum Beginn der Neuzeit beschreibt Humboldt als eine bloße *Erweiterung des Horizonts*, zu der die Anstöße von folgenreichen „Weltbegebenheiten" (II 90) kamen. Eine solche „Weltbegebenheit" kann in der Erschließung neuer Verkehrswege, dann aber auch in großen Feldzügen oder in der Errichtung dauerhafter Staatsgebilde bestehen. Humboldt isoliert bis zum Beginn der Neuzeit vier derartige „Weltbegebenheiten". Auf diese Weise gelangt er zur Unterscheidung von vier großen Epochen der Weltanschauung. Mit der Entdeckung Amerikas, der fünften Weltbegebenheit, bedürfe es keiner äußeren Anstöße zur Horizonterweiterung mehr. Folgende „Weltbegebenheiten" nennt Humboldt:

(...) die Versuche, aus dem Becken des Mittelmeers gegen Osten nach dem Pontus und Phasis, gegen Süden nach Ophir und den tropischen Goldländern, gegen Westen durch die Herkules-Säulen in den „alles umströmenden Ozean" vorzudringen, der makedonische Feldzug unter Alexander dem Großen, das Zeitalter der Lagiden und der römischen Weltherrschaft. Wir lassen (...) folgen den mächtigen Einfluß, welchen die Araber, ein fremdartiges Element europäischer Zivilisation, und sechs bis sieben Jahrhunderte später die maritimen Entdeckungen der Portugiesen und Spanier und das allgemeine physische und mathematische Naturwissen, auf Kenntnis der Erd- und Himmelsräume, ihrer meßbaren Gestaltung, der Heterogenität der Stoffe und der ihnen innewohnenden Kräfte augeübt haben. (II 180)

Seit dem Beginn der Neuzeit haben die Veränderungen der Weltanschauung einen qualitativ anderen Charakter bekommen. Die Einheit, die zuvor nur *erahnt* wurde, gründet von nun an in *Einsicht*. Die Wandlungen der Weltanschauung stellen sich als „das Ergebnis langer, mühevoll gesammelter Erfahrungen" (I 14) ein. Triebkräfte des Fortschreitens sind von nun an zum einen „das selbständige Streben der Vernunft nach Erkenntnis von Naturgesetzen, also eine denkende Betrachtung der Naturerscheinungen", zum anderen „die Erfindung neuer Mittel sinnlicher Wahrnehmung, gleichsam die Erfindung neuer Organe, welche den Menschen mit den irdischen Gegenständen wie mit den fernsten Welträumen in näheren Verkehr bringen, welche die Beobachtung schärfen und vervielfältigen" (II 90). Die Weltanschauung war damit reflexiv geworden:

Die Intelligenz bringt fortan Großes hervor aus eigener Kraft, nicht durch einzelne äußere Ereignisse vorzugsweise angeregt. Sie wirkt in vielen Richtungen gleichzeitig; schafft durch neue Gedankenverbindung sich neue Organe, um das zarte Gewebe des Tier- und Pflanzenbaus als Substrat des Lebens wie die weiten Himmelräume zu durchspähen. (II 180)[18]

---

[18] Vgl. auch Kosmos, Bd. II, S. 335f: „Mit der Besitznahme einer ganzen Erdhälfte, welche verhüllt lag, mit den größten Entdeckungen im Raum, welche je den Menschen glückte, ist für mich die Reihe der Ereignisse und Begebenheiten geschlossen, welche plötzlich den Horizont der Ideen erweitert, zum Erforschen von physischen Gesetzen angeregt, das Streben nach dem endlichen Erfassen des Weltganzen belebt haben. Die Intelligenz bringt fortan, wie wir schon oben angedeutet haben, Großes ohne Anregung durch Begebenheiten, als Wirkung eigener innerer Kraft, gleichzeitig nach allen Richtungen hervor. Unter den Werkzeugen, gleichsam neuen Organen, die der Mensch sich geschaffen hat und welche das sinn-

Mit den epochalen Wandlungen der *Weltanschauung* waren jedoch auch entsprechende Wandlungen des *Naturgenusses* verbunden. Humboldt unterscheidet in Analogie zu den beiden Hauptstufen der physischen Weltanschauung zwei *Hauptstufen des Genusses*, die sich mit der Anschauung der Natur verbinden: einen Naturgenuß, der auch schon der *vorreflexiven Naturanschauung* folgt, und einen *Naturgenuß, der „aus Ideen entspringt"*, d. h. der sich erst dem Nachdenken verdankt, welches die Anschauung der Natur begleitet. Dem vorreflexiven, *unmittelbarem* Genuß der Natur steht ein *reflexiver*, aus Ideen entspringender Naturgenuß gegenüber:

> Den einen erregt, in dem offenen kindlichen Sinne des Menschen, der Eintritt in die freie Natur und das dunkle Gefühl des Einklangs, welcher im ewigen Wechsel ihres stillen Treibens herrscht. Der andere Genuß gehört der vollendeteren Bildung des Geschlechts und dem Reflex dieser Bildung auf das Individuum an: Er entspringt aus der Einsicht in die Ordnung des Weltalls und in das Zusammenwirken der physischen Kräfte. (I 14)

Zunächst möchte ich den Naturgenuß der ersten Stufe genauer beschreiben. Das Naturgefühl bildet sich, indem es sich für die *Vielfalt des Natürlichen* empfindlich macht, ohne die Ahnung bzw. den Gedanken der kosmischen *Einheit* aufzugeben. Schon das vorreflexive Naturgefühl tritt in mehreren Varianten auf. Humboldt unterscheidet zwischen einem *allgemeinen* Naturgefühl, das noch gar nicht auf die besonderen Züge der angeschauten Natur reagiert, und einem Naturgefühl, das der besonderen *Physiognomie* der Natur antwortet. Die erste Variante des Naturgefühls

> sei unabhängig vom eigentümlichen Charakter der Gegend, die uns umgibt. (. . .) Überall durchdringt uns das Gefühl der freien Natur, ein dumpfes Ahnen ihres „Bestehens nach inneren ewigen Gesetzen". In solchen Anregungen ruht eine geheimnisvolle Kraft; sie sind erheiternd und lindernd, stärken und erfrischen den ermüdeten Geist, besänftigen oft das Gemüt, wenn es schmerzlich in seinen Tiefen erschüttert oder vom wilden Drang der Leidenschaften bewegt ist. Was ihnen Ernstes und Feierliches beiwohnt, entspringt aus dem fast bewußtlosen Gefühl höherer Ordnung und innerer Gesetzmäßigkeit der Natur, aus

> liche Wahrnehmungsvermögen erhöhen, hat eines jedoch wie ein plötzliches Ereignis gewirkt. Durch die raumdurchdringende Eigenschaft des Fernrohrs wird, fast wie auf einmal, ein beträchtlicher Teil des Himmels erforscht, die Zahl der erkannten Weltkörper vermehrt, die Gestaltung und Bahn zu bestimmen versucht. Die Menschheit gelangt jetzt erst in den Besitz der ‚himmlischen Sphäre' des Kosmos. Ein siebter Abschnitt der Geschichte der Weltanschauung konnte auf die Wichtigkeit dieser Besitznahme und auf die Einheit der Bestrebungen gegründet werden, welche der Gebrauch des Fernrohrs hervorrief. Vergleichen wir mit der Erfindung dieses optischen Werkzeugs eine andere große Erfindung, und zwar der neueren Zeit, die der Voltaschen Säule, wie den Einfluß, welchen dieselbe auf die scharfsinnige elektrochemische Theorie, auf die Darstellung der Alkali- und Edelmetalle und auf die lange ersehnte Entdeckung des Elektromagnetismus ausgeübt hat, so gelangen wir an eine Verkettung nach Willkür hervorzurufender Erscheinungen, welche nach vielen Seiten tief in die Erkenntnis des Waltens des Naturkräfte eingreift, aber mehr einen Abschnitt in der Geschichte der physischen Disziplinen als unmittelbar in der Geschichte der kosmischen Anschauungen bildet. Eben diese vielseitige Verknüpfung alles jetzigen Wissens erschwert die Absonderung und Umgrenzung des einzelnen."

dem Eindruck ewig wiederkehrender Gebilde, wo in dem Besondersten des Organismus das Allgemeine sich spiegelt; aus dem Kontrast zwischem dem sittlich Unendlichen und der eigenen Beschränktheit, der wir zu entfliehen streben. (I 15)

Eindrücke der zweiten, subtileren Art fassen *das Besondere der Natur* auf. Es geht nicht mehr bloß um den Eintritt ins Freie, sondern um *die Eigentümlich-keit einer landschaftlichen Umgebung*. Die Eindrücke, die so zurückblieben, seien

lebendiger, bestimmter und deshalb für besondere Gemütszustände geeignet. Bald ergreift uns die Größe der Naturmassen im wilden Kampf der entzweiten Elemente oder, ein Bild des Unbeweglich-Starren, die Öde der unermeßlichen Grasfluren und Steppen, wie im ge-staltlosen Flachland der Neuen Welt und des nördlichen Asiens; bald fesselt uns, freundli-chen Bildern hingegeben, der Anblick der bebauten Flur, die erste Ansiedlung des Men-schen, von schroffen Felsschichten umringt, am Rande des schäumenden Gießbachs. Denn es ist nicht sowohl die Stärke der Anregung, welche die Stufen des individuellen Naturge-nusses bezeichnet, wie der bestimmte Kreis von Ideen und Gefühlen, die sie erzeugen und welchen sie Dauer verleihen. (I 15f)

Humboldt weist auf das Zusammenspiel zwischen der *Physiognomie einer Landschaft* und der *menschlichen Phantasie*, wie sich insbesondere dem Be-trachter einer *Tropenlandschaft* zeige. Es sei nicht mehr

das stille, schaffende Leben der Natur, ihr ruhiges Treiben und Wirken, die uns anspre-chen, es ist der individuelle Charakter der Landschaft, ein Zusammenfließen der Umrisse von Wolken, Meer und Küsten im Morgenduft der Inseln; es ist die Schönheit der Pflan-zenformen und ihre Gruppierung. Denn das Unangemessene, ja selbst das Schreckliche in der Natur, alles, was unsere Fassungskraft übersteigt, wird in einer romantischen Gegend zur Quelle des Genusses. Die Phantasie übt dann das freie Spiel ihrer Schöpfungen an dem, was von den Sinnen nicht vollständig erreicht werden kann; ihr Wirken nimmt eine andere Richtung bei jedem Wechsel der Gemütsstimmung des Beobachters. Getäuscht glauben wir von der Außenwelt zu empfangen, was wir selbst in diese gelegt haben. (I 16)

Auf der zweiten Hauptstufe des Naturgenusses intensiviert sich der Naturge-nuß, indem die zuvor bloß geahnte Einheit der Natur einsichtig gemacht wird. Erst auf dieser Stufe wird *Lehre vom Kosmos* möglich, die dann der Bildung des Menschen dient. Die Natur wird zu einer *Bildungswelt*, indem sowohl die schier unerschöpfliche Vielheit in der Natur als auch die Einheit der Natur mit allen Gemütskräften gesucht werden. Es gilt, das *Besondere* des Sternenhim-mels, der geologischen Formationen, der Pflanzen- und Tierwelt und der Landschaften wachen Sinnes aufzufassen und zu einer Ansicht der gesamten Natur zu verbinden. Die Natur wird auf diese Weise als ein *Reich der Freiheit* erschlossen, und d. h. der Freiheit des Intellekts, der Einbildungskraft und auch der politischen Freiheit. Die als das Reich der Freiheit erkannte Natur ist zur Bildungswelt geworden.

Ich komme zum Schluß meiner Ausführungen. Alexander von Humboldt hat in seinem Kosmos-Werk *für seine Zeit* die Natur als eine *Bildungswelt* er-schlossen. Seine *Lehre vom Kosmos* weist den Weg zur Kultivierung zunächst der *Anschauung der Natur* und über diese auch des *Naturgenusses*. Die Ergebnisse der allgemeinen Physik und der Naturgeschichte sollen in einer großen Synopse miteinander verbunden werden. Die Lehre vom Kosmos läßt die Natur als eine Bildungswelt neben die Welt der Kultur und die Welt des Mitmenschlichen treten. Keine dieser Bildungswelten darf vernachlässigt werden.

Aber der Modernisierungsprozeß hat inwischen jede dieser Bildungswelten mit seinen oft üblen Folgen heimgesucht. Humboldts Vorschlag, zunächst einmal die *Anschauung der Natur* und über diese den *Naturgenuß* und über beide die Einstellung zur Natur zu kultivieren, ist so nicht mehr durchführbar. Die Natur konnte bei Alexander von Humboldt nur deswegen zu einer wissenschaftlich erschließbaren Bildungswelt werden, weil er sich noch auf das *Auge* als das Organ der wissenschaftlichen Weltanschauung verließ. Die *Anschauung der Natur* war für ihn der Angelpunkt des Naturverhältnisses. Das Fernrohr und die übrigen Instrumente, die seit dem Beginn der Neuzeit zum Zwecke einer verfeinerten, sich in Experimenten zuspitzenden Naturbeobachtung ersonnen wurden, *unterstützten* die Anschauung, *entwerteten* sie jedoch nicht. – Inzwischen ist die Geschichte der Weltanschauung aber über den großen Naturforscher Humboldt und seine Lehre vom Kosmos hinausgegangen. Die heutige Wissenschaftstheorie kennt kein natürliches Organ der Weltanschauung mehr. An die Stelle einer wissenschaftlichen, auf den Kosmos bezogenen *Weltanschauung* ist eine bloß formelhafte wissenschaftliche *Weltauffassung* getreten. Die Idee des Kosmos hat sich noch nicht einmal mehr in Rückzugspositionen wie der These von einer einheitlichen Wissenschaftssprache oder einer einheitlichen Forschungsmethode konservieren lassen. Ein befruchtendes Wechselverhältnis von wissenschaftlicher Forschung und Naturgenuß scheint undenkbar geworden zu sein.

Die Krise des Naturverhältnisses führt somit auch bildungstheoretische Ratlosigkeit mit sich. Schon im Jahre 1952 beklagte Theodor Litt, daß es bisher noch nicht gelungen sei, die Naturwissenschaft „zum Menschen als solchen, zum Menschen als dem für seine innere Gestalt Verantwortlichen in einer klares und rechenschaftsfähiges Verhältnis zu bringen".[19] Die *Krise der Naturbeherrschung*, die sich seitdem mit zunehmender Deutlichkeit abgezeichnet hat, die *Entwertung der Anschauung* und die fortschreitende *Entfremdung von der Natur* haben es zusätzlich erschwert, die Natur als eine Bildungswelt anzuerkennen und zu erschließen. Es bleibt zu fragen, wie unter diesen Voraussetzungen das Verhältnis des Menschen zur Natur zu einer Dimension von Unterricht und Erziehung werden kann.

---

[19] Theodor Litt: Naturwissenschaft und Menschbildung. Heidelberg [5]1968, S. 13.

Heinrich Stork †

Naturwissenschaftlicher Unterricht und Bildung

Nach Theodor Litt ist Bildung „jene Verfassung des Menschen, die ihn in den Stand setzt, sowohl sich selbst als auch seine Beziehungen zur Welt ‚in Ordnung zu bringen'" (Litt 1963, 11). Dabei ist wichtig, „daß nicht *eine* unter den äußeren oder inneren Funktionen des Menschen auf Kosten der übrigen die Herrschaft usurpiere, sondern die Vielfalt dessen, was Wesen und Bestimmung des Menschen ausmacht, nach Möglichkeit gepflegt und zur Entwicklung gebracht werde" (ebd., 42). Um die harmonische Ausbildung dieser Vielfalt muß sich vor allem der sich Bildende *selbst* bemühen; er selbst hat – wenn auch unter Mithilfe von anderen – seine Personwerdung zu betreiben.

Was gehört nun zur „Vielfalt dessen, was Wesen und Bestimmung des Menschen ausmacht" (Litt)? Ist die Naturwissenschaft ein Teil dieser Vielfalt? Das wird im 20. Jahrhundert von der Pädagogik nicht mehr explizit bestritten. Aber das historische Erbe – ich nenne nur

– den Streit Goethe versus Newton;
– die Bevorzugung von Sprache, Mathematik und Geschichte durch Wilhelm v. Humboldt, denen gegenüber Physik und Naturbeschreibung nur eine Nebensache darstellten;
– die Meinung Friedrich Paulsens, daß Mathematik und Naturwissenschaften mit den Geisteswissenschaften nicht wetteifern könnten, denn der Schüler, der sich mit ihnen beschäftige, „gewinnt für seine Seele dabei nicht eigentlich an Gehalt und Form" (Paulsen 1912, 496) (ähnlich auch Otto Willmann);

dieses historische Erbe wirkt fort und begünstigt die Einschätzung der Naturwissenschaft als ein Verfügungswissen zur Weltbemächtigung. Sie orientiere nicht, sondern stelle – nach der bekannten Trias von Max Scheler – ein bloßes Leistungswissen oder Machtwissen dar.

Ein Blick auf die Naturwissenschaften zeigt aber, daß sie erheblichen Einfluß auf das Selbstverständnis des Menschen genommen haben und nehmen. Durch die kopernikanische Wende sah der Mensch sich aus dem Zentrum der Welt verdrängt und empfand dieses als existentiellen Verlust. „Ich höre", so läßt Bert Brecht in seinem Drama „Leben des Galilei" einen Kardinal sagen, „ich höre, dieser Herr Galilei versetzt den Menschen aus dem Mittelpunkt des Weltalls irgendwohin an den Rand. Er ist folglich deutlich ein Feind des Menschengeschlechtes ... Der Mensch ist die Krone der Schöpfung, das weiß jedes Kind, Gottes höchstes und geliebtestes Geschöpf. Wie könnte er es ...

auf ein kleines, abseitiges und immerfort weglaufendes Gestirnlein setzen? Würde er so wohin seinen Sohn schicken?" (Brecht 1963, 61). Auf seinem Gestirnlein in der Weite der neuen Welt fühlt der Mensch sich unbehaust. „Das ewige Schweigen dieser unendlichen Räume macht mich schaudern" schreibt Blaise Pascal, und wohl niemandem von uns sind solche Empfindungen fremd.

Wem Zehnerpotenzen etwas sagen, der kann anhand der Angaben in der folgenden Tabelle einen mehr rational bestimmten, aber kaum weniger eindrucksvollen Blick auf die Weite des Weltalls gewinnen.

Entfernungen und Strecken im Weltall

Abstand Erde – Mond	10^8 m
Abstand Erde – Sonne	10^{11} m
Radius des Milchstraßensystems	10^{20} m
Entfernteste Galaxien und Quasare	10^{26} m

Eine weitere naturwissenschaftliche Theorie von großem Einfluß auf das Selbstverständnis des Menschen war die der Entwicklung der Arten von Charles Darwin, die sogenannte Evolutionstheorie. Sie zeigte dem Menschen, daß er viel tiefere Wurzeln im animalischen Bereich hat, als ihm lieb war (oder ist). Man kann allerdings die evolutionstheoretische Sicht auch anders akzentuieren: Wenn der Mensch auch eine Primatenart ist, so doch eine, deren biologische Ausstattung – vor allem das extrem entwickelte Großhirn – ihr einen herausragenden Status gibt und sie zum Beispiel dazu befähigt, Kenntnisse und Fertigkeiten durch systematische Erkenntnissuche zu vervollständigen, sie zu tradieren und einem reicheren Leben nutzbar zu machen – bis hin zum „reinen interesselosen Wohlgefallen", wie Kant das ästhetische Empfinden definiert (Kant 1790, A 7). Man kann zu der Einschätzung gelangen, daß die biologische Begründung der Kulturfähigkeit des Menschen, die ihn von allen anderen Arten unterscheidet, ihm jene Sonderrolle zurückgibt, die ihm das kopernikanische Weltbild genommen hatte. Aber wie immer man hier denkt und empfindet – von einer Irrelevanz naturwissenschaftlicher Befunde für das Selbstverständnis des Menschen kann keine Rede sein.

Ein ergänzender Aspekt sei angefügt: Die Biologie lenkt unsere Aufmerksamkeit auf Dimensionen, in denen unsere Vorstellungskraft sich ebenso verliert wie in den Weiten des Weltalls. Ich meine die Mikrowelt, deren Größenordnungen in der folgenden Tabelle verdeutlicht werden.

Größen (Durchmesser) im Mikrobereich

Rotes Blutkörperchen	10^{-5} m
Grippevirus	10^{-7} m
Wasserstoffatom	10^{-10} m
Proton	10^{-15} m

Stellt man sich vor Augen, welche komplexen Strukturen in diesen kleinen Dimensionen vorliegen und welche vielfältigen Prozesse in ihnen ablaufen, so erhält der Respekt vor der schieren Größe des Weltalls einen Konkurrenten: das Staunen vor der Komplexität. Aber selbst die räumliche Ausdehnung wird von der Mikrowelt neu akzentuiert: Der Mensch mit seiner Größe von 10^0 Metern erhält eine Position zwischen Mikro- und Makrowelt.

Im Gegensatz zu anderen Pädagogen ist Litt darum bemüht, der Naturwissenschaft Gerechtigkeit widerfahren zu lassen. Er stellt heraus, daß der Mensch der Natur auf verschiedene Weise begegnen könne: Er kann sie „mit der Inbrunst der vereinten Gemütskräfte" an sich ziehen, oder sich „mit dem Scharfsinn des isolierten und isolierenden Verstandes" von ihr distanzieren (Litt 1963, 41). Von der Wichtigkeit der letztgenannten Fähigkeit ist Litt überzeugt. Indem der Mensch sich an eine bestimmte Methode halte und alles, was er an individuellen Besonderheiten in sich trage, zurückdränge, könne er Enge und Endlichkeit seines vereinzelten Daseins in Richtung auf die Natur hin überschreiten und eine Ordnung erschließen, zu der die Natur selbst „auf Befragen ausdrücklich ihre Zustimmung" gebe (ebd., 62). Litt betont, daß der Mensch „auch (auf) diese Weise der Welterschließung" hin angelegt sei. Die Entwicklung solcher Fähigkeiten gehöre also zur Bildung. Das gilt allerdings nur unter einer Voraussetzung, die Litt unermüdlich herausstellt: Die naturwissenschaftliche Methode muß sich als eine unter anderen verstehen; sie darf sich nicht als die allein angemessene betrachten. Der naturwissenschaftliche Verstand soll zwar „überall da, wo es auf ihn ankommt, prompt zur Stelle (sein, aber) doch keinen Anstand nehmen, bescheiden in den Kreis der menschlichen Grundfunktionen zurückzutreten, wenn es seiner nicht bedarf" (ebd., 43). Zur Förderung dieser Einsicht empfiehlt Litt uns wissenschaftstheoretische Reflexionen.

Mit dieser Position könnte man sich als Naturwissenschaftler durchaus zufrieden geben. Aber Litt problematisiert seine eigene Argumentation, wenn er feststellt, daß ein Zug von „Inhumanität" auch dann an der Naturwissenschaft hafte, wenn sie sich ihrer Grenzen bewußt bleibe. „Schauende Welthingabe und rechnende Weltbemeisterung wollen sich auch dann nicht so leicht versöhnen" (ebd., 96). Es bestehe eine echte Antinomie zwischen der Naturwissenschaft und dem Drang zur Menschenbildung. „Das Subjekt, das naturwissenschaftlich denkt, verurteilt (für die Dauer dieser Betätigung) sein persönliches Menschentum zum Verstummen und behält auch in dem Bilde der Welt, das es entwirft, vom Menschen nur das übrig, was vom Zentrum seines Menschseins am weitesten abliegt" (ebd., 98). Daher lasse sich von zwei Grundforderungen, die in der Humanitätsidee vereinigt seien, immer nur eine erfüllen. Um dem Anspruch der „Totalität" genüge zu tun, müsse die Naturwissenschaft als „eine der menschlichen Grundbetätigungen" in die Bildungsbestrebungen einbezogen werden; um der „Harmonie" willen müsse man sie fernhalten. „Tertium non datur" (ebd., 100f).

Die Formulierung dieser „Antinomie" bringt die Einwände von Pädagogen gegen die Naturwissenschaft in unpolemischer Weise auf den Begriff. Daher möchte ich mich in meiner folgenden Argumentation insofern auf sie beziehen, als ich einerseits den notwendigen Beitrag der Naturwissenschaft zur „Totalität" der Bildung herausstelle, andererseits aufweise, daß dieser Beitrag nicht zur befürchteten Störung der „Harmonie" führt. Dies soll in sechs Absätzen geschehen:

W 1. Naturwissenschaft und Weltverstehen,
W 2. Naturwissenschaft und Ästhetik,
   Exkurs
M 3. Naturwissenschaftlicher Unterricht und Handlungsfähigkeit,
M 4. Naturwissenschaftlicher Unterricht und die (weithin) eigentätige Rekonstruktion von überlieferten Wissensbeständen,
   Exkurs
M 5. Naturwissenschaftlicher Unterricht und Sprache,
U 6. Naturwissenschaftlicher Unterricht und Fragen der Erkenntnistheorie,
   Exkurs

Die ersten beiden Absätze haben es mit dem *Weltverstehen* zu tun, zu dem die Naturwissenschaft einen spezifischen Beitrag leistet (daher die Kennzeichnung mit W). Die folgenden drei Absätze gehen vom *methodischen Vorgehen* der Naturwissenschaften und deren Widerspiegelung im Unterricht aus (M). Im Absatz 6 wird der *Umgang* (U) mit der Naturwissenschaft unter Überschreitung ihrer Grenzen *explizit* thematisiert.

Die Exkurse sind erweiternde Überlegungen verschiedener Art. Für sie wird – aus unterschiedlichen Gründen – nicht die gleiche Stringenz in Anspruch genommen, die bei den sechs Absätzen angestrebt wurde.

1. Naturwissenschaft und Weltverstehen

Man braucht nur in die Naturwissenschaft hineinzugreifen, und wo man sie faßt, da ist sie interessant und relevant. Werfen wir z. B. einen Blick auf die physikalischen Eigenschaften des Wassers, und zwar auf dessen Dichte. Die Dichte ist definiert als Masse pro Volumeneinheit, hier als Gramm/Kubikzentimeter (g/cm^3). Wie die graphische Darstellung zeigt (Bild 1, Christen 1969, 262; man beachte zunächst nur den größeren Graphen, noch nicht den eingezeichneten kleinen), steigt die Dichte des flüssigen Wassers mit sinkender Temperatur an (etwa von 0,96 g/cm^3 auf 1,00 g/cm^3). Dann aber, beim Erstarren zu Eis, tritt ein ganz ungewöhnlicher Sprung auf: Die Dichte nimmt nicht *zu* (wie das in der Regel beim Übergang eines Stoffes vom flüssigen in den festen Zustand der Fall ist), sondern *ab*, und zwar bis auf 0,92 g/cm^3. Das heißt: Das *Volumen* einer erstarrenden Wasserportion nimmt zu, und zwar um etwa 9 % des Ausgangsvolumens.

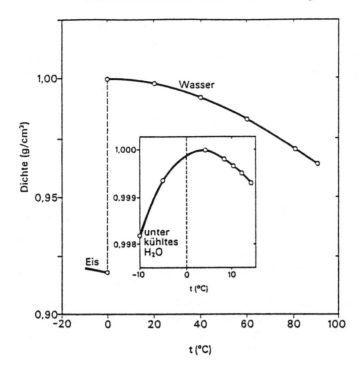

Eine solche gefrierende, mehr Raum beanspruchende Wasserportion übt eine große Kraft aus. In einem bekannten Schulversuch wird eine gußeiserne Hohlkugel gänzlich mit Wasser gefüllt, fest zugeschraubt und in eine Kühlmischung gestellt. Nach kurzer Zeit wird die Kugel gesprengt.

Eben diese sprengende Wirkung gefrierenden Wassers ist geologisch von größter Bedeutung. Aus massivem Felsgestein mit wenigen Rissen und Spalten wurden im Laufe von vielen Wintern Gesteine, die weiteren Verwitterungsprozessen zugänglich waren; das Produkt der Verwitterung ist der Boden, der Träger der Vegetation. Er wäre ohne die beschriebene Anomalie des Wassers kaum entstanden.

Richten wir nun unsere Aufmerksam auf die kleine graphische Darstellung. Sie läßt eine weitere Anomalie des Wassers erkennen. Wasser, flüssiges Wasser hat seine größte Dichte von 1,000 g/cm³ nicht bei 0 °C, sondern bei + 4 °C. (Dieser Befund läßt sich ebenso wie der Dichteverlust des Eises aus den Eigenschaften des Wassermoleküls erklären. Wir beschränken uns auf die Phänomene.) Auch dies ist ein gewichtiger Befund. Bei Frostperioden kühlt sich das Wasser von Seen zunächst nur auf + 4 °C ab. Dieses vergleichsweise schwere Wasser sinkt zu Boden, wärmeres aus tieferen Schichten steigt empor und ist nun der Abkühlung ausgesetzt. Ist bei vereinheitlichter Temperatur kein Austausch mehr möglich, so bleibt das Wasser, das sich unter 4 °C abkühlt, an der Oberfläche, denn seine Dichte nimmt ab. Dies hat zur Folge, daß Seen *von oben her* zufrieren, wobei eine Schutzschicht gegen weitere Abkühlung entsteht. Gewässer mit einiger Tiefe verwandeln sich also nie in einen Eisklotz; dies läßt die Wassertiere überleben, was auch im Prozeß der Evolution wesentlich war.

Aber die wichtige Rolle der Anomalien des Wassers in der Vergangenheit sollte uns nicht für die Gegenwart blind machen. Noch immer übt das Wasser seine spaltende Wirkung aus; Bergrutsche oder gar Bergstürze sind die Folge. Manche von ihnen treten spontan auf und haben keine erkennbare spezielle Ursache; andere aber sind Folgen menschlicher Eingriffe: Bei Straßenbauten werden Massen abgetragen, deren Stützfunktion man nicht gesehen hatte, und für Lifttrassen und Skipisten werden Bäume gefällt, die Erdrutschen (und damit dem Verlust an Boden) im Wege stehen. Hier stellen sich Fragen nach unserem Umgang mit der Natur.

Wenn man in Mitteleuropa von Bergstürzen redet, so tritt einem die Felslawine vor Augen, die am 2. September 1802 vom Roßberg ins Tal herabstürzte und die Schweizer Dörfer Goldau und Röthen unter sich begrub. Dabei starben 457 Menschen; es war die größte Katastrophe in der Schweiz in historischer Zeit (vgl. Widmer 1973/77, 317). Das ist ein hoher Preis für die genannten positiven Wirkungen der Anomalien des Wassers.

Es stimmt nicht, wenn Litt schreibt, das Subjekt, das naturwissenschaftlich denke, verurteile (für die Dauer dieser Betätigung) sein persönliches Menschentum zum Verstummen. Dies mag für den aktiven Forscher im Labor gelten, der sich zeitweise zu dieser Einstellung diszipliniert. Es gilt aber keineswegs für Menschen, die sich mit den Ergebnissen dieser Forschung auseinandersetzen. Ausgehend von scheinbar hoch speziellen naturwissenschaftlichen Befunden gelangten wir schnell zu Fragen der Abhängigkeit der Natur vom Menschen und der fundamentalen Abhängigkeit des Menschen von der Natur. Nahezu jede denkende Zuwendung zu Ergebnissen der Naturwissenschaft führt uns zur Erörterung von Konsequenzen dieser Befunde im menschlichen Leben; dabei geht es zunächst um das *Weltverstehen*, nicht sofort um Weltbemeisterung.

2. Naturwissenschaft und Ästhetik

Ein genauerer Blick auf die Littsche Argumentation zeigt allerdings, daß damit sein Hauptproblem nicht gelöst ist. In Anlehnung an Goethe sieht Litt einen entscheidenden Mangel der Naturwissenschaft darin, daß sie die sinnliche Anschauung lediglich als Basis für die Bildung von Theorien ansehe. Von der *Gefühlstönung* der Wahrnehmung werde völlig abgesehen, obwohl dieser Gefühlstönung ein Moment der „Bedeutung" zukomme, die über das Sinnliche hinausführe. Am Beispiel der Funktion der Farbe in der Malerei weist Litt (in Anlehnung an Goethe) auf, daß eine solche Bedeutung eine *ästhetische Quali-*

tät darstelle. Diese ist also an eine Gefühlstönung der Wahrnehmung gebunden, die von der Naturwissenschaft bewußt als irrelevant behandelt werde (vgl. Litt 1963, 139 bis 143).

Diese richtige analytische Beschreibung reiner Wissenschaft hindert jedoch Menschen mit naturwissenschaftlichen Kenntnissen keineswegs daran, Naturphänomene mit deutlicher Gefühlstönung wahrzunehmen. Richtig ist allerdings, daß diese Phänomene außerdem Vorstellungen und Reflexionen auslösen, die der naturwissenschaftlich Unkundige nicht haben kann. Dies sei an Beispielen aufgezeigt.

a) Auf einem dunklen Mantelärmel setzt sich eine sternförmig geratene Schneeflocke ab; sie bietet ein eindrucksvolles Bild. Beim naturwissenschaftlich Kundigen wird es ergänzt durch einen inneren Blick auf Wassermoleküle, die sich aus regelloser Bewegung heraus regelmäßig anordnen; der sichtbare Ausdruck dieser Regelmäßigkeit ist die Schneeflocke mit ihrem symmetrischen Bau.

b) Ein Blick aus dem Fenster bei einer Zugfahrt im Mai oder Juni führt uns viele unterschiedliche Variationen der Farbe grün vor Augen; das Erlebnis ist in jedem Jahre neu, so reichhaltig hatte man es nicht im Gedächtnis. Dem naturwissenschaftlich Kundigen stellt diese Vielfalt und Dominanz der Farbe grün die Rolle des Blattgrüns (des Chlorophylls) vor Augen, das ein natürlicher Sonnenenergiekollektor ist. Er dient der omnipräsenten Photosynthese.

c) Im Mai erfreut uns ein blühender Fliederstrauch mit seinen großen Blütendolden, denen ein intensiver Duft entströmt. Dem biologisch Kundigen ruft dieser Duft ins Gedächtnis, daß die Pflanze es trotz ihrer Ortsgebundenheit schafft, durch Botenstoffe mit einer weiten Umgebung in Kontakt zu treten und anziehend auf Bienen und andere Insekten zu wirken – zu deren und des Flieders eigenem Wohl.

Es ist – so hoffe ich – ohne weiteres erkennbar, daß die geschilderten, zum ästhetischen Empfinden hinzutretenden Gedankengänge diesem Empfinden nicht schaden. So denkt auch Kant, der zwischen zwei Arten von Schönheit unterscheidet, der „freien Schönheit" und der „anhängenden Schönheit". Blumen zum Beispiel sind für die Mehrzahl der Menschen „freie Naturschönheiten", da sie nicht wissen, „was eine Blume für ein Ding sein soll". Ein Botaniker aber sieht die „innere Zweckmäßigkeit" der Blume; er erfährt ihre „anhängende Schönheit" – und zwar *zusätzlich* zur „freien Schönheit", die er als Mensch erlebt (vgl. Kant 1790, A 48 bis 52).

Exkurs

Vielleicht fällt es leichter, das rationale Element beim ästhetischen Erleben zu tolerieren, wenn man sich vor Augen stellt, daß künstlerische Kreativität kein freies Schweifen darstellt, sondern sich an eine Form bindet. Das ist ein strenges, vergleichsweise rationales Element. Der Kenner nimmt diese Form wahr, wenn er ein Kunstwerk genießt. So hört er beim ersten Satz einer Haydn-Symphonie, wie das erste Thema und zweite Thema exponiert werden (in der Tonika und Dominanten), wie die Durchführung sich in drei Phasen entfaltet, um schließlich zur Reprise überzuleiten, in der die Exposition frei und in der Tonika verbleibend wiederholt wird. Oder (um ein literarisches Beispiel zu bringen): Unter den „Xenien" von Schiller und Goethe zur Philosophie findet sich unter der Überschrift „Gewissensskrupel" die folgende:

„Gerne dien ich den Freunden, doch tu ich es leider mit Neigung,
Und so wurmt es mir oft, daß ich nicht tugendhaft bin."

Das ist offensichtlich eine nicht ohne Witz formulierte, aber ernsthafte Kritik am Kantschen Rigorismus in gebundener Sprache. Der Kenner aber hört mehr: Er erkennt den Zweizeiler als ein *Distichon*, als eine Kombination von Hexameter und Pentameter mit ihren charakteristischen Hebungen. Doch – und das ist entscheidend – diese Erkenntnis mindert nicht den ästhetischen Genuß, sondern hebt ihn, vollendet ihn: Wie beim Hören der Symphonie ist es die formal gebundene *und als solche kenntliche* Kreativität, die das ästhetische Erleben steigert.

3. Naturwissenschaftlicher Unterricht und Handlungsfähigkeit

Im naturwissenschaftlichen Unterricht wird das Planen von Handlungen und das Handeln selbst geübt. Die Verwissenschaftlichung des Unterrichts hat hier nicht zur Verkopfung geführt, sondern zur Betonung des empirischen Charakters der Naturwissenschaft und damit zur Hochschätzung experimentellen Tuns. Es umfaßt das Planen und die Durchführung von Versuchen. Dies sei an einem Beispiel demonstriert.

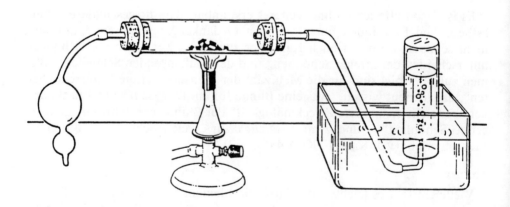

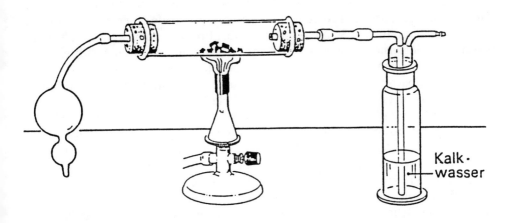

Kalk·
wasser

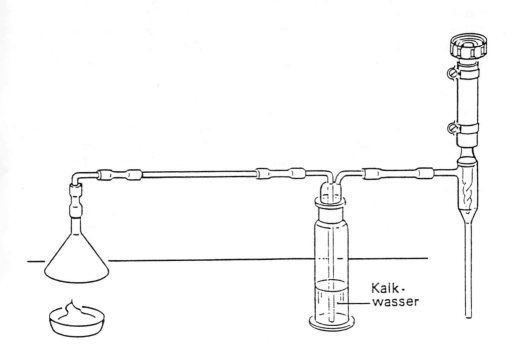

Kalk·
wasser

Ausgehend vom Einsatz von Grillkohle wird in der Apparatur aus Bild 2 Holzkohle verbrannt; das entstehende Gas wird mit Hilfe einer pneumatischen Wanne gesammelt. Die Schüler benennen das Produkt ohne weiteres als Kohlendioxid; sie lernen den Nachweis von Kohlendioxid durch Schütteln mit Kalkwasser kennen. Dieser Nachweis ermöglicht eine Vereinfachung der Verbrennungsapparatur; die pneumatische Wanne kann durch eine Waschflasche mit Kalkwasser ersetzt werden (Bild 3). Viele Klimatologen warnen uns vor dem *Treibhauseffekt*, als dessen Hauptursache sie den steigenden Gehalt der Luft an Kohlendioxid nennen. In diesem Zusammenhang wird immer auch der Autoverkehr kritisiert: Er trage zum Anstieg des Kohlendioxidgehalts wesentlich bei. Wieso das? Entsteht denn bei der Verbrennung von Benzin Kohlendioxid? Wie könnte man das prüfen? Die Apparatur zur Kohleverbrennung ist dafür wenig geeignet. Bekannt ist die Verbrennung von Benzin in einem Porzellanschälchen. Wie könnte man dabei aber die Verbrennungsprodukte auffangen? Geeignet wäre ein umgekehrter breiter Trichter, über dessen enge Öffnung sich ein Gummischlauch schieben ließe, dessen anderes Ende an eine Waschflasche angeschlossen werden kann. Aber die Waschflasche bietet einen zu großen Widerstand; die gasförmigen Verbrennungsprodukte entweichen am Trichterrand. Also muß man sie ansaugen, durch die Waschflasche hindurch mit einer Wasserstrahlpumpe ansaugen! – Die diesen Überlegungen entsprechende Apparatur wird gebaut und Benzin mit ihrer Hilfe verbrannt (Bild 4); dabei entsteht tatsächlich Kohlendioxid.

In manchen Klassen wird diese Vorrichtung von einem oder mehreren der Lernenden kritisiert: Durch den Trichter werde auch Luft angesaugt, und diese enthalte ja schon Kohlendioxid; das sei doch gerade das Problem. Was kann man tun, um den Einfluß der Luft auszuschalten? Sie von den Verbrennungsgasen zu trennen, ist offenbar unmöglich. Schließlich stellt sich die Idee eines *Parallelversuchs* ein: Man muß die Versuchsapparatur zweimal aufbauen, um über die gleiche Zeit hin einmal die Verbrennungsgase, einmal nur Luft anzusagen, und zwar mit gleicher Intensität (diese läßt sich anhand der Gasperlen in der Waschflasche kontrollieren). Das Ergebnis ist eindeutig: Die durchgesaugte Luft führt in der Waschflasche zu einem weißen Schleier; die Verbrennungsgase zu einem dicken weißen Niederschlag.

4. Naturwissenschaftlicher Unterricht und die (weithin) eigentätige Rekonstruktion von überlieferten Wissensbeständen

Die Rolle des (eigenen) experimentellen Tuns darf aber nicht überschätzt werden. Sie darf nicht vergessen lassen, daß im naturwissenschaftlichen Unterricht auch historisch gesammeltes Wissen überliefert wird. Zwar scheint dies in der zur Zeit sehr lebhaften Diskussion um den „Konstruktivismus" an den Rand gedrängt, von manchen wohl auch vergessen zu werden; aber das ist ohne Zweifel falsch. Wenn wir zum Beispiel die Wissenschaft Chemie mit Robert Boyle beginnen lassen, so ist sie jetzt etwa 250 Jahre alt. In den ersten 150

Jahren waren unsere wissenschaftlichen Vorgänger sehr darum bemüht, eine zusammenhängende Theorie zu schaffen, die viele Phänomene aus wenigen allgemeinen Prinzipien verständlich macht. Es war ein mühsamer, von vielen Irrwegen und Enttäuschungen gekennzeichneter Prozeß. Viele hervorragende Köpfe waren an ihm beteiligt, ich nenne nur Lavoisier, Dalton, Berzelius, Cannizzaro, Mendelejew und Liebig. Es ist eine eher absurde Vorstellung, daß die Schülerinnen und Schüler in unseren Klassen diese Theorie in zweimal 45 Minuten pro Woche ohne oder mit sehr geringer Hilfe ebenfalls konstruieren könnten.

Im naturwissenschaftlichen Unterricht findet ohne Zweifel die Weitergabe gesellschaftlich präsenten Wissens statt. Aber naturwissenschaftliches Wissen kann man nicht vererben wie eine Million Dollar. Die Lernenden müssen es in der Tat *für sich rekonstruieren*. Dies sei an einem Beispiel aufgewiesen.

Man kann Kochsalz, Natriumchlorid, NaCl in der Formelsprache, auf unterschiedliche Weisen herstellen; außerdem wird es bergmännisch gewonnen. Analysiert man Kochsalzproben quantitativ, so findet man, daß Kochsalz immer besteht aus

39,34 Gewichtsteilen (Massenteilen) Natrium und
60,66 Gewichtsteilen (Massenteilen) Chlor.
100,00

Wie ist diese immer wieder gefundene konstante Proportion zu erklären? (Sie steht hier als Beispiel für den Befund der konstanten Proportionen von Elementen in Verbindungen überhaupt.) Die Naturwissenschaft möchte solche Regelmäßigkeiten nicht nur konstatieren, sondern aus Ursachen verständlich machen. Das geschah in diesem Falle durch die Atomtheorie John Daltons (um 1800). Sie lautete:

1. Alle Atome eines Elementes haben die gleiche Masse.
2. Atome verschiedener Elemente haben unterschiedliche Massen.
3. Verbindungsbildung ist ein Zusammentreten von Atomen in einem bestimmten Zahlenverhältnis.

Nehmen wir an, eine Einheit Natriumchlorid entstehe dadurch, daß 1 Atom Natrium sich mit 1 Atom Chlor verbindet; dann ist das Massenverhältnis als

$$\frac{m \,(\text{Na-Atom})}{m \,(\text{Cl-Atom})}$$

fixiert. Doch damit ist nichts anzufangen; niemand kann die Winzigkeit einer Einheit aus 2 Atomen untersuchen. Aber: Jede makroskopische Kochsalzportion besteht ja aus einer sehr großen Anzahl solcher Einheiten (wir bezeichnen diese Anzahl als n); n Na-Atome sind mit n Cl-Atomen verbunden. Mathematisch gesehen läuft dies auf eine Erweiterung des Bruches mit n hinaus:

$$\frac{m \,(\text{Na-Atom})}{m \,(\text{Cl-Atom})} \cdot \frac{n}{n}$$

47

Dabei ändert sich die Proportion nicht; aber die Massen wachsen in Größenbereiche, in denen man empirisch untersuchen kann. Vom Ergebnis solcher Untersuchungen waren wir ausgegangen. Aber jetzt können wir es *erklären*: Die Proportion (das Massenverhältnis) von Natrium und Chlor im Kochsalz ist deshalb konstant, weil jede Kochsalzportion das Massenverhältnis der Atome von Natrium und Chlor reproduziert. Mehr noch: Wenn das so ist, dann ergibt sich, daß die Massen der Atome sich wie 39,34 zu 60,66 verhalten, daß also ein Chloratom 1,54mal schwerer ist als ein Natriumatom: Wir haben etwas herausgefunden *über die Atome*, obwohl diese für eine Untersuchung viel zu winzig sind. – Das Beispiel zeigt: Die Theorie erklärt den Befund, und der Befund stützt die Theorie. Es zeigt weiterhin, wie im naturwissenschaftlichen Unterricht die menschliche Tätigkeit, die in die Wissenschaft eingegangen ist, wieder aufgenommen und für unser Weltverstehen nutzbar gemacht werden kann.

Wenn es den Lernenden gelingt, den Brückenschlag von analytischen Befunden zu den Atomen verstehend nachzuvollziehen, so haben sie ein eindrucksvolles Aha-Erlebnis. Die Lehrperson bemüht sich darum, daß dieser rekonstruierende Lernerfolg zustande kommt; ohne Lenkung geht das nicht. Aber diese Lenkung soll keine autoritätsgläubigen Mitläufer heranziehen, sondern die Konstruktion des beschriebenen Brückenschlages nahelegen.

Gelingt diese jeweils individuelle Rekonstruktion, so gelten die Zusammenhänge *kraft Einsicht;* der vermittelnde Lehrer tritt völlig zurück. Zwar folgen naturwissenschaftliche Theorien keineswegs zwingend aus den Experimenten (auch dies hat unser Beispiel deutlich gezeigt), aber die theoretische Deutung der empirischen Ergebnisse ist von so hoher Plausibilität, daß sie zum Nachvollzug einlädt und dieser als eigentätig erlebt wird. Bei Lernprozessen solcher Art ist es relativ leicht, „die Freiheit bei dem Zwange . . . zu kultivieren", um mit Kant zu reden (Kant 1803, A 33).

Exkurs

Vielleicht ist hier der richtige Ort für einen kurzen allgemeinpädagogischen Exkurs. Man ging (bis vor einigen Jahren) oder geht noch heute ganz überwiegend davon aus, daß in unseren Schulen um der Leistung willen gelernt werde; seit Heckhausen (1969) dominiert die Theorie der Leistungsmotivation. Angesichts der Aufgabe der Schule kann man auf diese Motivation nicht verzichten. Aber aus pädagogischen Gründen muß sich ihre Vorherrschaft in Grenzen halten. Diese Zügelung ist die Absicht der pädagogischen Interessentheorie von Prenzel, Krapp und Schiefele. Sie definiert Interesse als Relation zwischen *Person* und *Gegenstand* (dieser verstanden als abgegrenzter Umweltausschnitt, der oft *Referenzobjekte* umfaßt, z. B. Noten beim Gegenstand Musik, Bücher beim Gegenstand Literatur; vgl. zum folgenden Prenzel, Krapp & Schiefele 1986).

Die Person-Gegenstands-Relation wird durch zwei Merkmale gekennzeichnet:

- kognitiver Bereich: Der Interessenbezug führt zu einem differenzierten und integrierten Wissen der Person über den Gegenstand. Entsprechend vielfältig sind die Möglichkeiten aktuellen Handelns.
- emotionaler Bereich: Der Umgang mit dem Interessengegenstand wird von positiven Gefühlen begleitet, von Gespanntheit und Freude bis hin zum Flow-Erleben. Daher wird dieses Handeln für sich genommen als wertvoll empfunden; es bedarf keines zusätzlichen Zwecks.

Vielfältige, mit Freude einhergehende und wertgeschätzte Interaktionen zwischen Person und Gegenstand schließen Selbsterfahrung ein. „Damit liegt im Interesse eine doppelte Reflexion vor. Der Interessierte bewertet den Gegenstand und denkt über sich nach, beides in gegenseitiger Verflochtenheit" (Schiefele, Hausser & Schneider 1979, 18). Entwicklung und Betätigung von Interesse stehen also mit dem Leitziel der Selbstbestimmung im Einklang (ebd., 8). Bei der Fülle von Gegenständen, die dem Individuum begegnen, kann es nur zu wenigen eine Interessen-Relation ausbilden. Die intensiven Weltbezüge, für die es sich entscheidet, bestimmen seine Persönlichkeit mit (vgl. Schiefele 1986, 156). Allport bezeichnet solche gegenstandsspezifischen Aneignungsprozesse als „biographisches Lernen" (Allport 1970, 105, 232).

Ein solches, von Interessen getragenes, biographisches Lernen kann auch von den Naturwissenschaften ausgehen. Sie ermöglichen experimentelle Handlungen, ihre Ergebnisse sind relevant für die Lebenswelt und sie bieten Anregung zur Reflexion (dieses letztgenannte Argument wird im folgenden noch weiter entfaltet).

5. Naturwissenschaftlicher Unterricht und Sprache

Wie bei jedem Denk- und Kommunikationsprozeß spielt die Sprache im naturwissenschaftlichen Unterricht eine wichtige Rolle. Vor allem obliegt es ihr, Erfahrungen, die vom Phänomen her durchaus unterschiedlich sein können, zu bündeln, d. h. sie auf den Begriff zu bringen und ihnen ein gemeinsames Wort zuzuordnen. Ein Beispiel: Den Satz „Gold schmilzt bei etwa 900 °C" versteht jeder, obwohl kaum jemand eine Goldschmelze gesehen hat. Aber jeder hat andere Beispiele für den Übergang eines festen Stoffes in den flüssigen Zustand kennengelernt:

- Eis schmilzt zu Wasser.
- Wachs schmilzt und bildet einen kleinen See um den Docht.
- Die Mutter bringt festen Zucker durch Erhitzen zum Schmelzen, um Karamelpudding zu machen.

Hoffentlich kommen noch einige Schmelzvorgänge aus dem naturwissenschaftlichen Unterricht hinzu. Allerdings ist es nicht so, oder muß jedenfalls nicht so sein, daß der Hörer des Satzes „Gold schmilzt bei etwa 900 °C" die einzelnen, ihm schon bekannten Schmelzvorgänge vor seinem geistigen Auge Revue passieren ließe. In der Vorstellung, die das Wort „Schmelzen" bei ihm aufruft, sind die Einzelerfahrungen *aufgehoben* im doppelten Sinne dieses Wortes: Sie sind einerseits aufbewahrt, andererseits aber ihrer Individualität beraubt. Der Umgang mit solchen verallgemeinerten Vorstellungen ist so lange sinnvoll und legitim, wie man auf eine Aufforderung hin fähig ist, erlebte Beispiele für den Schmelzvorgang zu benennen und deren Gemeinsames herauszustellen. Kann man das nicht, so muß man sich den höhnischen Vorwurf Mephistos gefallen lassen:

„. . . denn eben wo Begriffe fehlen,
da stellt ein Wort zur rechten Zeit sich ein" (Goethe 1808).

Um dies zu vermeiden, geht die Entwicklung von sprachlichen Fähigkeiten im naturwissenschaftlichen Unterricht von Phänomenen aus. Bei der Behandlung der Aggregatzustände zum Beispiel haben die Lernenden etwa folgende Vorgänge kennengelernt:

- das Schmelzen von Eis und das Verdampfen von Wasser,
- das Schmelzen und Wiedererstarren von Kochsalz (am besten von großen Würfeln),
- die Bildung von Schwefelkristallen aus Toluol,
- das Verdampfen und Kondensieren von Ethanol.

Es handelt sich um Phänomene, die sowohl den Wechsel der Aggregatzustände als auch den kristallinen Aufbau fester Stoffe repräsentieren. Die Deutung dieser Phänomene geschieht zweckmäßig anhand eines Modells. Als Teilchen fungieren in diesem Modell Styroporkugeln mit einem Durchmesser von ca. 3 cm. Durch Zusammenkleben dieser Kugeln erhält man zum Beispiel einen Würfel und ein Oktaeder. Die geometrisch regelmäßige Gestalt von Kristallen wird auf diese Weise als Ergebnis der räumlich regelmäßigen Anordnung von unsichtbar kleinen Teilchen erklärt. Zur Repräsentation der Teilchenbewegung im flüssigen Zustand füllt man eine runde pneumatische Wanne zur Hälfte mit den Kugeln und bewegt die Wanne horizontal schnell hin und her. Zur Veranschaulichung der geringen Teilchenkonzentration im Gaszustand und der schnellen Bewegung dieser Teilchen gibt man einige Kugeln in ein großes, verschließbares zylindrisches Glasgefäß und schüttelt es kräftig.

Das Modell ermöglicht die gemeinsame Formulierung eines erklärenden Textes, etwa so:

- Im festen Zustand sind die Teilchen regelmäßig und dicht beieinander angeordnet.
- Im flüssigen Zustand gleiten die Teilchen ungeordnet aneinander vorbei.
- Im gasförmigen Zustand haben sich die Teilchen voneinander getrennt; sie sind in schneller Bewegung.
- Der feste, flüssige und gasförmige Zustand ein und desselben Stoffes kommt also durch verschiedene Anordnung der gleichen Teilchen zustande.

Erst dieser Text präzisiert und festigt die einleuchtende Vorstellung des dreidimensionalen Modells. Aber die Sprache tut nicht nur etwas für den Lernprozeß, sondern der Lernprozeß tut auch etwas für die Sprache: Er verlangt und fördert die differenzierte sprachliche Darstellung von Sachverhalten.

Eine wichtige Leistung, die der fortgeschrittene naturwissenschaftliche Unterricht mit Hilfe der Sprache erbringt, ist die Förderung des *hypothetischen Denkens*. So kann man zum Beispiel den Lernenden ein einfaches Pendel vorstellen, dessen Fadenlänge veränderlich ist und für das austauschbare Gewichte zur Verfügung stehen. Von welchen Faktoren wird die Schwingungsdauer dieses Pendels abhängen? (Die Schwingungsdauer ist die Zeit eines Hin- und Hergangs.) Eine Reihe von Vermutungen bieten sich an, z. B.:

a) Die Schwingungsdauer hängt ab von der Masse der schwingenden Kugel.
b) Sie hängt ab von der Fadenlänge.
c) Sie hängt ab von der Höhe, bis zu der man die Kugel anhebt.
d) Sie hängt ab von der Kraft des Stoßes, die man der Kugel mitgibt.

Welche dieser Hypothesen richtig ist, muß experimentell herausgefunden werden. (Dabei zeigt sich, daß die Schwingungsdauer ausschließlich von der Fadenlänge abhängt.) Unabhängig vom Ergebnis hat mit dem vorwegnehmenden Formulieren *möglicher* Zusammenhänge das Mögliche gegenüber dem Wirklichen gewonnen: Es ist nicht nur zeitlich früher, sondern das Mögliche spannt einen Rahmen für das Wirkliche auf. Dieser methodische Vorrang des Möglichen vor dem Wirklichen ist Kennzeichen des hypothetisch-deduktiven Denkens, das nach Piaget die entwickeltste Form des Denkens überhaupt ist (vgl. Lunzer 1971).

6. Naturwissenschaftlicher Unterricht und Fragen der Erkenntnistheorie

Zumindest in Deutschland wird die erkenntnistheoretische Diskussion weithin von der Position Immanuel Kants geprägt. Nach seiner Lehre gibt es die Gegenstände unserer Umwelt – den Baum, die Vögel, die in ihm singen – nur als *Bewußtseinsinhalte*, nicht als unabhängig von unserer Beobachtung existierende Gegenstände „an sich". Zu diesen haben wir keinerlei Zugang (Kant 1787, B XXVI). Sie „affizieren" zwar unsere Sinne, wie Kant sagt (ebd., B 75f; Kant 1798, A 25f); sie vermitteln uns aber nur ein „Gewühl von Empfindungen", ein Chaos ohne jede Ordnung. Durch Verarbeitung dieses Gewühls vermittels der Ordnungsprinzipien des Verstandes schafft sich der Mensch die Gegenstände als Gedankendinge selbst.

Wie geht das zu? Nach Kant verfügt der Mensch über reine Anschauungsformen und reine Verstandesbegriffe. „Rein" heißt hier „frei von Erfahrung"; die Anschauungsformen und Verstandesbegriffe sind also nicht aus dem Material der Erfahrung abstrahiert, sondern sind vor aller Erfahrung, „a priori", da. Solche Anschauungsformen sind nach Kant Raum und Zeit, und solche Verstandesbegriffe sind z. B. Einheit, Vielheit, Wechselwirkung und Notwendigkeit (vgl. Kant 1787, B 33 bis 53, 95 bis 109).

Das folgende Schema soll die Kantsche Erkenntnistheorie abkürzend verdeutlichen:

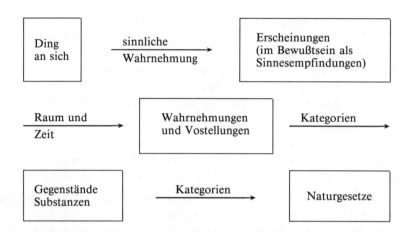

Das „Ding an sich" affiziert also unsere Sinne; die in unserem Bewußtsein vorfindlichen Sinnesempfindungen werden durch die Anschauungsformen Raum und Zeit zu Wahrnehmungen und Vorstellungen. Die Synthese der einzelnen Wahrnehmungen zum Gegenstand, zur Substanz, erfolgt dann mit Hilfe von Kategorien, das sind reine Verstandesbegriffe, die, wie das Adjektiv „rein „ sagt, ebenfalls vor aller Erfahrung da sind. Konkretisieren wir diese Aussagen durch ein Beispiel: Wenn wir einen Baum betrachten, so sehen wir Stamm und Rinde, Äste, Blätter, Blüten; wir haben es also zunächst mit dem „Mannigfaltigen der Anschauung" (Kant 1787, B 104) zu tun. Aber zugleich erkennen und beurteilen wir dieses Mannigfaltige als Stamm, Rinde etc. *eines* Gegenstandes, als eben diesen identischen Gegenstand bildend. Dabei konstatieren wir eine Vielheit von Blättern, aber sie gehört zur Einheit „Baum"; der Baum ist das Ganze, Äste und Rinde sind Teile. Einheit, Vielheit und Ganzheit sind nach Kant Verstandeskategorien, Weisen der Verknüpfung durch den Verstand, durch die aus dem „Mannigfaltigen der Anschauung" überhaupt erst der einheitliche Gegenstand wird. Er wird also durch *Verstandestätigkeit* geschaffen; ob er „an sich", unabhängig von unserer Beobachtung existiert, darüber wissen wir nichts; so weit reicht menschliches Erkennen nicht. Und wenn schon die vergleichsweise wenig komplexen Gegenstände oder Substanzen von den Kategorien konstituiert werden, so gilt das um so mehr für die Verknüpfung der Substanzen untereinander, das heißt für die Aufstellung von Naturgesetzen. Diese erfolgt vor allem vermittels der Kategorie der *Kausalität:* Die gesetzmäßige Verknüpfung zwischen Ursache und Wirkung kommt also nicht der realen, an sich seienden Welt zu, sondern ist eine für den menschlichen Verstand spezifische Art der Verknüpfung von Gegenständen. In diesem Sinne sagt Kant, daß der Verstand der Natur ihre Gesetze vorschreibe – wobei die Natur freilich nicht mehr ist als eine Summe von Bewußtseinsinhalten (vgl. Kant 1783, A 113).

Zur an sich seienden Welt haben wir also keinen Zugang; sie affiziert zwar unsere Sinne, bleibt aber unbekannt: „Was es für eine Bewandtnis mit den Gegenständen an sich ... haben möge, bleibt uns gänzlich unbekannt. Wir kennen nichts als unsere Art, sie wahrzunehmen ... die auch nicht notwendig jedem Wesen, ob zwar jedem Menschen, zukommen muß" (Kant 1787, B 59).

Wie steht die moderne Naturwissenschaft zur Kantschen Erkenntnistheorie? Seine Lehre vom Zusammenwirken empirischer und nicht-empirischer Elemente im Erkenntnisakt findet heute allgemeine Zustimmung. Wir Naturwissenschaftler halten der Natur nicht nur die Tafel hin, daß sie darauf niederschreibe, wie sie sei; wir bestimmen die Inhalte unserer Erkenntnis durch von uns gemachte Modellvorstellungen mit. Sie erst ermöglichen es uns, Erfahrungskomplexe theoretisch zu durchdringen und mathematisch-quantitativ zu erfassen. Wird aber der Anteil empirischer und nicht-empirischer Elemente am naturwissenschaftlichen Erkennen von Kant richtig gewichtet? In diesem Zusammenhang wird vor allem die Frage diskutiert: Sind die Anschauungsformen und Kategorien tatsächlich „rein", also vom Erfahrungsinhalt nicht geprägt, wie Kant das mit großem Nachdruck behauptet? Die moderne Naturwissenschaft weckt daran Zweifel; ihre Einwände lassen sich am leichtesten am Beispiel des radioaktiven Zerfalls nachvollziehen.

Das Element Radium ist natürlich radioaktiv; seine Atome zerfallen unter Aussendung von α-Teilchen zu Radon:

(1) $\qquad {}^{226}_{88}\text{Ra} \rightarrow {}^{222}_{86}\text{Rn} + {}^{4}_{2}\alpha$

Der Zerfall geht langsam vor sich; geht man von der Radiummenge N_0 aus, so ist nach einer Zeit T die Radiummenge auf N(T) gesunken. Es gilt die Formel (2):

(2) $\qquad N(T) = N_0 \cdot e^{-kT}$

Darin ist k eine empirisch ermittelte Konstante; sie hat den Wert $4{,}27 \cdot 10^{-4}$ a^{-1}. Mit ihrer Hilfe läßt sich errechnen, daß in jeder Sekunde eines von $37 \cdot 10^9$ Radiumatomen zerfällt und daß die durchschnittliche Lebensdauer eines Radiumatoms vom jetzigen Augenblick bis zum Zerfall etwa 2300 Jahre beträgt.

Das in der Gleichung (2) ausgedrückte Gesetz erlaubt uns, genau anzugeben, wieviel von einer jetzt vorliegenden Radiummenge nach einer beliebigen Zeit T noch vorhanden ist; insofern unterscheidet es sich nicht von den Gesetzen der klassischen Physik. Es erweist sich aber als unmöglich, eine Aussage darüber zu machen, wann ein *bestimmtes* Atom zerfällt. Dies mag schon in der nächsten Sekunde geschehen, kann aber auch noch viele hundert Jahre dauern. Bekannt und voraussagbar ist nur, daß in jeder Zeiteinheit ein bestimmter Prozentsatz der Atome zerfällt. Eine Ursache für das unterschiedliche Verhalten der Atome ist nicht bekannt. Äußere Parameter (Temperaturen, Drücke, Felder) beeinflussen den Zerfall nicht. Verschiedenheiten zwischen den einzelnen Atomen aufgrund einer Art von Alterungsprozeß existieren unseres Wissens nicht. Die Radiumatome sind alle gleich; dennoch zerfällt eines in der nächsten Sekunde, ein anderes lebt noch viele hundert Jahre. Man kann daher den Zerfall des einzelnen Atoms nicht auf eine bestimmte Ursache zurückführen; dem Zerfallsereignis fehlt, um es in Kantschen Termini zu sagen, die Voraussetzung „worauf es *nach einer Regel* folgt" (Kant 1787, B 238). Die Naturwissenschaft verzichtet daher auf Aussagen über das Verhalten von Einzelatomen und begnügt sich mit der Behandlung von Teilchenkollektiven, die in gewohnt-quantitativer Weise möglich ist.

Statistische Gesetze dieser Art zeigen, daß die Naturwissenschaft keineswegs auf eine durchgängige kausale Betrachtungsweise angewiesen ist. Zwar gibt es Physiker, die noch eine Ursache für das unterschiedliche Verhalten der Radiumatome zu finden hoffen. Erkenntnistheoretisch gesehen sind solche Hoffnungen ohne Belang. Wer die Kausalität durch neue Erfahrungen stützen möchte, spricht nicht mehr von einer reinen Verstandeskategorie, weil diese der Erfahrung nicht unterliegt. Eine solche Verstandeskategorie kann auch nicht zeitweise und gebietsweise unauffindbar sein; sie lebt ja mit uns Menschen. Diese Nichtauffindbarkeit ist ein starkes Argument dafür, daß die kausale Verknüpfung dort, wo man erfolgreich von ihr Gebrauch macht, ein *Fundament in der Sache* hat. In diesem Falle bliebe uns die Welt an sich *nicht* „gänzlich unbekannt" (Kant).

Ähnliche Hinweise lassen sich auch in bezug auf die Anschauungsformen führen. Der Raum zum Beispiel ist keineswegs mehr ein rein geometrischer Begriff, sondern er ist Träger von Kraftfeldern wechselnder Stärke, und zwar von elektrischen, magnetischen und Gravitationsfeldern. Das macht den Raum zu einem Gegenstand physikalischer Forschung; unsere Vorstellung von ihm ist keineswegs „rein" im Kantschen Sinne.

Befunde solcher Art sprechen dafür, daß auch die *Konstruktionsprinzipien* unseres Verstandes durch Erfahrungen zumindest mitgeprägt werden. Die von uns formulierten Naturgesetze sind nicht nur unser eigenes Werk. Sie öffnen uns eine Luke zur „Welt an sich".

Exkurs

Wenn das so ist, wenn also die Ordnung in der Natur, ihre Strukturen und Relationen, von uns nicht *gemacht*, sondern bloß begrifflich gefaßt werden, so rücken uns jene Gedankengänge vor Augen, die unter dem Titel „natürliche Theologie" zusammengefaßt werden. Jahrhundertelang galt es dem christlichen Denken als ausgemacht, daß Gott allen seinen Werken seinen Stempel aufdrücke; daher seien die Spuren Gottes in unserer Welt, seiner Schöpfung, zu finden. Die neutestamentliche Basis dieser Überzeugung findet sich im Römerbrief (Kap. 1, Vers 20); ihren philosophischen Ausdruck fanden sie in den Denkwegen (viae) von Thomas von Aquin. Außer der erkenntnistheoretischen

Kritik sahen sich diese „Wege" in jüngerer Zeit auch theologischen Einwänden ausgesetzt; Karl Barth hat sie in den zwanziger Jahren scharf kritisiert und verworfen. Er sieht in den Denkwegen ein „Vermögen und Unternehmen des Menschen, Gott von sich aus zu erkennen". Das aber ist Hybris; es gibt keinen Weg des Menschen zu Gott, sondern nur einen Weg Gottes zum Menschen; man kann Gott nicht theoretisch erschließen, sondern kann ihn nur glauben aufgrund seiner Gnade und seiner in der Bibel geschehenen Offenbarung. Diese Kritik zwang die Theologen, über Funktion und Grenzen der Denkwege neu nachzudenken. Heinz Zahrnt formuliert das Ergebnis so: Wir müssen „der einstmaligen *Gottesbeweise* ehrend gedenken. Daß diese die Existenz Gottes einfach mittels der menschlichen Vernunft hätten beweisen wollen, ist eine üble Nachrede. Sie waren immer *vernünftige* Beweismittel in der Hand von *Glaubenden.* In ihnen stellte der Glaubende voller Staunen, freilich auch mit apologetischem Eifer fest, daß er, wenn er bei Vernunft gewesen wäre, die Wirklichkeit Gottes eigentlich schon vorher in der Wirklichkeit der Welt hätte wahrnehmen müssen" (Zahrnt 1970, 125). Und der Jesuit Bacht schreibt: „Auch dort, wo der Mensch in der sog. natürlichen Gotteserkenntnis die Initiative zu haben scheint, geht all seinem Bemühen, daß er ,Ihn ertasten oder finden möchte' (Apg. 17, 27), Gottes Tat voraus. Es ist die Schöpfertat, durch die Gott in die Dinge Spuren Seines eigenen Wesens eingeprägt hat" (Bacht 1956, 15). Daher sollte man nicht von „natürlicher Theologie" sprechen, sondern von Werkoffenbarung, die der Wortoffenbarung an die Seite tritt.

Wie die Wortoffenbarung muß die Werkoffenbarung *angenommen* werden. Die Wissenschaft zwingt keineswegs dazu, auf einen letzten Urheber der Welt mit ihrer Ordnung und Gesetzlichkeit zu schließen, aber sie schließt diese Möglichkeit nicht aus; und wer gläubig ist oder zum Glauben tendiert, wird sagen: sie legt ihn nahe. Mit der Deutung in Richtung auf einen Schöpfergott hin ist der Bereich der Wissenschaft verlassen; es handelt sich um eine je persönliche Entscheidung, eine existentielle Stellungnahme. (Eine solche trifft aber auch jede Person, die sich entschließt, die Bibel nicht nur als literarisches Werk zu lesen, sondern als Gottes Wort. In dieser Hinsicht unterscheiden sich die beiden Offenbarungen nicht.) Daß solche Entschlüsse das sicher Gewußte übersteigen, zeigt uns jeder Nichtglaubende, der beim Blick auf die gleichen Wirklichkeiten sagt: „Ich sehe nichts dergleichen". Dennoch: Ist es richtig, einerseits zu betonen, daß die Wirklichkeit Gottes in der Wirklichkeit der Welt erfahren werden müsse, andererseits aber jene Teile der Wirklichkeit außer acht zu lassen, auf die die intensive Aufmerksamkeit vieler Menschen gerichtet ist?

Ziehen wir ein Fazit: Meine Ausführungen sollten zeigen, daß die Einbeziehung der Naturwissenschaft in der Tat – wie Litt sagt – zur Totalität der Bildung erforderlich ist, daß dies aber – entgegen Litt – *nicht* zu einer Störung der Harmonie der bildenden Kräfte führt. Dementsprechend stellen die sechs Abschnitte des Vortrags einerseits den unstrittigen Beitrag der Naturwissenschaft zur Totalität von Bildung vor Augen. Alle Beispielssituationen zeigen darüber hinaus, daß naturwissenschaftliche Kenntnisse und Denkaktivitäten keineswegs zu jener Dominanz unter Abkapselung führen, welche die harmonische Entwicklung der Person stört. Diese Befürchtung Litts ist die Folge einer falschen Verallgemeinerung. Gewiß gibt Litt eine idealtypisch richtige, analytische Beschreibung des naturwissenschaftlichen Forschungsprozesses mit seiner systematisch-methodischen Engführung. Aber Litt schreibt diese Engführung allgemein dem Subjekt zu, „das naturwissenschaftlich denkt" (Litt 1963, 98); hier liegt sein Fehler. Versteht man unter „naturwissenschaftlich denken" die Aktivierung und innere Repräsentation von Wissensbeständen aus der Naturwissenschaft, so geht dieses Denken einher mit der Erörterung von Lebenssituationen; es wird von ihnen angeregt und trägt zu ihrer Bewältigung bei. Die Vorwürfe vom „Verstummen des persönlichen Menschentums", das naturwissenschaftliches Denken erzwinge, von einem „Bild der Welt, das vom Menschen nur das übrig läßt, was vom Zentrum seines Menschseins am weitesten abliegt" (ebd.), sind unberechtigt. Naturwissenschaftliches Denken stört die Harmonie der bildenden Kräfte nicht; es bereichert sie um wesentliche Akkorde.

Literatur

Allport, Gordon W.: Gestalt und Wachstum in der Persönlichkeit. Meisenheim am Glan 1970.

Bacht, Heinrich. In: Walter Kampe (Hg.): Gott – Mensch – Welt. Würzburg 1956.

Brecht, Bert: Leben des Galilei. 1. Aufl. Berlin 1963. (Geschrieben 1938/39.)

Christen, Hans-Rudolf: Chemie. 6. Aufl. Frankfurt–Hamburg 1969.

v. Goethe, Johann Wolfgang: Faust. Der Tragödie erster Teil. Tübingen-Stuttgart 1808. Studierzimmer.

Heckhausen, Heinz: Förderung der Lernmotivierung und der intellektuellen Tüchtigkeiten. In: Roth, Heinrich, Deutscher Bildungsrat (Hg.): Begabung und Lernen. Stuttgart 1969, 193–228.

Kant, Immanuel: Prolegomena zu einer jeden künftigen Metaphysik die als Wissenschaft wird auftreten können. Originalausgabe (A) Riga 1783.

Kant, Immanuel: Critik der reinen Vernunft. 2. Aufl. (B) Riga 1787.

Kant, Immanuel: Kritik der Urteilskraft. 1. Aufl. (A) Berlin und Libau 1790. Erster Teil: Kritik der ästhetischen Urteilskraft.

Kant, Immanuel: Anthropologie in pragmatischer Hinsicht. 1. Aufl. (A) Königsberg 1798.

Kant, Immanuel: Über Pädagogik. Königsberg 1803.

Litt, Theodor: Naturwissenschaft und Menschenbildung. 4. Aufl. Heidelberg 1963.

Lunzer, Eric Anthony: Formales schlußfolgerndes Denken. In: ders., Morris, John F. (Hg.): Das menschliche Lernen und seine Entwicklung. Stuttgart 1971, 288–327.

Paulsen, Friedrich: Gesammelte Pädagogische Abhandlungen. Stuttgart und Berlin 1912.

Prenzel, Manfred; Krapp, Andreas; Schiefele, Hans: Grundzüge einer pädagogischen Interessentheorie. In: Z. f. Päd. 32 (1986), 163–173.

Schiefele, Hans; Hausser, Karl; Schneider, Gerd: „Interesse" als Ziel und Weg der Erziehung. In: Z. f. Päd. 25 (1979), 1–20.

Schiefele, Hans: Interesse – Neue Antworten auf ein altes Problem. In: Z. f. Päd. 32 (1986), 153–162.

Widmer, S.: Illustrierte Geschichte der Schweiz. 4., erweiterte Auflage München 1973/77.

Zahrnt, Heinz: Gott kann nicht sterben. München 1970.

Gerhard Mertens

Konzeptionen ökologisch-orientierter Erziehung und Bildung Kritische Analyse – Konstruktive Weiterentwicklung

Vorbemerkungen

1. Das, was in diesem Heft thematisiert wird, die Frage nach „Natur – Wissenschaft – Bildung", wurde in großem Ausmaß erst seit dem Bewußtwerden der ökologischen Krisenlage in den 70er Jahren virulent. Die Erfahrung von der Verwundbarkeit der industriellen Zivilisation, die sich damals weltweit und schockartig einer breiten Öffentlichkeit aufdrängte, hat bis in unsere jüngste Gegenwart hinein nichts an Brisanz verloren. Ganz im Gegenteil, greifbare Störungen im Mensch-Umwelt-Zusammenhang deuten auch heute noch auf eine mögliche Kollision zwischen dem *menschlichen Soziosystem* einerseits und dem *Physiosystem der Natur* andererseits hin. Die Vision einer Gefährdung oder gar eines Zusammenbruchs des „Weltsystems" liegt immer noch in der Reichweite des Denkbaren und Möglichen.

In Erkenntnis dieses Sachverhaltes wurde mit einem Mal deutlich, daß es der Mensch, wiewohl er auf sozio-kulturelle Gestaltung hin angelegt ist, in dem ihm vorgegebenen physischen Substrat der Natur mit einer nicht beliebig manipulierbaren Größe zu tun hat: mit einem Beziehungsgefüge von Strukturen, von Funktionsabläufen und Eigengesetzlichkeiten, in das er, bei aller organismischen Sonderstellung, als Lebewesen auf vielfache Weise unabdingbar eingebunden ist und das als ihn umgebende kosmische Außendimension zugleich seine soziale Umwelt bis in die letzte Faser hinein durchwebt und mitträgt.

„Welche *Natur* sollen wir (also) schützen?" (Honnefelder 1993) – Auf diese philosophisch sinnvolle und geistreiche, aus humanökologischer Sicht jedoch eher akademische Frage nach der künftigen Reglerfunktion des menschlichen Soziosystems ist lapidar zu antworten. Zu schützen sind zunächst und zumindest jene biotischen und abiotischen Vorgänge, Strukturen und Gebilde unserer Biosphäre, die nicht zuletzt auch das Soziosystem des Menschen mit all seinen kulturellen Hervorbringungen und Äußerungen, inklusive der Technik, überhaupt ermöglichen und tragen. Denn ohne Zweifel stellt dieses Physiosystem gerade für den Menschen unverzichtbare Leistungen sicher. Es sind dies, um nur einige der wichtigsten zu nennen, Produktionsleistungen (z. B. an pflanzlicher und tierischer Biomasse, Sauerstoff, Frischluft, Grundwasser etc.); Trägerleistungen (für menschliche Nutzung in Arbeit und Freizeit); Regulationsleistungen (in bezug auf Stoff- und Energieflüsse sowie Populationen, Schutz vor Immissionen: Lärm, Staub, Gas); zudem Klimaoptimierung, Schutz des Bodens und biologische Schädlingsbekämpfung etc. (vgl. Buchwald 1980).

In all dem stellt „Natur" sich als dasjenige dar, das „von sich aus" (physei) da ist, also als das dem Menschen schlechthin Vorgegebene, nicht von ihm Gemachte. Eben diese „Natur", sofern sie unter den Prämissen der technisch-wissenschaftlichen Zivilisation bedroht ist, gilt es heute nachhaltig zu schützen. Damit aber steht der gesamte, seit der Neuzeit durch Wissenschaft und Technik bestimmte Naturbezug, der Naturbezug der Verobjektivierung und Verzweckung von Natur auf dem Prüfstand. Wenn hier in der Tat eine Kurskorrektur höchst angeraten erscheint, wie könnte sie denn aber aussehen?

2. Die Frage nach einem vertieften Naturverhältnis war und ist zentral auch eine *pädagogische* Frage, eine Frage nach menschlicher *Bildung* zu reifer Humanität. Als Frage nach einer *Neuorientierung* im Kontext der modernen Zivilisation kommt sie gegenwärtig insbesondere im Rahmen *ökologisch* orientierter Erziehungs- bzw. Bildungskonzeptionen zu Wort, wobei die Bezeichnungen „Ökologie" und „Umwelt" über den Begriff „Natur" hinaus auf die vielfältigen folgenreichen Wechselbeziehungen zwischen dem Soziosystem des Menschen und dem Physiosystem der Natur abheben.

Hier haben sich mittlerweile denn auch recht unterschiedliche, ja, scheinbar konträre pädagogische Entwürfe herauskristallisiert, die sich teilweise sogar erbittert bekämpfen. Sie sollen im folgenden vorgestellt (I) und einer kritischen Analyse unterzogen werden (II), um auf dieser Basis dann eine konstruktive Weiterentwicklung zu versuchen (III).

I. Befund

1. Umwelterziehung

Eingang in die Pädagogik fand der ökologische Anspruch erst seit den 70er Jahren, und zwar unter dem Titel „Environmental Education", „Umwelterziehung"(-bildung), und auf Anregung der „Conference on the Human Environment" der Vereinten Nationen 1972 in Stockholm, die ein internationales Programm für interdisziplinäre Umwelterziehung, die UNEP („United Nations Environment Programme"), in allen Bereichen des Bildungs- und Erziehungswesens initiierte. Institutionell federführend bei der sich hieran anschließenden weltweiten Diskussion war vor allem die UNESCO, die in Zusammenarbeit mit der UNEP 1977 in *Tiflis* eine großangelegte zwischenstaatliche Konferenz über Umwelterziehung abhielt. Die von diesem Forum verabschiedeten Empfehlungen, Appelle und Deklarationen lassen sich von dem Grundgedanken leiten, es sei eine „zwingende Aufgabe" für die Menschheit, „die Umwelt für die gegenwärtige und für kommende Generationen zu verteidigen und zu verbessern". Hinsichtlich der dabei anzustrebenden ökologischen Einstellungen und ethischen Wertvorstellungen falle der *Erziehung* die „führende Rolle" zu (UNESCO-Konferenzbericht Nr. 4, 70).

Der Begriff *„Umwelt"* wird hier umfassend verstanden als das „Gesamt" – gemeint ist die komplexe Funktionseinheit – der physikalischen bzw. biologisch-natürlichen Gegebenheiten sowie der sozio-ökonomischen und soziokulturellen Systeme als der Instrumente des Verstehens und Umgehens mit Natur (vgl. ebd. 134. 148). Entsprechend definiert dann Empfehlung 1 die „Umwelterziehung" programmatisch als „das Ergebnis einer Neuorientierung und Verbindung verschiedener wissenschaftlicher Fachrichtungen und pädagogischer Bereiche, durch die ein integrierter Zugang zu den Problemen der Umwelt erleichtert und die Anwendung einer auf die sozialen Bedürfnisse abgestimmten Handlungsweise ermöglicht werden" (ebd. 73). Gemäß der grundlegenden Bedeutung dieses ihres Bildungsauftrages, dem Umfang ihres interdisziplinären wissenschaftlichen Zuganges und dem Grad der Erstreckung auf ihre Adressaten ist dann Umwelterziehung „nicht bloßer Annex des normalen Fachunterrichtes", vielmehr ist sie *„integraler Bestandteil* von Erziehung überhaupt" (ebd. 18. 57f). Ihr zentrales Anliegen ist „praxisorientiert", d. h. auf solche Lernprozesse angelegt, die zur Lösung von Umweltproblemen im Kontext einer sich rasch wandelnden Welt beitragen. Und eben dies erfordert einen ganzheitlichen Ansatz auf breiter interdisziplinärer Grundlage, eine frühzeitige Koordination der einzelnen Unterrichtsfächer, mehr noch, eine vorgängige Ausrichtung der verschiedenen Determinanten des schulischen Bildungsprozesses, der Lehrpläne, Curricula, Schulbücher, Unterrichtsmaterialien etc. auf den ihnen inhärenten jeweiligen Umweltbezug (vgl. ebd. 58). Umwelterziehung als edukativer Vorgang der Sensibilisierung hinsichtlich des Verstehens und verantwortlichen Umgehens mit „Umwelt" stellt somit einen organisch fortlaufenden Bildungsprozeß dar, der über die schulische Bildung hinaus lebenslang andauert. In der Vermittlung einer neuen, umfassenden Perspektive eröffnet sie eine originäre Dimension von Erziehung, einen das Weltverhältnis des Menschen in grundlegender Weise erschließenden Bildungssinn (vgl. ebd. 18). Auf der Basis dieser „Empfehlung" formuliert die Konferenz fünf globale *Lernziele;* danach soll Umwelterziehung darauf abzielen,

1. in Individuen und über sie in Gruppen und Sozietäten eine allgemeine *Sensibilisierung* für den Umweltkomplex zu bewirken,
2. ein *„Grundverständnis"* der wichtigsten ökologischen Probleme der modernen Welt sowie der komplexen Interdependenz ihrer vielfältigen biologischen, physikalischen, sozio-ökonomischen und kulturellen Konstituentien zu vermitteln,
3. durch Weckung von „Betroffenheit" auf ökologische Verantwortung ausgerichtete ethische, ästhetische und ökonomische *„Wertvorstellungen"* zu evozieren,
4. unter Beachtung unterschiedlicher Schwierigkeitsgrade „eine Fülle wissenschaftlicher *Fertigkeiten"* zu vermitteln, die es ermöglichen, sich bei der

59

Lösung von Umweltproblemen vernünftig zu verhalten – und dies meint die Fähigkeit, die erworbene Kompetenz auch „anzuwenden" und „weiterzugeben" (ebd. 152–154),

5. zu unmittelbarer gesellschaftlich-politischer *„Mitwirkung"* anzuregen (ebd. 17).

Sieht man diesen Zielkatalog im Überblick, so ist es hier in der Tat erstmals gelungen, Aufgabe und Umfang des unter dem Titel „Umwelterziehung" eingeführten neuen Erziehungs- und Bildungsauftrages zu bestimmen. Ist die Menschheit dabei, die Erde als ihren Lebensraum in bedrohlicher Weise zu gefährden und liegt die Wurzel dieses Übels in einer „mißverständlichen *ethischen Beziehung zwischen Mensch und Natur"*, so die Argumentationsfigur der Konferenz, dann muß es „oberstes Ziel" jeglicher Umwelterziehung sein, über die Vermittlung von ökologischer Sachvernunft und ökologischem Wertbezug ein aus einem *vertieften Naturverhältnis* gespeistes *Ethos der „Verantwortung"* und „Solidarität" zu fördern, welches das Überleben der Menschheit sichert und dem Wohlergehen der Völker dient (vgl. ebd. 24. 81. 31. 39. 57). Kurz, übergreifende Leitvorstellung der Umwelterziehung ist die Bildung des Menschen zu ökologischer Verantwortung und Humanität.

Damit aber ist Umweltwelterziehung als Teilmoment und -instrument eines global angestrebten sozio-kulturellen *Entwicklungsprozesses* („development") der Menschheit verstanden und in einen Zusammenhang von Fortentwicklung und Umweltproblematik gerückt, wie er neuerlich wieder 1992 bei der Konferenz der Vereinten Nationen in Rio de Janeiro unter dem politischen Leitbegriff des „sustainable development", der dauerhaft (umweltgerechten) Entwicklung, zum verbindlichen Programm erhoben wurde. „Fortentwicklung" hin zu einer menschengemäßeren natürlichen und sozialen Lebenswelt vollzieht sich mithin nur auf dem Boden eines erneuerten Naturverhältnisses, in dessen Kontext es der Mensch der modernen Zivilisation zunehmend lernt, *„mit sich in Frieden und mit der Natur in Harmonie zu leben"* (Peccei 1979, 18). Und prinzipiell alle sind zu solch ökologischem Lernen aufgerufen. Denn entsprechende Kenntnisse, Einstellungen und Fertigkeiten sind die notwendige Bildungsvoraussetzung für die Mitwirkung an der Ausgestaltung eines menschlicheren ‚oikos‘.

Die hier herausgestellten Momente ökologisch ausgerichteter Erziehung und Bildung, das Abheben auf ein Denken in vernetzten Systemen durch interdisziplinären Zugang, ferner die ökologische Sensibilisierung und Werterschließung durch Problemorientierung, sodann der Handlungsbezug durch Situierung der Unterrichtsinhalte bis hin zu globalen Perspektiven und schließlich die Ausrichtung am Leitziel ökologischer Verantwortung bzw. Humanität, eben diese Momente bilden die Kennzeichen der „Umwelterziehung", wie sie sich schon bald nach der Tiflis-Konferenz auch in der Bundesrepublik Deutschland auf dem formellen Bildungssektor etablierte.

So wurden deren Empfehlungen bereits ein Jahr später, 1978 in *München*, auf das hiesige Bildungssystem appliziert (vgl. Eulefeld/Kapune 1978) und ihre Bildungsintentionen durch den *KMK-Beschluß zu „Umwelt und Unterricht"* vom 7. Oktober 1980 für die Schule verbindlich gemacht. Danach ist es erklärtes Ziel schulischer Erziehung, „Bewußtsein für Umweltfragen zu erzeugen, die Bereitschaft für verantwortlichen Umgang mit der Umwelt zu fördern und zu einem umweltbewußten Verhalten zu erziehen, das über die Schulzeit hinaus wirksam bleibt" (KMK-Beschluß 1980). Die länderübergreifenden Berichte (1982, 1986 und 1992) schreiben diese Zielsetzung dann laufend fort.

2. „Ökopädagogik"

In scharfem Kontrast zu dieser für die BRD offiziell sanktionierten Konzeption der Umwelterziehung tritt seit Beginn der 80er Jahre die sog. *„Ökopädagogik"*, gleichsam ein Reflex auf das Gedankengut der Ökologiebewegung und wie diese, ungeachtet des Facettenreichtums der Nuancierungen und Intentionen, entschieden in ihrer Ablehnung der industriegesellschaftlichen Lebensform schlechthin. Entsprechend prägnant lautet die Etikettierung durch Beer/de Haan: „Dem Gegensatz zwischen ökonomisch-technischer und ökologischer Orientierung entspricht im Bereich der Pädagogik der Unterschied zwischen Umwelterziehung und Ökopädagogik" (1984, 9). Und der Generalnenner ihrer Kritik lautet: Umwelterziehung wie formelles Bildungswesen stehen in Funktion zum technisch-ökonomischen System der Industriekultur und prolongieren damit ungewollt ein fehlgeleitetes technologisches Naturverhältnis, das zum *eigentlichen* menschlichen „Dilemma", der Entfremdung des Menschen von sich selbst und von der Natur, geführt hat.

Hatte vordem das Bildungswesen dazu beigetragen, so etwa Ivan Illich (1984, 26), ein dem Produktivismus zugepaßtes Anspruchsdenken „weit über die Kapazität der Umwelt hinausschießen zu lassen", dann propagiert es jetzt unter den Stichworten „Lebensqualität", „Einklang mit der Natur" eine Erziehung zum „disziplinierten Konsumenten". Der Grund liegt auf der Hand. Angesichts der schmerzlichen Erfahrung äußerer Naturgrenzen soll nunmehr in nie dagewesener Weise die pädagogische Bearbeitung der *inneren* Natur des Menschen das industrielle System retten. Solche Umwelterziehung jedoch, die lediglich darum besorgt ist, daß der technisch-ökonomische Fortschritt nicht steckenbleibt, ist nach Illich „nichts als ein technologisch-pragmatisches Managementkonzept pädagogischer Innenausstattung angesichts von außen diktierter Beschränkungen, sie ist *Ökokratie*": „Umwelterziehung scheint der Gipfel der industriellen Vernunft zu sein" (1984, 24.30).

In ähnlich kritischer Weise kommt auch Gerhard de Haan zu dem Ergebnis, Umwelterziehung sei die „versuchte Perfektionierung der Naturbeherrschung" (ders. 1984, 78). So werde die Ursache der gegenwärtigen ökologischen Krise, der Denk- und Verhaltensstil technisch-wissenschaftlicher Naturbearbeitung, z. B. durch den gezielten Einsatz von Computersimulation, dahingehend totalisiert, daß man auch noch die unbeabsichtigten negativen Nebenfolgen der

Technik ausmerzen und durch Antizipation die Zukunft in den Griff nehmen wolle. Auf diesem Wege sei gerade keine Haltungsänderung gegenüber der Natur in Richtung auf Achtung, Hege und Pflege zu erreichen, zumal diese positive Zielsetzung auch noch aussschließlich daraufhin funktionalisiert werde, notwendiges Mittel zum Überleben zu sein (vgl. ebd. 78f). Ein lediglich mediatisierendes Interesse der Überlebenssicherung könne jedoch nicht *Eigensein* und *Eigenwert* der Natur freisetzen. Entsprechend schlage der funktionale Denkstil der Umwelterziehung auch auf den Menschen selbst durch, sofern aus dem Blickwinkel einer „alles durchherrschenden kybernetischen Sichtweise" via Erziehung die Subjekte wie „lernfähige", „störanfällige", „informationsverarbeitende ‚Systeme'" zu bearbeiten seien – „mit der einzigen Aufgabe, ihren Bestand zu sichern" (ebd. 82).

Faßt man diese Argumente zusammen, so verharrt aus der Sicht der „Ökopädagogik" die in Diensten des Industriesystems stehende Umwelterziehung im Duktus rein technologisch-pragmatischer Problemlösung, und zwar auf einer zweifachen Ebene: gegenüber der äußeren Natur durch Verschärfung des wissenschaftlich-technischen Naturbezuges, gegenüber der inneren Natur des Menschen durch Funktionalisierung von Bildung bzw. durch pädagogische Sozialtechnologie (vgl. ebd. 83). Demgegenüber optiert „Ökopädagogik" für die entschiedene *Absage* an jegliches *instrumentelle Denken* und, über einen „*Bruch*" mit dem Bestehenden, für eine radikale pädagogische Kursänderung in Richtung auf eine wahrhaft *ökologische Grundeinstellung* gegenüber der Natur, und zwar wiederum auf beiden Ebenen, nämlich durch Absage an die technisch-wissenschaftliche Beherrschung der *äußeren Natur* einerseits und durch pädagogische Freisetzung der *inneren Freiheitsnatur* der Subjekte andererseits.

Es ist mithin ein antitechnologischer, antifunktionaler Vorbehalt, den die „Ökopädagogik" gegenüber der Umwelterziehung geltend macht. Demgemäß konsequent stellt sich auch ihr Ruf nach einer grundsätzlichen Einstellungsänderung dar. Hinsichtlich der *äußeren* bio-physischen Natur soll jetzt in Antithese zur technologisch-ökonomischen Werteinstellung ein Naturbezug treten, der wieder vom *Eigenwert* der Natur bestimmt ist. Das erfordert auf der Bewußtseinsebene ein neues „Sich-Einlassen" auf die Natur, eine „Sensibilisierung" und „Neuorientierung" der Wahrnehmungsformen (ebd. 87). Auf der aktionalen Ebene bedeutet es eine Orientierung, die gegen den „Wahn" der Großtechnologie angeht und die das Zurückfahren der Technik, ja, die „revolutionäre Überwindung der industriellen Produktionsweise in ihrer gegenwärtigen Form" als eine „kulturrevolutionäre Aufgabe" betreibt (Schmied-Kowarzik 1984, 53). Positiv gewendet meint solch ökologische Orientierung das Eintreten für „sanfte, angepaßte, ressourcenschonende Alternativtechnologien" wie Fahrrad, Wind- oder Solarenergie, gewaltfreie Widerstandstechniken etc., Dezentralisierung und Schaffung überschaubarer Lebensräume, Ausgestaltung naturnaher Lebensformen und die Natürlichkeit der Landkommunen wie der Schrebergartenkolonien u. a. m. (vgl. Beer 1984, 8.152).

Und was die pädagogische Freisetzung der *inneren* Freiheitsnatur des Menschen betrifft, so setzt die „Ökopädagogik" das Konzept des Einstellungswandels gegenüber der Natur in einem Konzept sog. *natürlicher Erziehung* bzw. *„natürlichen Lernens"* fort. Gedacht ist hier an einen freien Lernprozeß im Rahmen von praxisnahen Gruppierungen wie Friedens- und Frauenbewegungen, Gesundheits- und Kinderläden, Landkommunen, Bürgerinitiativen, Selbsthilfegruppen etc., die in lebendigen Gruppenbeziehungen ihre normative Orientierung selbständig entwickeln und auf diese Weise der Programmierung durch ein systemkonformes Bildungswesen zu entkommen hoffen. Nur von einem Lernprozeß von unten her, im Freiraum von Teil- und Kleingesellschaften, verspricht man sich die Chance der „Wiedergewinnung von Wirklichkeit" (Heger u. a. 1983). Denn wie sich der moderne Mensch innerhalb eines der Industrie zugepaßten Lernsystems gegenüber der Natur und gegenüber sich selbst entfremdete, so wird er aus der Sicht der „Ökopädagogik" umgekehrt durch Lernprozesse in natürlichen alternativen Gruppierungen zum naturadäquaten Bewußtsein und Verhalten einerseits und zu Selbstbestimmung, Freiheit und Identität andererseits zurückfinden. Erst solch ein sozial-ökologisches Lernen, in dessen Kontext sich Erziehung und Bildung „quasi nebenbei", „auf natürliche Weise" vollziehen (vgl. Beer 1984, 155), kann den rein informationsverarbeitenden Lernprozeß des formellen Bildungswesens überwinden und ein naturgemäßes Lernen und Verhalten kreieren, das am Ende den Menschen auf eine neue Stufe ökologischer Humanität führt. Denn im Gegensatz zum fremdbestimmten, atomisierten, überrationalisierten Lernen an etablierten Bildungseinrichtungen, so die „Ökopädagogik", ist natürliches Lernen *ganzheitlich* konzipiert, mit Bezug zur sinnlichen Erfahrung, zur Natur, zum Leib, zum Ich, zum praktischen und politischen Leben. So konstituiert es jene ökologische Orientierung, die eine durch Entfremdung von der Natur verlorengegangene humane Welt zurückzugewinnen vermag.

In durchaus differenziertem Verständnis weist de Haan (1984, 1985) angesichts derartiger naturnaher Muster alternativen Lebens darauf hin, daß ein gewandeltes Naturverhältnis nicht schon „am Zaun des Kleingartens" seine Grenze findet. Vielmehr müsse die Zukunft offen bleiben und im eigenen Träumen wie auch im „utopischen Denken der Lernenden" der andere Umgang mit Natur allererst gefunden werden (90f). Dennoch sieht auch er in der „Ökopädagogik" mehr Ansatzpunkte für eine Weiterentwicklung als in der Umwelterziehung, sofern erstere im Kern ein „naturadäquates Bewußtsein und Verhalten" *jenseits der Industriekultur* anvisiere (83, 86).

3. Analytische Umweltpädagogik

Von einem ganz anderen, gesellschaftstheoretischen Verstehenszugang her, der inzwischen freilich in die erziehungswissenschaftliche Debatte Eingang gefunden hat, wird nun seit dem Ende der 80er Jahre gegen diese beiden feindlichen Brüder pädagogischer Herkunft vehement zu Felde gezogen, und zwar im Namen eines *analytischen* Denkens unter Anknüpfung sei es an den Kritischen

Rationalismus, sei es an systemtheoretisches Gedankengut (vgl. insbes. Kahlert 1990, 1991; auch Heid 1992). Die „umweltpädagogische Literatur", worunter unterschiedslos Umwelterziehung wie Ökopädagogik gezählt werden, sei zwar geeignet, „Gesinnungsgemeinschaften" zu stiften, nicht aber „analytische Diskurse zum Verständnis der Gesellschaft" anzuregen (Kahlert 1991, 108). Auf diese Weise jedoch werde das pädagogisch Leistbare, nämlich „Aufklärung" über die Umweltkrise und Aufklärung über gesellschaftliches Handeln und gesellschaftlichen Diskurs, versäumt, ja, verhindert zugunsten völlig unzureichender Annahmen über Mensch, Natur und Gesellschaft. Umweltpädagogische Literatur gerate so unversehens in die Nähe des Fundamentalismus.

Es ist dies, so Kahlert, ein Fundamentalismus, der die Sehnsucht nach möglicher Einheit und Ganzheit vor die Anstrengung der Differenzierung stellt und der durch Erzeugung von Angst und Betroffenheit wohl aufgebrachten Empfindungen, nicht aber nachprüfbarem Wissen das Wort redet. Solche Umweltpädagogik, die predigt, allein der gute Wille zähle, und die nach dem Muster von schlechter Gegenwart und gut zu gestaltender Zukunft „in raunender Tiefsinnigkeit" Hoffnung durch Erziehung verheißt, sei in Wahrheit säkularisierte Religion, Gesinnungsgemeinschaft (vgl. ebd. 115f). Ohne irgendeinen Zweifel aufkommen zu lassen, suggeriere sie Gewißheit und Orientierung in einer vom Einzelnen nicht mehr überschaubaren Welt. Deutliches Indiz für solche Ideologisierung sei die eigenartige Ignoranz gegenüber Schwierigkeiten und Theorieproblemen der Nachbardisziplinen. Wer z. B. die Bedingungen der Weltmarktkonkurrenz außer acht läßt oder nicht um politische Mehrheiten kämpfen muß, der kann leicht Umweltfeinde in Wirtschaft und Politik ausmachen. Und leicht läßt sich für notwendige Entbehrungen und Enthaltungen von Leuten eifern, die wie die Pädagogen „für konkrete Wohlfahrtseinbußen der betroffenen Menschen nicht geradestehen müssen" (ebd. S. 113). Derartige Ausblendung bzw. Verdrängung von „Wißbarem", so der Skopus dieser Kritik, ist lediglich Äußerung von Besorgnis ohne Preis, bewirkt zunehmende Selbstimmunisierung gegenüber der eigentlichen Problemlage und verhindert dadurch das pädagogisch Mögliche und Gebotene, nämlich eine dem Verständnis der Umweltkrise, der gesellschaftlichen Prozesse wie auch der innergesellschaftlichen Verständigung dienliche Aufklärungsarbeit.

Es gehe freilich auch anders. Nur müßte Pädagogik wieder ihre ureigene Sache betreiben. Im Sinne analytischer Umweltpädagogik bedeutet das dann die produktive Beschränkung auf die Vermittlung analytischer Kompetenz an die Adressaten, und zwar durch Erschließung eines differenzierenden Wissens, das der Komplexität der Problemlage weitestmöglich gerecht zu werden sucht. Ausgangspunkt müßte hier die Erkenntnis des primär gesellschaftlichen Charakters aller umweltrelevanten Wissenszugänge sein. Denn „weder in der Natur noch aus den Gesetzen der Ökologie ist abzulesen, welches Verhalten und Handeln naturgerecht oder ökologisch sei" (ebd. 110). Vielmehr sind alle Messungen, Einschätzungen, Ursachenzuschreibungen, Gegenrezepte, Kosten-Nutzen-Kalküle, letztlich alle Maßstäbe zur Bewertung wie bereits alles Handeln an der Umwelt selbst genuin *gesellschaftlicher* Art und Herkunft (vgl. ebd. 111). Erst der gesellschaftliche Diskurs benennt Probleme und bemüht sich um Lösungsansätze, sucht eine überkomplexe Welt verständlich zu machen und sich hierüber zu verständigen. Entsprechend müßte analytische Umweltpädagogik dem Mythos möglicher Umweltveränderung bzw. -verbesserung eine Absage erteilen und sich statt dessen darauf konzentrieren, ihre Adressaten zu einer differenzierten verständigungsorientierten Diskursteilhabe beim fortwährenden Zielfindungs- und Selbstdefinitionsprozeß der Gesellschaft zu befähigen (vgl. ebd. 111). Ihre Sache ist deshalb nicht Sinnesübung, Weckung von Betroffenheit, Einübung von Gesinnungen oder handelndes Erleben, sondern *Schulung, intellektuelle Zuschärfung* zum Zwecke eines kritisch distanzierten, *aufgeklärten* Verstandesgebrauchs. Soweit die vernichtende Kritik seitens der analytischen Umweltpädagogik.

II. Kritische Analyse und vermittelnde Perspektive

Soll nun die weitere umweltpädagogische *Theorieentwicklung konstruktiv* verlaufen, so müßte die Phase der Vereinseitigung und der pauschalierenden wechselseitigen Aburteilung abgelöst werden zugunsten einer integrativen Sichtweise, derzufolge die von den unterschiedlichen Konzeptionen jeweils akzentuiert ausgearbeiteten unverzichtbaren Einsichten als *Teilgrößen* eines Theorieganzen der Umwelterziehung verstanden und festgehalten werden.

1. Analytische Umweltpädagogik

Der Beitrag der analytischen Umweltpädagogik hierzu besteht zweifellos im berechtigten Rekurs auf wissenschaftliche Sachangemessenheit und Rationalität, die der Komplexität des Ökologieproblems, speziell auch in seinen gesellschaftlichen Bezügen, gerecht zu werden sucht. Bildungstheoretisch entspräche dem die Forderung nach *ökologischer Sachkompetenz* als übergreifender Zielsetzung. Hier kommt dann all das ins Spiel, was Heinrich Stork bezüglich des naturwissenschaftlichen Unterrichts geltend gemacht hat (vgl. den Beitrag in diesem Heft). Und auch die Unterrichtsfächer Erdkunde/Sozialkunde als weitere umweltrelevante Kernfächer neben der Biologie erhalten in diesem Kontext ein neues Gewicht.

Indessen kann sich Umweltpädagogik darin nicht erschöpfen. Denn angesichts der derzeitigen Infragestellung der industriegesellschaftlichen Lebensform ist es keineswegs zureichend, die anstehende Bildungsaufgabe dahingehend zu definieren, daß die Akteure der technisch-industriellen Zivilisation die im gesellschaftlichen Diskurs verhandelte ökologische Sachproblematik mit den sie bedingenden Funktionszusammenhängen lediglich adäquat zu analysieren und diskursiv anzugehen lernen. Über die Vermittlung solch formaler Kompetenzen weit hinaus steht vielmehr ein neuerliches „Durchbuchstabieren" des Naturumganges selbst an, geht es um die Suche nach einem *vertieften Naturverhältnis,* das den einzelnen vor einer total verdinglichten Welt, vor Selbstentfremdung und Sinnleere bewahrt.

Und in der Tat, die Ausführungen von Norbert Hilgenheger (vgl. den Beitrag in diesem Heft) haben uns in aller Deutlichkeit vor Augen gehalten, wohin die weitgehende Dominanz oder gar Verabsolutierung der Herstellungs- und Verfügungsrationalität den Menschen führen würde. Wird nämlich Natur darauf reduziert, nur mehr Objekt experimenteller Verfahren und technischer Produktionsprozesse für ökonomisch definierte Nutzbarmachung zu sein, so büßt sie gegenüber dem Menschen ihre ontische Eigenständigkeit als tragende und umgreifende Wirklichkeit ein. Sie wird des ihr eigenen Sinnüberhanges wie ihrer ontologischen Dignität beraubt. Die ganze Welt wird dann eine einzige „Baustelle" oder gar Mülldeponie, Natur ausschließlich Substrat beliebiger Nutzung zum Zwecke der Bedürfnisbefriedigung. Der Mensch selbst wäre nicht länger davor gefeit, zum verfügbaren „Material" im ökonomischen Prozeß degradiert zu werden. Und am Ende stünde eine verdinglichte Welt der Natur, des Menschen und der Geschichte.

Will man solch drohender „Allverschlossenheit" (Scheler) durch eine Neuorientierung des Naturverhältnisses entgegenwirken, so sind grundlegende *Werteinstellungen* und Muster der *Sinnorientierung* notwendig, und stehen also Fragen an, „durch die sich die humane Existenz ihres Sinnes versichert, in deren Perspektive sie nicht bloß nach Überleben und Wohlleben, sondern ‚gutem' Leben fragt, das es ‚wert' ist, gelebt zu werden" (Kluxen 1971, 94).

2. „Ökopädagogik"

Ganz zu Recht rückt deshalb die „Ökopädagogik" die Suche nach einer neuen, vertieften Werteinstellung gegenüber der Natur und, damit verbunden, die Relevanz ganzheitlich-lebensnaher Lernvorgänge mit dem Ziel der Selbstbestimmung und der Selbstgestaltung der sozialen menschlichen Umwelt in den Mittelpunkt des Problems ökologischer Bildung. Sind gleichwohl, so wird man fragen müssen, solche Einsichten denn nur möglich um den Preis einer prinzipiellen Diskreditierung des Technologisch-Funktionalen, der instrumentellen Rationalität? Wie überhöht nimmt sich doch ein solch idealistisch purgierter Bildungsbegriff im Blick auf ein notorisch bedürftiges Wesen aus, das, wie der Mensch, unabdingbar darauf angewiesen ist, sich die Mittel seiner Existenzsicherung und die Mittel der Mittel hierfür stets neu zu beschaffen. Entsprechend dürfte sich die radikale Absage an die industrielle Lebensform und Rationalität unter Hinweis auf eine ökologische Neuorientierung eher kulturpessimistischem Ressentiment oder romantischem Schwärmergeist als universalisierbarer Argumentation verdanken.

Und schließlich, so wäre zu fragen, wohin könnte ein geschichtliches „Zurück", das sich dem Anspruch eines sinnhaft glückenden, menschenwürdigen Lebens verpflichtet weiß, angesichts der heutigen Weltbevölkerungszahlen denn auch führen? Ein Zurück in eine reine Agrarkultur würde ohne Zweifel ein milliardenfaches Sterben zur Folge haben. Es würde die Menschheit in ihren Lebens- und Entfaltungsmöglichkeiten an Bedingungen binden, die weit unter dem Maß des vernünftig Möglichen, Notwendigen und Verantwortbaren liegen. Und schließlich würde ein Einfrieren der Technik auf dem jetzigen Stand die derzeitigen Probleme nur perpetuieren und auf die Dauer die Lage katastrophal zuspitzen. Der Problemzuwachs, dem sich die moderne Zivilisation gegenübersieht, erfordert mithin in Wahrheit nicht eine Reduktion, sondern im Gegenteil eine Ausweitung an kritischer, lern- und zukunftsoffener Vernunft.

3. Umwelterziehung

Der Konzeption der Umwelterziehung ist deshalb nur beizupflichten, wenn sie, gerade unter Berufung auf ökologisches Denken, statt für Ausstieg und Flucht entschieden für den vernunftgeleiteten Ausbau der Industriekultur optiert und demgemäß den Leitbegriff der *„Verantwortung"* ins Zentrum ihrer Bildungsmaßnahmen stellt. Es ist dies eine Verantwortung, die aus der Sensibilisierung für die natürliche und soziale Umwelt erwächst und die für sie mit Blick auf die Folgen allen Handelns ökologisch sachgemäß einsteht. – Freilich bedarf auch die Umwelterziehung der Weiterentwicklung und Modifikation; diesbezüglich jedenfalls kann sie von der „Ökopädagogik" nur lernen. Im Sinne einer umfassend verstandenen ökologisch-humanen Bildungsidee müßte nämlich ihr primär an menschlichem Überleben und Wohlergehen orientierter Frageansatz mit seinem eher pragmatisch-utilitären Denkstil ausgeweitet werden in Richtung auf eine Neuorientierung erzieherisch zu erschließenden Naturumganges der Respektierung von Natur auch *„um ihrer selbst willen"*.

Hier gilt es deshalb im folgenden zu prüfen, ob und inwieweit unter der Leitidee ökologischer Verantwortung solch anstehende Ausweitung und Vertiefung denk- und leistbar ist.

III. Konstruktive Weiterentwicklung
Umwelterziehung/-bildung der ökologischen Verantwortung

1. Zum Begriff „Verantwortung"

a) Vertikale Dimension

Formal betrachtet stellt der Begriff „Verantwortung" eine Bezugskategorie in vertikaler und zugleich horizontaler Hinsicht dar (vgl. Schulz [2]1972; Jonas [3]1982; Mertens 1982; 1995). *Vor* seiner Vernunft als der eines moralischen Subjekts geht der Mensch die innere Selbstverpflichtung ein, angesichts einer Vielzahl willkürlicher Verhaltensweisen sein Handeln dem Regelanspruch der Vernunft zu unterstellen. Hiermit bringt „Verantwortung" das im kantischen Pflichtbegriff – wie übrigens in allen großen ethischen Systemen – zentral angesprochene *Unbedingte* des Sittlichen zum Ausdruck, freilich in der spezifischen Akzentuierung einer Verbindlichkeit, die der Mensch von sich aus frei übernimmt und deren konkrete Gestalt er angesichts einer durch und durch geschichtlich wandelbaren Welt jeweils selbst noch auffinden muß. Dabei bleibt die Entscheidungsvernunft des einzelnen verantwortliche Letztinstanz, die für das eigene Handeln zuständig ist, geradesteht und der das Handeln zugerechnet wird.

b) Horizontale Ausrichtung

Diese vertikale Relation ist die eine Seite der Verantwortung. Sie macht überhaupt nur Sinn, wenn zugleich der horizontale Bezug zum Ausdruck kommt, nämlich die Verpflichtung, sich *für* eine Wirklichkeit einzusetzen. Gegenüber anderen Verständnisweisen des Sittlichen, die auf das reine Innen der Gesinnung abheben, akzentuiert Verantwortung also gerade die Wendung der sittlichen Vernunft nach außen, zur Realität hin, und meint damit „Einstehen für", liebende Sorge, Fürsorge bzw., mit einer Fomulierung von Hans Jonas ([3]1982, 391), „die als Pflicht anerkannte Sorge um ein anderes Sein". Verantwortung ist mithin die Gestalt der Sittlichkeit, für die der praktische Lebens- und Weltbezug konstitutiv ist. Ihr Aktionsfeld ist die menschliche Lebenswelt mit ihren naturalen Strukturen, Beständen und Funktionsabläufen, aber auch mit ihren gesellschaftlichen, ökonomischen, politischen und kulturellen Verfaßtheiten, wie sie sich in ihrer Gesamtheit zum Realgefüge einer jeweils geschichtlichen Lage verdichten.

Solch „liebende Sorge" der Verantwortung erstreckt sich insofern auch noch auf das, was „unter uns ist" (Goethe), nämlich auf die Wesen und Gebilde der Natur. Denn dort, wo der Mensch als Vernunftwesen agiert, vermag er in begegnendem Umgang mit dem vorpersonalen Sein auch dieses interpretierend zu Wort kommen zu lassen, es in seinen Lebensbereich einzubeziehen und sich anzuverwandeln als seine Lebenswelt. Verantwortung reicht dann so weit, wie menschliche Eingriffsmöglichkeiten und deren Folgen sich erstrecken, derzeit also den gesamten planetarischen Bereich unserer Ökosphäre umfassend. Wird auf diese Weise die rohe Natur in den „Sinnkreis des Humanen" (Auer 1984, 55) eingebunden, so eröffnet sie sich als ein Sinnraum, innerhalb dessen sittliche Maßstäbe Gültigkeit erlangen, sofern sich jeder Mensch als moralisches Subjekt verbindlich aufgerufen sieht, die ihn umgreifende und tragende natürliche Lebenswirklichkeit nach Maßgabe seiner zwecksetzenden Vernunft, d. h. sittlich auszugestalten. Dies impliziert zum einen, daß er bei aller Naturbeherrschung Natur als Ganzes mit ihren Lebensläufen und -ordnungen bis hin zu den lebensrelevanten Phänomenen des abiotischen Seins in ihren Strukturen nicht gefährdet, bedroht oder gar zerstört. Zum anderen impliziert dieser sittliche Anspruch, daß der Mensch Tier- und Pflanzenwelt in seine Obhut nimmt und, wo nötig, schützend und sorgend für sie eintritt, und dies bedeutet, daß er ihr *gerecht* zu werden sucht.

Unter Einbeziehung des Gerechtigkeitsgedankens könnte eine Grundmaxime ökologischer Verantwortung mithin etwa lauten:

Handle verantwortlich, indem Du bei der Gestaltung des ‚oikos' der modernen Lebenswelt, auch der biotischen und abiotischen Natur gerecht zu werden suchst!

In der vernunftgemäßen Wahrnehmung von Verantwortung auch im Blick auf das, was unter ihm ist, übt der Mensch ein der Dignität der Natur adäquates, humanes Regiment aus. Eben darin aber wird er zugleich seiner Würde als Vernunftwesen, seiner Würde als sittliches Subjekt gerecht.

c) Blick auf die Folgen

Gebietet jedoch Verantwortung die *tatsächliche* Sorgeleistung im Hier und Jetzt, so stellt sich ihr die Aufgabe ständiger sittlicher Konkretion, und zwar mit Blick auf die harte Welt der Realitäten. Diesen, nämlich einer Vielzahl von realen Abläufen, Gesetzmäßigkeiten und Funktionszusammenhängen, muß die jeweilige Gestalt sittlicher Verbindlichkeit erst noch zugepaßt werden. Hier gilt es dann in erhöhtem Maße, Sachstrukturen zu erforschen und zu berücksichtigen, die Wirkungen allen Handelns mitzubedenken, mögliche Folgen in Rechnung zu stellen und auch für sie noch einzustehen. Verantwortliches Eintreten für ein anderes Sein darf sich vor der Fragen nach den realen Grundlagen und Voraussetzungen seiner Verwirklichung nicht hinwegstehlen und kann sich angesichts möglicher negativer Auswirkungen nicht exkulpieren.

Es war insbesondere der Soziologe Max Weber (1864–1920), der auf diese der Verantwortung eigene Verbindung von Sinn- und Sachbezug hingewiesen hat. Entsprechend optiert er für eine aus ethischer Gesinnung erwachsene *„verantwortungsethische"* Maxime, die im Blick auf die Welt der Realitäten davon ausgeht, „daß man für die (voraussehbaren) Folgen seines Handelns aufzukommen hat" (Weber ²1958, 540). Ihr stellt er eine *„gesinnungsethische"* Maxime gegenüber, die in idealistischem Rigorismus unter Absehung von der geschichtlichen Welt, „so wie sie wirklich ist", und ungeachtet des Erfolges, nach dem Unmöglichen greift und so das Mögliche nicht erreicht (vgl. ebd. 539ff). Im Gegensatz hierzu fühlt sich der Verantwortungsethiker auch für das verantwortlich, was er den Strukturen der Realität zumuten und was er ihnen an Besserungsmöglichkeiten abringen kann.

In einem Beispiel aus der Medizinischen Ethik gesagt: Ein Medizinstudent im 5. Semester mag sittlich sehr gut handeln, wenn er – aus bester Gesinnung – einen Menschen bei einem Blinddarmdurchbruch durch Eingriff zu retten versucht. Da er jedoch noch nicht über die notwendige medizinische Kompetenz verfügen dürfte, ist ein solches Tun sittlich nicht richtig. Der Patient wird die Prozedur nicht überleben. Für die Sorge der Verantwortung ist somit die Sachverhaltsseite, das Funktional-Richtige des Handelns, keine zu vernachlässigende Größe. Ganz im Gegenteil ist sie integrales Teilmoment des *Sinnes* der sittlich-guten Handlung selbst.

Versteht sich somit ökologisch ausgerichtete Pädagogik als eine *Pädagogik der ökologischen Verantwortung*, so müßte sie, dies ein erstes Zwischenergebnis, ihre Adressaten dazu befähigen, daß sie die an den Realitätsstrukturen abgelesene Sachverhaltsseite in den Sinnverhalt des sittlichen Anspruches einzubeziehen vermögen. Von daher nimmt eine solche Pädagogik der ökologischen

Verantwortung zwischen einer eher gesinnungsethischen Konzeption vom Schlage der „Ökopädagogik" und einer funktional-pragmatischen Einstellung im Sinne einer analytischen Umweltpädagogik eine vermittelnde Position ein. Entsprechend ist es dann ihr Anliegen, in den Adressaten umweltrelevanter Erziehungs- und Bildungsprozesse eine schöpferische Synthese von ökologischen Werthaltungen und Wertvorstellungen einerseits und von Kompetenzen zu deren sachgerechter Einlösung andererseits zu intendieren.

2. Bildung zu ökologischer Sachkompetenz

Was nun die Sachverhaltsseite betrifft, so müßte ökologisches Denken darin geschult werden, Maß zu nehmen an den vielfältigen Verfaßtheiten und Grenzsetzungen der natürlichen wie auch der sozialen Funktionsabläufe, innerhalb derer Werthaltungen und Intentionen erst ihre jeweils ganz konkrete Realisationsform erhalten. Gerade der Beachtung dieser *Sachverhaltsseite* von Verantwortung – gleichsam der „Natur der Sache" – auf den unterschiedlichen ökologischen Handlungsfeldern kommt gegenwärtig eine nie dagewesene Bedeutung zu, sofern es, wie zu Recht Hans Jonas hervorhebt, für Eingriffe im Zeichen moderner Technologien charakteristisch ist, daß sie „eine beispiellose kausale Reichweite in die Zukuft haben, begleitet von einem Vorwissen, das ebenfalls, wie immer unvollständig, über alles ehemalige weit hinausgeht. Dazu die schiere Größenordnung der Fernwirkung und oft auch ihre Unumkehrbarkeit" (Jonas [3]1982, 9).

Eben hier ist denn auch der Ort für das von der analytischen Umweltpädagogik herausgestellte Erfordernis einer breit angelegten, intellektuellen Schulung und Befähigung zum kritisch distanzierten, aufgeklärten Verstandesgebrauch sowie zur differenzierten Teilhabe am gesellschaftlichen Diskurs. Kurz, eine der ökologischen Verantwortung verpflichtete Pädagogik wird in ihren Adressaten auf die Erschließung einer profunden *ökologischen Sachkompetenz* abheben, welche die weitverzweigten Auswirkungen und Nebenfolgen menschlichen Handelns in bezug auf Natur und Gesellschaft zur Kenntnis nimmt und zu berücksichtigen lernt (vgl. Mertens 1995, 205–231). Zu gewährleisten ist all dies nur in Formen interdisziplinär angelegten Unterrichtens, sei es in Schule oder Erwachsenenbildung.

Ohne dies in unserem Kontext im einzelnen näher entfalten zu können, seien die folgenden leitenden Gesichtspunkte dennoch wenigstens angesprochen:

a) Neuer Denktypus

Während die bisherige westlich-abendländische Wissenstradition vornehmlich durch ein analytisch-isolierendes Denken gekennzeichnet ist, macht ökologisches Denken einen hierzu komplementären, neuen Wirklichkeitszugang erforderlich: ein sog. *systemisches Denken*, ein Denken in Mustern, das Erkenntnisleistungen erbringt wie die

- Erfassung dynamischer Strukturen, Verhältnisse, Situationen,
- die Durchdringung multipler Wirkungen aus einem übergeordneten Kontext,
- die Herausarbeitung der „Logik" und Struktur komplexer Vorgänge.

Es ist das besondere Verdienst von Frederic Vester, daß er nicht nur diese neue Struktur ökologisch-systemischen Denkens kenntnisreich herausgearbeitet, sondern auch anhand vielfältiger Beispiele pädagogisch fruchtbar gemacht hat (vgl. ders., 1975; 1976; 1980; 2. Aufl. 1983). Aus seiner Sicht ist heute denn auch nichts Geringeres als eine „zweite Aufklärung" vonnöten, sofern alle Teilsysteme im Schnittpunkt Natur/moderne Zivilisation den Charakter von vernetzten Beziehungsgeflechten aufweisen. Für derartige Wirknetze sei es charakteristisch, daß sie im Unterschied zu linearen Wirkungsketten durch eine Wechselbeziehung der Teilelemente nach einem *übergeordneten Strukturgesetz* konstituiert werden. Insofern bringe hier auch noch nicht die isolierte Kenntnis des Details, sondern erst das Verständnis des komplexen Geschehens *zwischen* den Teilelementen, also das Verständnis ihrer wechselseitigen Zuordnung in Gestalt von *Gesamtmustern*, die Erkenntnis des Ganzen.

Liegt es somit nahe, ökologisches Denken als ein *Denken in vernetzten Systemen* zu verstehen, so ließe sich von daher mit Blick auf eine Versöhnung von Mensch und Natur in generalisiertester Form eine oberste *funktionale* Leitnorm formulieren, wonach alles menschliche Handeln an Natur mittelfristig eine *„Rückvernetzung"* des industriellen Systems in das bio-ökologische System der Natur (ohne nachhaltige Störung ihrer Abläufe) zustande bringen müßte.

b) Inhaltlicher Umfang

Soll eine isolierende, fachimmanente Betrachtungsweise vermieden werden und soll die volle Verschränkung von Natur und menschlichem Soziosystem in den Blick kommen können, so muß Ökologie die Gestalt der *Humanökologie* annehmen. Lediglich bio-ökologisches Sachwissen und auch die Kenntnis der belastenden Einwirkungen menschlichen Handelns auf bio-ökologische Systeme für sich genommen sind hierzu nicht zureichend. Vielmehr müßte darüber hinaus auch deutlich gemacht werden, (1) inwieweit die spezifische Struktur bzw. Dynamik menschlicher Gesellschaften (die derzeitigen Industriegesellschaften mit ihren konstitutiven Präferenzsetzungen) die Wirkursache ist für eine Veränderung der bio-ökologischen Systemgrößen und (2) inwieweit sich die Struktur und Dynamik der durch den Menschen veränderten Ökosysteme auf den Menschen selbst, seine innere Natur und seine gesellschaftlichen Prozesse (z. B. im Bereich von Wohnen, von Arbeit, Freizeit, Kommunikation und Konsum) auswirken. Entsprechend müßten zunehmend auch *gesellschaftliche* (sozio-ökonomische, sozio-technische und sozio-kulturelle) Prozesse thematisiert werden, sowohl strukturell angelegte als auch solche der Entscheidungsfindung und nicht zuletzt auch der *politischen* Entscheidungsfindung, sofern hierdurch der Modus des Umganges mit Natur bestimmt wird. Und schließlich müßten die Auswirkungen von alldem auf Natur und Mensch sichtbar gemacht werden, d. h. die genannten Wissensbestände sind in ihrer Gesamtheit auf das einheitliche Wirkgefüge von bio-physischem Natursystem und menschlichem Soziosystem mit dem Menschen im Mittelpunkt hin auszulegen.

c) Didaktische Merkmale

Indessen, wie könnten solch interdisziplinär angelegten Lernprozesse im schulischen Unterricht verankert werden? – Offenkundig nicht mit Hilfe eines weiteren Einzelfaches, sondern vielmehr durch unterrichtliche Einbeziehung des ökologischen Gedankens als ein „Prinzip", als eine neue, originäre Sichtweise von Wirklichkeit, die generell alle Schulfächer und Schulstufen durchzieht.

Entsprechend wäre zumindest eine „personelle, inhaltliche und zeitliche Kooperation" vor allem in den Fächern Biologie, Geographie und Sozialkunde anzustreben (vgl. Eulefeld u. a. 1981, 21. 65). Ferner sollte die thematische Behandlung des ökologischen Anspruches vom „inneren Kreis" der klassischen ökologischen Fächer wie Biologie, Erdkunde und Sozialkunde auch auf den „äußeren Kreis" von Fächern wie Deutsch, Geschichte, Religion, Kunst- und Werkerziehung, aber auch Physik und Chemie ausgedehnt werden (Schmack 1982, bes. 94–106).

Soll nun aber hierbei jenes für die ökologische Betrachtungsweise typische *holistische Denken* zum Tragen kommen, so macht dies über die nachträgliche Perspektivenverschränkung von Einzelfächern hinaus eine gleichsam umgekehrte Vorgehensweise erforderlich, wonach komplexe ökologische Phänomene nun selbst angegangen werden. Hier erst wird der eigentliche Skopus ökologischer Lernprozesse erreicht.

Gemeint sind *reale* ökologische Situationen, Verhältnisse, *konkrete* Handlungsfelder, die auf ihre Genese, ihre Geschichte, ihren Problemgehalt, ihren Aufgabencharakter sowie auf menschliches Verhalten und Handeln hin befragt werden. Günther Eulefeld hat in bezug auf solche, für die Ökologie zentralen ökologischen Ganzheiten den Begriff der *„gegenständlichen Teilsysteme"* eingeführt, worunter er komplexe reale Verhältnisse naturnaher oder technisch-zivilisatorischer Art versteht, die aufgrund ihrer Relevanz für den Menschen und ihrer Beeinflussung durch ihn einen wichtigen Erfahrungsgehalt und Handlungsbezug von zugleich konkreter und allgemeiner Bedeutung aufweisen (vgl. Eulefeld u. a. 1981, 70–76, 82–84f). Ob es sich hierbei auf der Mikroebene um eine bestimmte Pflanze, ein Tier, einen schuleigenen Biotop, eine Mülldeponie, einen Spielplatz etc. oder auf lokaler bzw. regionaler Ebene um städtische Wohnsiedlungen, Verkehrsführungen, Grünanlagen, Wohn-, Arbeits- und Freizeitstätten der Menschen in der Stadt, die Gestaltung einer Kulturlandschaft, die Errichtung von Naturschutzgebieten etc. handelt oder ob schließlich globale Problemstellungen wie z. B. das Energie- oder Ernährungsproblem zur Sprache kommen, in jedem Falle sind diese „gegenständlichen Systeme", ganz im Sinne des „systemischen" bzw. „vernetzten" Denkens der Ökologie, nur aus der Sicht miteinander verbundener, verschiedenartiger Lebensbereiche zu verstehen. Insofern fordern sie, nicht zuletzt auch angesichts aktueller Brisanz, zur konkreten Auseinandersetzung heraus: „Es genügt nicht, einfach darüber vorzutragen. Nur im Tätigwerden der Lernenden, im aktiven ‚In-sie-hineingehen', im eigenen Handeln werden sie erfahrbar" (ebd. 104).

Von daher läßt sich jetzt festhalten: Ein Unterricht, der die Bildung zu ökologischer Sachkompetenz als Teil ökologischer Verantwortung begreift und intendiert, müßte Lernprozesse arrangieren, welche die Merkmale der Interdisziplinarität (Vernetztheit), der Situations- und Problemorientierung (Ganzheitlichkeit) aufweisen und zu konkretem Handeln (Verantwortlichkeit) stimulieren (vgl. auch Seybold 1990; vgl. ferner zahlreiche Anregungen für die Praxis in: ‚engagement' 1990). Hierfür lassen sich durchaus auch unterschiedliche Formen *schulischen* Unterrichts finden, angefangen von der fachbezogenen Kooperation über den fächerübergreifenden Unterricht bis hin zum Unterricht in Arbeitsgemeinschaften und Projektgruppen etc.

Die eigentliche Problematik ökologisch ausgerichteter Erziehung und Bildung liegt derzeit denn auch nicht im Didaktischen oder im Institutionell-Organisatorischen begrüdet. Insofern darf das Bildungsziel „ökologischer Sachkompetenz" in Theorie und Praxis als durchaus einlösbar betrachtet werden. Wirklich problematisch, was den gegenwärtigen Diskussionsstand angeht, erscheint demgegenüber der im folgenden zu behandelnde Komplex einer *Neuorientierung des Naturbezuges*, und dies in einem gesellschaftlich-zivilisatorischen Gesamtrahmen ständigen technisch-ökonomischen Eingreifens in Natur.

3. Zentrale Neuorientierung: Wertschätzung von Natur und Leben – auch „um ihrer selbst willen"?

Hier stellt sich dann zunächst die entscheidende Frage nach den Gründen, welche die Menschen in den hochentwickelten Industriegesellschaften veranlassen sollten, der Natur gerecht zu werden. Sollten sie dies lediglich intendieren, um menschliches Überleben zu sichern – eine bare ethische Selbstverständlichkeit – oder *auch* in „Ansehung" der Natur *um ihrer selbst willen?* – Ohne Zweifel ist dies die „Gretchenfrage" in der gegenwärtigen Diskussion, denn die jeweilige Einstellung zu diesem „um ihrer selbst willen" markiert am entschiedensten auch die jeweils vertretene Position. Und die Befürwortung einer umfassenden Wertschätzung von Natur darf nicht nur als Prüfstein für sittliche Sensibilität gelten, sondern sie ist, wie die „Ökopädagogik" zu Recht gezeigt hat, zugleich auch Prüfstein für die Möglichkeit menschlicher *Selbstentfaltung* und *Bildung* in einem als solchen erfahrenen *Sinnraum* der Naturwirklichkeit als ganzer.

a) Instrumentelle Verfügungsrationalität

Nun ist andererseits die moderne Industriekultur zweifellos tendenziell auf eine Vorherrschaft, ja Verabsolutierung technisch-ökonomischen Verfügens über Natur hin angelegt. Und die sie leitende instrumentelle Rationalität ihrerseits scheint, wie dies Norbert Hilgenheger erneut eindruckvoll belegt hat (vgl. den Beitrag in diesem Heft), etwas anderes an Natur überhaupt nicht mehr in den Blick nehmen zu können als eine entzauberte, weil verobjektivierte und nutzbar gemachte Welt. Steht am Ende also denknotwendig die von Scheler beschworene „Allverschlossenheit" der Welt und die Selbstentfremdung des Menschen?

Indessen muß eine sich derart totalitär gerierende Rationalität des Instrumentellen entschieden in ihre Schranken zurückverwiesen werden. Zwar bewirkte die seit der Neuzeit methodisch-exakt vorgehende Mittelrationalität, um einen hilfreichen Terminus von Wolfgang Kluxen aufzugreifen (1971), in der Tat einen „*Totalaspekt*" von Wirklichkeit, eine Gesamtsicht von „Welt" also. In beispiellosem Ausgriff ließ sie den Menschen bis in die Dimension des Universums, die äußere Natur, vorstoßen und machte ihn mit der Heraufkunft der Human- und Sozialwissenschaften in der Moderne auch noch zum Entdecker und Lenker seiner inneren Natur. Und dieser gigantische Einsatz verfügender Rationalität legitimiert sich durchaus unter dem Gesichtspunkt, daß er in humaner Absicht methodisch nach Mitteln der Daseins- und Weltbewältigung sucht.

Bewirkt also der methodische Naturbezug wissenschaftlicher Verfahrens- und Verfügungsrationalität einen Totalaspekt von Wirklichkeit, so bleibt er gleichwohl durch einen ganz bestimmten Horizont von Bedingungen eingegrenzt und ist „von Hause aus *qualitativ begrenzt*" (Kluxen 1971, 78). Er verfügt von sich aus nicht schon über die Vernunft der Zwecke, ist also „*partial*" (Teilausschnitt eines komplexen Ganzen), wenn auch nicht „partikular". Vermag jedoch jegliche instrumentelle Verfügungsrationalität jeweils nur *Bedingungen* der Weltbewältigung in den Blick zu nehmen und zu besorgen, ohne diese von sich aus auch als Bedingungen *sinnhafter* menschlicher Selbstverwirklichung ausweisen oder gar diese Selbstverwirklichung selbst je hervorbringen zu können, so darf sich solch rationale „Welt"-Sicht des Verfügungs- und Bewältigungswissens nicht zum *ausschließlichen* Totalaspekt von Wirklichkeit hin verlängern. Vielmehr bedarf sie notwendig der übergreifenden handlungsleitenden Sinnvernunft. Von daher muß sich technisch-ökonomische Rationalität und die durch sie erstellte „Welt" der Artefakte zugunsten jener Zwecksetzungsvernunft relativieren und zurücknehmen lassen, durch die sich die humane Existenz ihres Sinnes versichert.

b) Offenhalten eines Nicht-Verfügbaren, Nicht-Verzweckbaren an Natur

Von ganz anderem Verstehenszugang naturphilosophischer Provenienz läßt sich diese Argumentationsreihe denn auch weiter fortentwickeln. In seinem lesenswerten Buch „Wissenschaft als Lebensform" klagt Jürgen Mittelstraß eine dem modernen Wissen angepaßte „neue Theorie der Natur" bzw. „neue Theorie der Umwelt" ein (1982, 79). Gerade auch „technische Kulturen" brauchten neben dem rational verfügenden Verhältnis zur Natur ein Naturverhältnis der *Orientierung*, das über alles funktionalistisch-technische Verfügungswissen hinaus „Orientierungsleistungen" ermöglicht, die ein „Verständnis unseres Lebens im Ganzen" betreffen (ebd. 81).

Hierzu ein gekürzter Textauszug an zentraler Stelle (Mittelstraß 1982, 80f):

> „Im Gegensatz zu der in technischen Kulturen dominanten Auffassung der Natur als Reservoir natürlicher Ressourcen, über das der technische Verstand ‚haushaltend' verfügt, kommt es darauf an, Natur im Sinne des schon Gesagten wieder als Inbegriff dessen zu verstehen, *was wir sind.*
>
> Das setzt natürlich die Einsicht in den scheinhaften Charakter grenzenloser, wissenschafts- und technikgestützter Eigenmächtigkeit und insofern die Einsicht in den lebensverarmenden Charakter universalisierter Technikverständnisse voraus. Anders ausgedrückt: *was wir nicht können, muß wieder positiver Bestandteil* des Lebens, nicht Ausdruck scheinbar stets nur momentaner Verlegenheit sein.
>
> Natur, in diesem Sinne verstanden, ist – trotz aller Einflüsterungen technischer Kulturen – etwas, das wir nicht können. Zu dieser Natur gehören z. B. (und dieses Wissen hat zumindest die philosophische Tradition immer gegenwärtig gehalten) der Tod, den wir nicht abwehren können, und das Glück, das wir nicht herstellen können, aber eben auch ein *Leben schaffendes und Leben erhaltendes Sein,* das wir zwar in Teilen, aber nie als Ganzes etwa in dem Sinne beherrschen können, daß wir es auch durch ein Anderes, durch Artefakte nämlich, ersetzen könnten."

Es sind aus der Sicht abendländischer Philosophie recht lapidare und nahezu selbstverständliche, in Neuzeit und Moderne aber in Vergessenheit geratene Wahrheiten, die Mittelstraß den technischen Kulturen in Erinnerung ruft: so die Einsicht in die Engführung bloß funktionalistischen Wissens und Verfügens bzw. in die existentielle Bedürftigkeit des Menschen in bezug auf Orientierung und Sinnerfahrung; ferner das schlichte Eingeständnis der Grenzen menschlicher Eigenmächtigkeit bzw. die Wiederentdeckung dessen, was Natur uns gibt in dem, was wir nicht können, und was also an ihr unverfügbar ist; und schließlich der Hinweis auf das in der aristotelischen Philosophie bereits geläufige Verständnis von Natur als einem gegenüber dem Menschen eigenständigen, *autopoietischen* Wirkfeld, in das auch der Mensch mit all seinen Artefakten eingewoben ist und von dem er getragen wird.

Ausgangspunkt jeglichen Nachdenkens über den fundamentalen Bezug von Mensch und Natur kann daher nur die Einsicht in *Eigensein* und ursprüngliche Unabhängigkeit von Natur gegenüber allem vom Menschen Gemachten sein. Denn unbestreitbar stellt Natur mit ihren Erscheinungsformen, Abläufen und Strukturen eine sich gemäß den in ihr liegenden Organisationsprinzipien selbst erwirkende und ständig schöpferisch entwickelnde *poietische Ganzheit* dar (vgl. auch Mittelstraß 1991). Daß Natur und Leben ein eigenes *Sein,* einen Ordnungszusammenhang mit eigenen Gesetzen und Funktionsabläufen darstellen, dies erfährt der Mensch spätestens dort, wo er ihre Strukturen nicht hinlänglich beachtet, wiewohl er als organismisches Wesen doch ganz und gar in sie einbezogen bleibt und von ihnen abhängt. Natur in und außerhalb von uns setzt hier unüberschreitbare *Grenzen*. Und gerade die derzeitige ökologische Krisenlage mit ihren Auswucherungssymptomen hat dies nachhaltig bestätigt. Als autopoietisches *Wirkfeld* jedoch ist Natur gegenüber dem menschlichen Soziosystem bleibend die vorgängig ursprüngliche Größe; eine Größe mit ureigener Bedeutung, die alles trägt und umgreift.

Hier tritt dann für die umsichtig vernehmende menschliche Vernunft an Natur ein Ureigenes, Vorgängiges, mit bloßem Nutzenkalkül nicht Verrechenbares, gleichsam *Nicht-Verzweckbares* zum Vorschein. Am Anfang jeglichen humanen Naturbezuges, der diesen Namen verdient, müßte deshalb eine Sichtweise stehen, die jenseits aller technisch-ökonomischer Naturverzweckung in Natur fundamental ein *Leben schaffendes und Leben erhaltendes Sein* erblickt. Im Offenhalten dieses Nicht-Verzweckbaren wiederum vermag sich dann dem mit Natur umgehenden und sie im Medium von Kultur interpretierenden Menschen Natur als ein ‚oikos‘, ein Daseinsraum der Sinnerfahrung zu erschließen.

c) Naturbezüge der Orientierung

Zum vollen Bewußtsein gelangt dies in den unterschiedlichen Naturbezügen der Orientierung. So begegnet der Mensch (1) im *sinnlich-ästhetischen* Umgang der Natur als einem gewaltigen *Ausdrucksfeld* lebendiger Gestaltgebung von übermechanischem Sinnzusammenhang (vgl. Scheler GW VII, 112f), wobei ein jedes lebendige Wesen, das sich aus der Mitte des eigenen Zentrums heraus eine je eigene Formgebung aufbaut, durch Gestalt und Farbe, Ton und Duft, also in sinnlicher Darstellung, die aufnehmenden menschlichen Sinne „anzusprechen" vermag (vgl. Portmann 1973, 68f; Mertens 1995, 232–273). Das naturale Ausdrucksfeld korrespondiert hier mit der werterschließenden Formwahrnehmung des Menschen als eines geistig-personalen Sinnenwesens, wie dies die moderne Anthropologie unseres Jahrhunderts in Anknüpfung an die aristotelische Lehre von den „Seelenvermögen" sowie deren mittelalterlichem anthropologischen Pendant, der thomasischen Vorstellung von der „Geistseele" als „Formprinzip des Leibes", als *eine* ihrer Grundeinsichten wieder herausgearbeitet hat (vgl. Mertens 1995, 106–122. 160f). Danach vermag sich dem Menschen als diesem leib-geistigen Sinnenwesen nur über Sehen und Hören, Riechen und Tasten eine reale Welt zu eröffnen, eine Welt der Formen und Gestalten, die er in geistig-kulturell geformter sinnlicher Wahrnehmung in eine bewußt erlebte Symbolwelt des Wert- und Sinnhaften transponiert. Und entsprechend kann auch das Potential der affektiven und geistig-emotionalen Antriebskräfte und damit das höhere geistig-kreative Leben im Medium solch sinnlich affizierten, wert- und sinnhaften Erlebens überhaupt erst zur Entfaltung gelangen.

Aus eben diesen Grundeinsichten folgt zweifellos die entscheidende pädagogische Relevanz einer *Bildung* des menschlichen *Sinneslebens*. Zu Recht richtet deshalb der Zoologe Adolf Portmann mehrfach die Mahnung an die Pädagogik, in ihrem Bestreben um die Vermittlung einer erneuerten Natursicht bei der „Überzeugung von der ewigen Größe des naiven sinnlichen Lebens unseres Geistes" anzusetzen, „fest in der Tatsache gegründet, daß unser Leben, unser Alltag in der reichen sinnenstarken Welt (der Natur, Vf.) seine eigentliche Heimat hat" (ders., 30). Hierbei geht es Portmann keineswegs um eine irrationalistische Eliminierung der „theoretischen Funktion" des wissenschaftlichen Verstandesdenkens im Umgang mit Natur, sondern um ihre Gleichgewichtung mit jener „zweiten Komponente der geistigen Aktivität", der „ästhetischen Funktion" (vgl. Portmann 1973, 203 und 191f). Diese verläuft über das „Ursprüngliche" der natürlichen Sinnenwelt, also über die Wahrnehmung von „Form und Linie, Farbe und Laut, Geruch oder Tastgefühl" und formt hier auf der Basis eines „unmittelbar gefühlsstarken Erlebens" eine primäre Welt der „Qualitäten", des Wert- und Sinnvollen, der „Bilder" und „Wahrheiten", welche dann die Grundlage bilden für alles humane Bewerten und Verhalten (vgl. ebd. 192f, 197). Und jedes wirklich produktive Denken gerade auch des wissenschaftlichen Verstandes, jede „intuitive, spontane Schöpferarbeit" bedarf dieser ästhetischen Funktion sinnlich-geistigen Erlebens, des „Träumens und Wachträumens", sofern im produktiven Denken „das verborgene Weben in den tieferen Schichten unserer Persönlichkeit Tag und Nacht auf der Suche ist nach anschaulichen Lösungen für viele Aufgaben des Denkens und Fühlens" (ebd. 203).

Stellt sonach für Portmann jene geistige Aktivität eines über die sinnliche Wahrnehmung von Natur vermittelten geistig-emotional erfüllten, schöpferischen Sinn- und Werterlebens das unverzichtbare Komplement analytisch-empirischen Erkennens und Bewältigens dar, so ist in seinen Augen gleichwohl die abendländische Welt in folgenschwerer Weise „längst aus dem Zustand eines relativ harmonischen Gleichgewichts der geistigen Funktionen herausgeworfen" (Portmann 1973, 193). Entsprechend ruft er die Pädagogik auf, ihre Bildungsanstrengungen zentral wieder auf den Naturbezug geistig-sinnhafter Wahrnehmung zu richten. So müsse sie wieder die *sinnliche Kontaktaufnahme* ermöglichen und fördern; und dies bedeutet, sie müsse die tastende, hörende, riechende, sehende Kommunikation mit den Gegenständen, die einfühlende Wahrnehmung der sinnenfälligen, farbigen, duftenden, tönenden, geformten Andersartigkeit der Naturgebilde herbeiführen (vgl. Portmann 1973, 208). Dies meint nun keineswegs die Wiederbelebung einer sentimental-romantischen Naturerfahrung, sondern vielmehr die sachlich-nüchterne sinnliche Gestaltwahrnehmung. Insbesondere müßten sich hier die pädagogischen Bemühungen auf den Aufbau einer wirksamen, *neuen Natursicht* konzentrieren, die durch vertiefte Einsicht in *Wert* und *Größe* der Natur geleitet ist. Zur Realisierung dieser für ihn „zentralen Aufgabe des Abendlandes" empfiehlt Portmann die Erschließung der „Eigenart der ganz großen Höhepunkte des lebendigen Seins auf Erden" (ders. 1971, 29). Exemplarisch verweist er in diesem Zusammenhang auf die wundersame Welt der Vögel, die selbst noch im Großstadtleben wahrnehmbar ist, eine Welt voll feinster Orientierungsleistungen, in der, gelenkt von einem winzigen Steuerungssystem, Reisen von planetarischem

Ausmaß geschehen. Ferner verweist er auf das fremde große Leben der Delphine und der Wale, jener Wasserwesen, die eine erstaunliche Fülle von Lautbildungen hervorgebracht haben, in die wir eben erst eindringen. Und schließlich gehört hierzu auch die Existenz der Blütenpflanze, vor deren „offenbarem Geheimnis wir das Staunen wieder lernen können" (ebd. 32–34). Erst die pädagogische Vermittlung einer derartigen, „vom Wissen geförderten" Natursicht (vgl. ebd. 35f), welche die erfaßten Symbole, Muster und Strukturen der Erlebniswelt unserer „ersten" noch kindlichen Weltsicht ausweitet und dynamisch offen auslegt, erst sie ermöglicht es der wissenschaftlich vor- und ausgreifenden Vernunft, jederzeit in die sie tragende Dimension geistig-emotionalen Lebens und Erlebens zurückzukehren (vgl. Portmann 1973, 162).

Wie nun sinnlich-ästhetischer Naturumgang auch dem wissenschaftlich Denkenden die *Größe* von Natur vor Augen führen kann, so vermag (2) *religiös-kontemplativer* Naturbezug die *Tiefendimension* der Naturwirklichkeit als Ganzer erfahrbar zu machen. Ungeachtet aller rationalen Durchdringung von Natur nimmt Vernunft hier gleichsam „Fäden ins Unsichtbare" (Scheler GW II, 26) hinein wahr, nämlich einen Verweisungszusammenhang ins unauslotbar Geheimnisvolle, dem sie mit Scheu begegnet und das dem plumpen Willkürzugriff Einhalt gebietet. Hierin eröffnet die vernehmende Vernunft eine das Sicht-Fühl-Greifbare unserer Umwelt durchstoßende Perspektive, die, mit Max Scheler gesprochen, Natur und Leben eine „geheimnisvolle Tiefe und das Gefühl einer über unsere Horizonte hinausfließende Weite und Fülle (verleiht)", vor welcher der Verstand sich „seiner Enge und Begrenztheit bewußt wird" (GW X, 89).

Natur in ihrer Unergründlichkeit betrachten, dies erschließt einen Sinnhorizont, innerhalb dessen die Naturwirklichkeit als eine dem Menschen schlechthin vorgegebene Größe erfahrbar wird, die letztlich außerhalb der Grenzen des von ihm Herstellbaren liegt und die hierin eine umfassende Ordnung mit Geschenkcharakter indiziert, der sich der Mensch mit aller Kreatur konstitutiv zugehörig weiß, die ihn ermöglicht und trägt (vgl. Kampits 1978; Schwabe 1978). Das religiöse Empfinden aller Kulturkreise und Religionen hat, wenngleich in unterschiedlicher Akzentuierung und Dichte, auf diese Weise an Natur einen die rein sachliche Sicht erweiternden „Mehrwert" (Scheler GW VII, 89f) zum Vorschein gebracht, eine ins *Mysterium* weisende *ontologische Tiefe*. Erziehung zu religiös-kontemplativem Naturverständnis müßte entsprechend eine Sichtweise sensibilisieren, die im Blick auf Natur in uns und um uns den Sinn für das Wunderbar-Unergründliche offenhält. Im weitesten Sinne geschieht dies überall dort schon, wo solche Erziehung zum *Staunen* anleitet, wie ja seit den Anfängen der abendländischen Metaphysik zu Recht im Staunen der Ursprung und Grund allen kontemplativen Wirklichkeitszuganges gesehen wurde: „Warum ist überhaupt Seiendes und nicht vielmehr nichts?" (Heidegger 1958, 1).

Indessen, ist uns empirisch-wissenschaftlich Denkenden der Blick hierfür nicht bleibend versperrt? Offenkundig nicht prinzipiell. Denn, wo immer die

Wissenschaft ihre Gipfelpunkte erreichte, da haben ihre Träger den Blick auf das Unergründliche, Verehrungswürdige in Natur geschärft und geweitet (vgl. Scheler III, 30). Dies gilt nicht zuletzt auch für die beiden Autoritäten unseres Jahrhunderts, die mit ihren bahnbrechenden Theorien die heute bestimmende Natursicht des Atomzeitalters wohl am nachhaltigsten geprägt haben, nämlich für *Max Planck*, den Begründer der Quantentheorie, und für *Albert Einstein*, den Vater der Relativitätstheorie. Sie beide kommen darin überein, daß „die überall wirksamen und doch geheimnisvollen Mächte" der Natur dem wissenschaftlichen Betrachter eine Form *„kosmischer Religiosität"* geradezu abverlangen (vgl. Planck 1971 sowie Einstein 1981).

Vor diesem Hintergrunde hebt Planck mit Nachdruck auf die unüberschreitbaren *Grenzen* jeder naturwissenschaftlich-exakten Betrachtungsweise ab. Von daher bleibe für den experimentierenden Naturwissenschaftler, der mit der Entdeckung jedes neuen Gesetzes das Erstaunliche und Rätselhafte im Aufbau seines Weltbildes steigert, Natur „ebenso wunderbar und unerklärlich wie für das Kind ... mit seiner primitiven Klapperbüchse" (Planck 1971, 18f). Und ähnlich spricht Einstein davon, die wissenschaftliche Natursicht stoße überall auf das „Wissen um die Existenz des für uns Undurchdringlichen", „die Ahnung von dem wunderbaren Bau des Seienden". Insofern sei es letztlich eine „kosmische Religiosität", eine „Hingabe an das Wunderbare", welche die wissenschaftliche Forschung antreiben. Eben diese elementare Naturreligiosität bestehe jedoch im Staunen über jene Naturgesetzlichkeit, „in der sich eine so überlegene Vernunft offenbart, daß alles Sinnvolle menschlichen Denkens und Anordnens dagegen ein gänzlich nichtiger Abglanz ist" (Einstein 1981, 10. 17. 18). – Offenkundig war es denn auch nicht die wissenschaftliche Natursicht der Forschung, die das Verständnis für Geheimnis und Tiefendimension der Natur abstumpfen ließ; hingegen dürfte diese Abstumpfung eher im Zuge einer Isolierung und Verabsolutierung methodisch-empirischer *Verfügungs*rationalität entstanden sein, wie sie in einem *dominant* ökonomisch-technischen Naturbezug ja tendenziell angelegt ist.

Sowohl die religiös-kontemplative Tiefenerfahrung als auch die sinnlich-ästhetische Größenerfahrung von Natur bringt für die umsichtig vernehmende menschliche Vernunft an Natur ein Ureigenes, Vorgängiges, Nicht-Verfügbares, ein mit bloßem Nutzenkalkül nicht Verrechenbares, gleichsam ein *Nicht-Verzweckbares* zum Vorschein. Angesichts dessen liegt schließlich nun auch (3) die pädagogische Aufgabe einer *ethischen* Sensibilisierung im Umgang mit Natur auf der Hand. Entsprechend müßte ökologisch ausgerichtete Pädagogik dazu anregen, Natur in ihrer Gesamtheit wie in ihren lebendigen und unbelebten Teilgebilden *sittlich* zu begegnen, d. h. mit Wertschätzung, Rücksichtnahme und Respekt – auch *„um ihrer selbst willen".*

Vor seiner Würde als Vernunft- und Freiheitswesen ist es sich der Mensch mithin schuldig, Eigensein und Eigenbedeutung der ihn tragenden und umgreifenden natürlichen Lebenswirklichkeit als ganzer zu achten und zu respektieren. Oder umgekehrt formuliert, da sich dem Menschen im begegnenden Umgang mit Natur diese als eine Wirklichkeit möglicher Sinnerfahrung von eigenem Sein erschließt, ist es seiner sittlichen Vernunft zuwider, Natur eben dieses ihres Eigenseins und ihrer möglichen Sinnqualität zu berauben, wodurch sie ontologisch entleert würde zum bloßen Substrat beliebiger Nutzung. Zwar wird sich der Mensch als technisch-ökonomisches Wesen auch weiterhin genötigt sehen, Natur partial zu verobjektivieren und zu versachlichen, aber auch in dieser Objektivierung bleibt an Natur ein Horizont von Unverfügbarem erkennbar und sie selbst weiterhin möglicher Sinnraum seines Daseins; ebenso, wie ja auch im Eingreifen und Verfügen die funktionalen Eigengesetzlichkeiten von Natur beachtet werden müssen.

Von daher bedarf es gegenwärtig in der Tat, wie dies seitens der theologischen Ethik etwa Alfons Auer (1984, 51) mit Nachdruck fordert, der radikalen Revision jener *ausschließlich* verobjektivierenden Grundeinstellung, welche die ökologische Krise zentral mitverursacht hat, „nämlich der dualistischen Gegenüberstellung von Mensch und Natur als Subjekt und Objekt". Spricht es doch wider alle Erfahrung anzunehmen, das gewaltige Potential der Natur habe einzig die Bedeutung, vom Menschen als ein Reservoir von Mitteln für bestimmte Zwecke funktional auf seine Bedürfnisse hin ausgelegt und genutzt zu werden (vgl. Birnbacher 1980, 103–139). In vergleichbar naiver teleologischer Verzweckung der Naturphänomene auf den Menschen hin hatte bekanntlich ja noch mancher Aufklärungsphilosoph unterstellt, Sterne und Mond seien dafür da, dem Menschen nachts zu leuchten. Gegenüber solch „anthropozentristischem Funktionalismus" muß sittlich verantwortliches Denken und Handeln nachdrücklich für eine Orientierung eintreten, die dem poietisch Eigenen der Natur gerecht wird. Dies aber bedeutet: Eine Pädagogik der ökologischen Verantwortung muß zunächst einmal eintreten für sittliche Haltungen wie Achtung, Behutsamkeit, Ehrfurcht, „Obsorge", Respekt gegenüber der Wirklichkeit der Natur im ganzen wie in ihren Teildimensionen. Auf dieser Basis ist es dann auch möglich, die Adressaten von Erziehungs- und Bildungsmaßnahmen zu einer Synthese mit ökologischer Sachvernunft, und d. h. zum verantwortlichen Urteilen, Abwägen und Handeln im Einzelfalle zu befähigen (vgl. Mertens 1996).

Fazit: Im sinnlich-ästhetischen, religiös-kontemplativen und im ethischen Naturbezug der Orientierung kommt sonach komplementär zum Naturbezug instrumenteller Verfügungsrationalität sowie technisch-ökonomischen Verfügens ein Nicht-Verzweckbares an Natur zum Anblick, in dessen Horizont sich die Naturwirklichkeit als menschlicher ‚oikos', Sinnraum des Menschen und Raum seines selbstzwecklichen Daseinsvollzuges auftut.

Bildung zu ökologischer Humanität läßt sich mithin verstehen als die Selbstformung des Menschen zu einem *verantwortlichen* Naturumgang, kraft dessen er bei allem Eingreifen und Verfügen ein *Nicht-Verzweckbares* an Natur *offenhält* und eben hierin seiner eigenen Selbstzwecklichkeit bleibend gewahr wird.

Literatur

Auer, Alfons: Umweltethik. Ein theologischer Beitrag zur ökologischen Diskussion. Düsseldorf 1984.

Beer, Wolfgang: (K)ein Feld für Pädagogen. In: Ders. – de Haan, Gerhard: Ökopädagogik. Aufstehen gegen den Untergang der Natur. Weinheim 1984.

Beer, Wolfgang – de Haan, Gerhard (Hg.): Ökopädagogik. Aufstehen gegen den Untergang der Natur. Weinheim 1984.

Birnbacher, Dieter (Hg.): Ökologie und Ethik. Stuttgart 1980.

Buchwald, Konrad: Der Beitrag ökologisch-gestalterischer Planung zu Gesamt- und Fachplanungen. In: Handbuch für Planung, Gestaltung und Schutz der Umwelt, hg. v. Buchwald, K. – Engelhardt, W., 4 Bde. München 1978–1980, Bd. III, 1–26.

Buchwald, Konrad: Problematik und Lösungsversuche im Rahmen des Naturschutzes – Naturschutzplanung. In: Ders. – Engelhardt, W. (1978–1980), Bd. III, 432–456.

Buchwald, Konrad: Umwelt und Gesellschaft zwischen Wachstum und Gleichgewicht. In: Ders. – Engelhardt, W. (1978–1980), Bd. IV, 1–32.

De Haan, Gerhard: Die Schwierigkeiten der Pädagogik. In: Beer, Wolfgang; Ders.: Ökopädagogik. Aufstehen gegen den Untergang der Natur. Weinheim 1984, 77–91.

De Haan, Gerhard: Natur und Bildung. Perspektiven einer Pädagogik der Zukunft. Weinheim 1985.

Einstein, Albert: Mein Weltbild (hg. v. Carl Seelig. Ullstein TB 35024). Frankfurt 1981.

‚engagement‘, Zeitschrift für Erziehung und Schule: Umwelterziehung, Heft 1, 1990.

Eulefeld, Günter: Veränderung des Umweltbewußtseins eine Aufgabe der Schule? In: Fietkau, Hans-Joachim – Kessel, Hans (Hg.): Umweltlernen. Veränderungsmöglichkeiten des Umweltbewußtseins. Königstein 1981.

Eulefeld, Günter – Kapune, Thorsten (Hg.): Empfehlungen und Arbeitsdokumente zur Umwelterziehung. München (IPN-Arbeitsbericht 36) 1978. Kiel 1979.

Heger, Rolf-Joachim u. a. (Hg.): Wiedergewinnung von Wirklichkeit. Ökologie, Lernen und Erwachsenenbildung. Freiburg i. B. 1983.

Heid, Helmut: Ökologie als Bildungsfrage. In: Zeitschrift für Pädagogik, 38. Jg. 1983, 113–138.

Heidegger, Martin: Einführung in die Metaphysik. Tübingen ²1958.

Honnefelder, Ludger: Welche Natur sollen wir schützen? In: GAIA 2, 1993, no. 253–264.

Illich, Ivan: Die drohende Ökokratie. In: Beer, Wolfgang – de Haan, Gerhard (Hg.) Ökopädagogik. Aufstehen gegen den Untergang der Natur. Weinheim 1984, 24–31.

Jonas, Hans: Das Prinzip Verantwortung. Versuch einer Ethik für die technologische Zivilisation. Frankfurt a. M. 31982.

Kahlert, Joachim: Alltagstheorien der Umweltpädagogik. Eine sozialwissenschaftliche Analyse. Weinheim 1990.

Kahlert, Joachim: Die mißverstandene Krise. In: Zeitschrift für Pädagogik, 37. Jg., 1991, 97–122.

Kampits, Peter: Natur als Mitwelt. Das ökologische Problem als Herausforderung für die philosophische Ethik. In: Schatz, Oskar (Hg.): Was bleibt den Enkeln? Die Umwelt als politische Herausforderung. Wien 1978.

Kluxen, Wolfgang: Humane Existenz in einer technisch-wissenschaftlichen Welt. In: Janssen, Heinrich: Technokratie und Bildung. Trier 1971.

Konferenz der Kultusminister: Berichte der Kultusminister-Konferenz 1982, 1986, 1992.

Mertens, Gerhard: Ethik und Geschichte. Der Systemansatz der theologischen Ethik Werner Schöllgens. Mainz 1982.

Mertens, Gerhard: Umwelterziehung. Paderborn–München–Wien–Zürich, 31995.

Mertens, Gerhard: Die Kategorie der Verantwortung. Überlegungen zum Leitziel der Moralerziehung. In: Vierteljahrsschrift für Wissenschaftliche Pädagogik 4/95, 426–441.

Mertens, Gerhard: Mensch und Natur. In: Praktische Philosophie, hg. v. Honnefelder, Ludger – Krieger, Gerhard, Bd. 2, 1996.

Mittelstraß, Jürgen: „Aneignung und Verlust der Natur". In: Wissenschaft als Lebensform. Frankfurt a. M. 1982.

Mittelstraß, Jürgen: „Leben mit der Natur – Über die Geschichte der Natur in der Geschichte der Philosophie und die Verantwortlichkeit des Menschen gegenüber der Natur". In: Schwemmer, Oswald (Hg.): Über Natur – Philosophische Beiträge zum Naturverständnis. Frankfurt a. M. 1991, 37–62.

Peccei, Aurelio (Hg.): Club of Rome, Zukunftschance lernen. Bericht für die achtziger Jahre. München 1980. (Original: No Limits to Learning: Bridging the Human Cap, Oxford) Planck, Max: Sinn und Grenzen der exakten Wissenschaft (hg. von Fritz Krafft). München 1971.

Portmann, Adolf: Naturschutz wird Menschenschutz. Zürich 1971.

Portmann, Adolf: Vom Lebendigen. Versuche zu einer Wissenschaft vom Menschen (Suhrkamp TB 346). Frankfurt a. M. 1973.

Scheler, Max: Gesammelte Werke, hg. v. Scheler, Maria. Bern [4]1955.

Schmack, Ernst: Chancen der Umwelterziehung. Grundlagen einer Umweltpädagogik und Umweltdidaktik. Düsseldorf 1982.

Schmied-Kowarzik, Walter: „Rücksichtslose Kritik alles Bestehenden". In: Beer, Wolfgang – De Haan, Gerhard (Hg.): Ökopädagogik. Aufstehen gegen den Untergang der Natur. Weinheim 1984.

Schulz, Walter: Philosophie in der veränderten Welt. Pfullingen [2]1972.

Schwabe, Gerhard H.: „Ehrfurcht vor dem Leben" – eine Voraussetzung menschlicher Zukunft. In: Schatz, Oskar (Hg.): Was bleibt den Enkeln? Die Umwelt als politische Herausforderung. Wien 1978.

Seyboldt, Hansjörg: Umweltbewußtsein und Umwelterziehung in der Bundesrepublik Deutschland. In: ,engagement', Zeitschrift für Erziehung und Schule, 1/1990, 34–47.

UNESCO-Kommissionen der Bundesrepublik Deutschland, Österreichs und der Schweiz (Hg.): Zwischenstaatliche Konferenz über Umwelterziehung, Schlußbericht und Arbeitsdokumente der von der UNESCO in Zusammenarbeit mit dem Umweltprogramm der Vereinten Nationen (UNEP) vom 14.–16. 10. 1977 in Tiflis (UdSSR) veranstalteten Konferenz. München–New York–London–Paris 1979.

Vester, Frederic: Denken, Lernen, Vergessen (dtv TB 1327). München 1980.

Vester, Frederic: Ballungsgebiete in der Krise. Eine Anleitung zum Verstehen und Planen menschlicher Lebensräume mit Hilfe der Biokybernetic. München 1976.

Vester, Frederic: Neuland des Denkens. Vom technokratischen zum kybernetischen Zeitalter. Stuttgart 1980.

Weber, Max: Gesammelte politische Schriften. Tübingen [2]1958.

Rainer Götz

Zum Verhältnis von Physik und Bildung
Bildungsziele des Physikunterrichtes
und ihre aktuelle Umsetzung

Einführung

Innerhalb der Pädagogik gibt es eine weitgehende Übereinstimmung über die sogenannte Grundbildung.[1] Sie soll jene Kenntnisse und Fähigkeiten umfassen, die es dem Menschen ermöglichen, seine Welt interpretieren und in ihr bestehen zu können. Bildung ist offenbar eine Leitvorstellung, die sich von anderen wie Erziehung, Sozialisation, Qualifikation oder Kompetenz unterscheidet. Wenn es um die Frage der personalen Bildung geht, verstehe ich darunter folgendes: Bildung ist einmal Vorgang, ein anderes Mal Ergebnis und dann auch wieder beides. Bildung ist das eigentümliche Verhältnis des Menschen zu sich selbst, zur Welt und zu Gott, was immer der einzelne darunter versteht. Die Welt, das sind die Mitmenschen, die Ethik, das Recht, das Schöngeistig-Literarische; die Welt, das ist aber auch die uns umgebende Natur. Dieses Verhältnis des Menschen zur Natur ist daher ein Aspekt seiner Bildung. Es hat sich in den Anfängen der europäischen Geistesgeschichte entwickkelt und seither einige Wandlungen durchlaufen.

Von den Ursprüngen – Altertum und Mittelalter

Die Anfänge finden wir bei den Griechen.

Während Homer (um 800 v. Chr.) in seinen Epen Ilias und Odyssee die Götterbilder und das Menschenbild der Griechen zeichnete, machte Hesiod (um 700 v. Chr.) auch Aussagen zur Entstehung der Welt: Chaos, Äther und Eros waren die Uranfänge des Alls.[2] Das Chaos habe sich gegliedert zum Kosmos, der aus Erde, Unterwelt und Himmel bestehe. Der Kosmos, die Natur (griech.: Physis) sind geordnet. Im Kosmos lebt der Mensch, der dieser Ordnung bedarf.[3]

Die Mythologien enthalten auch andere Grundfragen, wie die nach der Vergänglichkeit des Lebens, nach dem Ursprung des Bösen, nach Verantwortung und Schuld. In bildhaftem Denken und in dichterischer Sprache wurden kon-

---

[1] Menze, Clemens: Bildung. Staatslexikon, hg.: Görres-Gesellschaft, Bd. 1. Freiburg 1985, S. 783ff.
[2] Hirschberger, Johannes: Geschichte der Philosophie, Bd. I. Freiburg, 1957, S. 10ff.
[3] Kather, Regine: Der Mensch – Kind der Natur oder des Geistes? Wege zu einer ganzheitlichen Sicht der Natur. Würzburg 1994, S. 16.

krete Einzelfälle intuitiv verallgemeinert, auf Leben und Welt übertragen und so das ganze Sein und Geschehen gedeutet.

Etwa 100 Jahre später (etwa 600 v. Chr.) suchten die Vorsokratiker die Urgründe für alles Sein auf eine neue Weise. Sie lebten nicht mehr aus dem mythologischen Geistesgut, sondern beobachteten die sie umgebenden Naturerscheinungen eingehender und begannen, sie mit der eigenen Vernunft zu ergründen.

Für Thales von Milet galt das Wasser als Urgrund, für Anaximines die Luft, für Heraklit das Prinzip πάντα ῥεῖ.

Das neue Denken der Vorsokratiker war der Übergang vom Mythos zur Philosophie. Die Mythologie hatte bereits ethische Grundwerte für die Paideia der Griechen geliefert, die Erziehung zu musischer, gymnastischer und politischer Befähigung. Philosophisches Denken wurde der Paideia – der Pädagogik – nun einverleibt. Seither gehört zu ihr neben der Erziehung auch die Bildung, worunter man damals die Hinwendung zum Denken des Maßgeblichen verstand.

Die denkerische Auseinandersetzung der Vorsokratiker mit der Natur war bereits ein neuer Abschnitt im Verhältnis des Menschen zur Natur. Der Mensch, der bisher in die Natur mit ihrer Götterwelt eingebunden war, gewann neue Einsichten, indem er sich der Natur entgegensetzte.

Im Mittelalter, nach der Ausbreitung des Christentums in Europa, wandeln sich Haltung und Weltbild von Grund auf.[4] Der Mensch glaubt an die biblische Offenbarung; die Beziehung zwischen Mensch und Gott wird zum großen Thema. Die Offenbarung macht ihn einer Gotteswirklichkeit gewiß, welche außer und über der Welt steht. Wohl ist Gott auch in der Welt, denn sie ist von ihm geschaffen, er gehört aber nicht zur Welt, sondern ist ihr gegenüber souverän. Glauben heißt nun, der Selbstoffenbarung dieses Gottes vertrauen. Dadurch entsteht eine neue, weder vom Mythischen noch vom Philosophischen her zu gewinnende Grundlage des Daseins.

Kopernikus und Galilei – Renaissance und Beginn der Neuzeit

Im Weltbild des Mittelalters war das Ganze des Kosmos eine Kugel. In ihrer Mitte befand sich die ebenfalls kugelförmige Erde. Um sie kreisten die Sphären – ungeheure Schalen aus unvergänglicher Substanz – welche die Planeten und Gestirne trugen. Um die äußerste Sphäre lag als das Unvorstellbare – der Himmel – der Ort Gottes.

Diesem erweiterten geozentrischen Weltbild des Ptolomäus aus dem 2. Jahrhundert n. Chr. setzte Nikolaus Kopernikus 1543 in seinem Werk „De revolutionibus orbium coelestium" (Über die Umdrehungen der Himmelssphären) die neue Vorstellung vom heliozentrischen System entgegen. Die Sonne und

---

[4] Guardini, Romano: Das Ende der Neuzeit. Würzburg 1950, S. 17ff.

nicht die Erde befinde sich im Mittelpunkt der Welt, die Erde umkreise die Sonne als Planet in gleicher Weise wie die anderen Planeten.

Wie war Kopernikus zu dieser anderen Sichtweise gekommen? Er hatte seinen Beobachtungsstandpunkt von der Erde auf die Sonne verlegt.

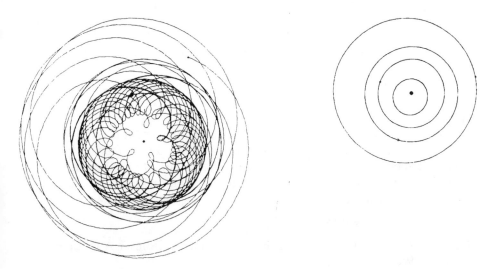

Abb. 1. Beide Bilder enthalten physikalisch gesehen dieselbe Information, die graphische Darstellung der Planetenbahnen von Merkur, Venus und Mars a) als wirres Knäuel von der Erde und b) zusätzlich mit der Erde als fast kreisförmige Ringe von der Sonne aus gesehen.

Die Konsequenz: Das von der Erde aus zu beobachtende wirre Knäuel der Planetenbahnen, das im geozentrischen Weltbild durch die umständliche Epizykeltheorie erklärt worden war, entwirrte sich zu den einfachen kreisförmigen Bahnen der Planeten um die Sonne.[5]

Dies war nicht nur eine wissenschaftliche Revolution, es bedeutete eine dramatische Erschütterung des Daseins- und Weltgefühls der Menschen: Wenn die Erde nicht mehr das geometrische Zentrum der Welt ist, scheint der Mensch auch seinen zentralen Standort in ihr zu verlieren, der seinem Sinnbedürfnis als Imago Dei entsprach.

Galileo Galilei, der Anfang des 17. Jahrhunderts mit seinem Fernrohr Jupiter-Monde, Krater und Erhebungen auf dem Erden-Mond entdeckte, votierte aufgrund dieser Fakten, die dem geozentrischen Weltbild widersprachen, ebenfalls für das heliozentrische. Zu welchem Konflikt dies mit der Katholischen Kirche führte, ist bekannt, da diese am alten Weltbild wegen seiner grö-

---

[5] Schlichting, Joachim: Wie sehen die Naturwissenschaftler heute ihre Welt, und welche Forderungen ergeben sich daraus für die schulische Bildung? Forum Realschule, Naturwissenschaftlicher Unterricht in der Realschule. Hg. Landesinstitut für Erziehung und Unterricht. Stuttgart 1995, S. 20ff.

ßeren Korrespondenz zum Schöpfungsbericht festhielt und damals noch nicht das allein religiös Sinnhafte der biblischen Aussage erkannte.

Die Renaissance war eine Zeit großer Aufbrüche. Die Menschen wollten unabhängig von vorgegebenen Mustern mit eigenen Augen sehen, mit eigenem Verstand prüfen und zu einem kritisch begründeten Urteil gelangen.

Diesem Zeitgeist entsprach der neue Ansatz Galileo Galileis zur Deutung des Freien Falls. Aristoteles, der große Philosoph und Gelehrte des Altertums (4. Jh. v. Chr.), hatte, von der sinnlichen Erfahrung ausgehend, gefolgert, daß die Sinkgeschwindigkeit eines Körpers seiner Schwere proportional sei. Galilei behauptete hingegen: Das Wesen der Bewegung frei fallender Körper lasse sich nicht beim freien Fall in Luft oder einem anderen Medium beobachten, sondern nur beim freien Fall im Vakuum.[6]

Galilei extrapolierte spekulativ von immer weiter verdünnten Medien auf das Leere. Für den freien Fall im Vakuum setzte er die einfachste Form der Geschwindigkeitszunahme an. Es sollte eine beschleunigte Bewegung sein, die von Anfang an in gleichen Zeiten gleiche Geschwindigkeitszuwächse erteilt. Seine Überlegungen lauten:

$$v \sim t \text{ also } v_1 \sim t_1, v_2 \sim t_2 \rightarrow v_E \sim t_E$$

Der Quotient aus den zugehörigen Werten muß bei dieser Annahme einen konstanten Wert haben. Also

$$\frac{v_1}{t_1} = g \qquad \frac{v_2}{t_2} = g \rightarrow \frac{v_E}{t_E} = g$$

Die Endgeschwindigkeit beträgt danach $v_E = g \cdot f_E$. Als Durchschnittsgeschwindigkeit $\bar{v}$ während der Fallzeit $t = t_E$ setzte Galilei das arithmetische Mittel aus der Anfangsgeschwindigkeit $v_A = o$ und der Endgeschwindigkeit v_E an:

$$\bar{v} = \frac{v_A + v_E}{2} = \frac{v_0 + v_E}{2} = \frac{v_E}{2}$$

Die Durchschnittsgeschwindigkeit entspricht also der halben Endgeschwindigkeit. Setzen wir die Beziehung für $v_E = g \cdot t$ ein, so ergibt sich

$$\bar{v} = \frac{g \cdot t}{2}$$ und aus der Beziehung für die Geschwindigkeit

$$\bar{v} = \frac{s}{t}$$ folgert für die Weg-Zeit-Beziehung beim freien Fall:

$$s = \bar{v} \cdot t \rightarrow s = \frac{g \cdot t}{2} \cdot t = \frac{1}{2} g t^2$$

[6] Galilei, Galilco: Unterredungen und mathematische Demonstrationen über zwei neue Wissenszweige, die Mechanik und die Fallgesetze betreffend (1638). Ostwalds Klassiker 11. Braunschweig, Nachdruck 1973, S. 57ff und 141ff.

Galilei hat diesen Ansatz mit einer Kugel auf der schiefen Ebene überprüft. Mit einem Kurzzeitmesser kann man die Überprüfung direkt beim freien Fall durchführen. Wenn sich die Zeiten wie 1 : 2 : 3 : 4 verhalten, ist das Verhältnis der zurückgelegten Wege 1 : 4 : 9 : 16.

Dieses Vorgehen, diese Arbeitsmethode war der Beginn der heutigen Physik: das Hinterfragen der sinnlichen Erfahrungen, das Finden einer neuen Deutung – einer Hypothese – aufgrund einer sich auf Einfühlung in die Erfahrung stützenden Intuition – die Überprüfung der Hypothese durch geeignete Experimente. Hierzu müssen Variable isoliert werden, z. B. die Beziehung zwischen Weg und Zeit in ihrer mathematischen Struktur, und Meßreihen durchgeführt werden.

Das neue kopernikanische Weltbild, die neue Physik Galileis markierten wiederum ein neues Verhältnis des Menschen zur Natur. Es war der Anfang einer neuen Zeit – der Neuzeit in der europäischen Geschichtsschreibung.

Als Programmschrift für das neue Zeitalter wird das „Novum Organon" von Francis Bacon aus dem Jahre 1620 angesehen.[7] Die kontemplative Naturphilosophie solle sich zu einer aktiven Naturwissenschaft wandeln. Ihre Aufgabe sei es, der Natur ihre Geheimnisse zu entreißen. Die gewonnenen Erkenntnisse sollen nur noch dem Nutzen des Menschen dienen. „Wissen ist Macht" war die simplifizierende These. Die Natur wurde als eine nach kausalen Gesetzen funktionierende Maschine angesehen. Der Mensch steht ihr als Fragender und Denkender gegenüber. Nach René Descartes,[8] dem Vater des Rationalismus und der Philosophie der Neuzeit, sind denkender Geist und ausgedehnte Materie zwei völlig voneinander verschiedene Ordnungen. Der Geist ist spontan tätig, die Materie, die gesamte Körperwelt, zu der auch die Pflanzen, Tiere und die Leiblichkeit des Menschen gehören, ist nur mechanistisch zu beschreiben. Die Identität des Menschen läßt sich – wenn man zunächst alles in Zweifel gezogen hat – allein über sein Denken bestimmen: „Cogito, ergo sum" – lautete der bekannte Ansatz.

Revolutionen in der Physik – 20. Jahrhundert

1905 veröffentlichte Albert Einstein die spezielle Relativitätstheorie.[9] Sie revolutionierte die Physik. Ihre bekannteste Formel $E = mc^2$ stellte die Äquivalenz von Masse und Energie her. Sie machte die Freisetzung von Energie in der Sonne und in den Kernkraftwerken verständlich. Energie wird frei durch Umwandlung von Masse bei der Fusion bzw. Spaltung von Atomkernen. Weitere Konsequenzen waren:

---

[7] Bacon, Francis: Neues Organum. Übersetzt und herausgegeben von Anton Theobald Brück. Darmstadt 1981.
[8] Hirschberger, Johannes: Geschichte der Philosophie, Bd. II. Freiburg 1958, S. 80ff.
[9] Einstein, Albert: Zur Elektrodynamik bewegter Körper, Annalen der Physik 17, 1905, S. 891ff.

- die Existenz einer höchsten erreichbaren Geschwindigkeit, der Lichtgeschwindigkeit.
- Raum und Zeit können nicht unabhängig voneinander betrachtet werden, sie bilden zusammen die vierdimensionale „Raumzeit".

Damit wurden auch die Vorstellungen der klassischen Mechanik relativiert. Wenn die Lichtgeschwindigkeit in allen Systemen unabhängig von ihrem Bewegungszustand konstant 300 000 km/s beträgt, kann der Zeitverlauf nicht mehr unabhängig vom Bewegungszustand des Beobachters sein. Relativ zu einem anderen Beobachter kann Zeit langsamer oder schneller vergehen. Ein bekanntes Beispiel ist der Myonenzerfall im Genfer Speicherring des CERN.[10] Myonen sind ähnliche Mikroteilchen wie die Elektronen, allerdings sehr instabil. Ihre normale Halbwertszeit von 1,52 ms verlängert sich auf 44,6 ms, wenn die Myonen fast auf Lichtgeschwindigkeit (v = 0.99942c $\approx$ 299 000 km/sec) beschleunigt werden. Bewegte Uhren gehen eben langsamer als ruhende.

Gleichfalls revolutioniert wurde die Physik durch die Quantentheorie. 1900 fand Max Planck:[11]

Energie wird nicht kontinuierlich, sondern nur in Paketen abgegeben oder aufgenommen. Die Größe des Pakets wird durch das Plancksche Wirkungsquantum h (6,63 · 10⁻³⁴ Is) einerseits und andererseits durch die Frequenz f der Strahlung bzw. Welle bestimmt.

1905 konnte Einstein den Photoeffekt mit Hilfe der Quantentheorie erklären.[12] Wenn Licht auf eine Metalloberfläche auftrifft und dabei ein Elektron herausschlägt, so kommt es nicht nur als Welle an, sondern in der Wechselwirkung mit Materie zugleich als ein solches Energiepaket – als ein Photon. Wenig später stellte sich heraus, daß allen Mikroteilchen dieser Dualismus von Welle und Korpuskel eigen ist, und zwar auch Mikroteilchen mit einer Ruhemasse wie den Elektronen, den Protonen und Neutronen.

Wellen erfahren an Spalten, die in der Größenordnung der jeweiligen Wellenlänge liegen, Beugungserscheinungen. Es zeigte sich, daß bei diesen Beugungserscheinungen die Welle, genauer das Quadrat ihrer Amplitude, die Wahrscheinlichkeit bestimmt, ein Teilchen an einem bestimmten Ort zu finden.

Infolge der Beugung ist es unmöglich vorherzusagen, an welcher Stelle des Bildschirmes hinter einem beleuchteten Spalt z. B. Photonen auftreffen. Durch die Beugung wird auch die Impulsrichtung der Partikel verändert. Je genauer wir festlegen wollen, von wo die Partikel ausgehen, d. h. je enger wir den Spalt machen, desto größer wird die Unschärfe beim Impuls.

[10] Sexl, Roman; Kühnelt, Helmut u. a.: Physik 4. Wien 1992, S. 23.
[11] Planck, Max: Über das Gesetz der Energieverteilung im Normalspektrum, Annalen der Physik, 1901, S. 553ff.
[12] Einstein, Albert: Über einen die Erzeugung und Verwandlung des Lichts betreffenden heuristischen Gesichtspunkt, Annalen der Physik 43. 1927, S. 172ff.

Werner Heisenberg hat diesen Sachverhalt 1927 als Heisenbergsche Unschärferelation auf den Punkt gebracht:[13] Ort und Impuls von Teilchen können nicht gleichzeitig mit beliebiger Genauigkeit bestimmt werden.

Das durch Quanten- und Relativitätstheorie geprägte Weltbild der Naturwissenschaften des 20. Jahrhunderts ist nicht mehr das des Mechanismus. Die Beschreibungen der klassischen Mechanik haben nur noch Gültigkeit als Grenzfälle im Übergang vom Mikrokosmos zu den Dimensionen der Alltagswelt. Die gewohnten Vorstellungen von Ort, Bewegungsbahnen, Materie, Kausalität und der unabhängigen Rolle des Beobachters haben nur noch eine begrenzte Reichweite. Ein Schlüsselerlebnis war vor allem die Erkenntnis, daß der Zugriff des Beobachters das Beobachtete auf nicht vorher bestimmbare Weise verändert. Dazu Heisenberg: „Die Naturwissenschaft steht nicht mehr als Beschauer vor der Natur, sondern erkennt sich selbst als Teil dieses Wechselspiels zwischen Mensch und Natur."[14]

Schließlich: die Chaos-Physik. Sie hat erkannt, daß es auch im makroskopischen Bereich, im Anwendungsbereich der klassischen Physik prinzipielle Schranken für die Voraussagbarkeit gibt. Jede Suche nach Naturgesetzen basiert auf der Grundannahme, daß gleiche Ursachen zu gleichen Wirkungen führen. Diese Erfahrung liegt den gängigen Aussagen der Physik zugrunde, und sie besitzen deshalb auch ein hohes Maß an Verläßlichkeit und Vertrauenswürdigkeit. Man sagt: Ähnliche Ursachen führen zu ähnlichen Wirkungen (Starke Kausalität).

Es gibt allerdings auch andere Erfahrungen z. B. bei der Verläßlichkeit von Wettervorhersagen. Es war ein Meteorologe, der folgende Entdeckung machte: Er simulierte das Wetter auf seinem Computer; er wiederholte die Rechnung mit etwa den gleichen, nur etwas variierten Anfangsbedingungen und beobachtete eine sehr empfindliche Abhängigkeit des simulierten Wetterablaufes. Edward Lorenz nannte dies 1961 den Schmetterlingseffekt: Der Flügelschlag eines Schmetterlings kann die Ursache eines Wirbelsturmes sein. Man kann inzwischen für chaotische Systeme generell sagen: Kleine Unterschiede in den Anfangsbedingungen können zu völlig verschiedenem Verhalten führen. Man spricht im Unterschied zu der starken hier von der schwachen Kausalität und formuliert analog: Ähnliche Ursachen können zu völlig verschiedenen Wirkungen führen.[15]

Dazu die Beschreibung eines Experiments:

Wir lassen eine Eisenkugel im Schwerefeld der Erde und im Magnetfeld von drei in einem gleichmäßgen Dreieck angeordneten Magneten schwingen. Durch Reibung klingt die Schwingung ab, die Bahn wird irregulär, schließlich kommt das Pendel zur Ruhe, ohne daß die Endlage vorhersagbar wäre.

[13] Heisenberg, Werner: Über den anschaulichen Inhalt der quantentheoretischen Kinematik und Mechanik, Zeitschrift der Physik 43. 1927, S. 172ff.
[14] Heisenberg, Werner: Schritte über Grenzen. München 1984, S. 111f.
[15] Siehe Sexl, Roman; Kühnelt, Helmut u. a.: Physik 4, a.a.O. S. 7ff.

Abb. 2. Das magnetische Chaos-Pendel

Auf die Kugel wirkt eine vektoriell zusammengesetzte Kraft, die ihr nach dem Newton-Axiom F = ma eine Beschleunigung erteilt. Der von ihr in einer sehr kleinen Zeitspanne zurückgelegte Weg wird mit einer Differentialgleichung berechnet. Vom neuen Ort aus wird die Berechnung mit der dort wirkenden etwas veränderten Kraft fortgesetzt und zusätzlich die infolge der Geschwindigkeit der Kugel auftretende Reibungskraft in Abzug gebracht. Hierbei gilt, daß die Reibungskraft quadratisch mit der Geschwindigkeit zunimmt. So etwas läßt sich mit einem Computerprogramm in sehr, sehr vielen Einzelschritten durchrechnen.

Das Ergebnis: Es gibt drei Bereiche, von denen aus gestartet die Endlage der Kugel vorhersagbar ist; aber überall, wo sich zwei solcher Bereiche treffen, grenzt auch der dritte an. Die Kugel befindet sich dann jeweils auf einem schmalen Grat zwischen Tälern und niemand kann vorhersagen, in welches Tal sie kippen wird. Als Vergleich sei an einen auf der Spitze stehenden Bleistift erinnert, den man losläßt.[16]

Generalisierend für die chaotischen Systeme gilt: Die Abläufe erfolgen gesetzmäßig, aber mit Zwischenzuständen von „Labilität", bei denen das „Kippen" von kleinsten Veränderungen abhängt.[17]

---

[16] Peitgen, Heinz-Otto u. a.: „Fraktale in Filmen und Gesprächen" (Videofilm), Erläuterungen. Heidelberg o. J., S. 6ff.
[17] Haken, Hermann; Wunderlin, Arne: Die Selbststrukturierung der Materie. Braunschweig 1991, S. 381ff.

Abb. 3. Analogien für das Verhalten der Pendel-Kugel

Eine ausführliche Auseinandersetzung mit dem Thema „Naturwissenschaft und Menschenbildung" ist bei Theodor Litt zu finden.[18] Er betont vor allem die Methode, nach der Natur erforscht und Technik genutzt werden. Sie sei ein den Menschen prägender Faktor.

Die Natursicht Bacons ist Litt aber zu einseitig und zu unvollständig. Er unterscheidet daher drei Arten des Naturbezugs:

1. Die Natur ist Gegenstand des Erkennens und des zweckbestimmten Handelns (ähnlich Bacon).
2. Die Natur ist aber auch das Gegenüber des Menschen, mit der er umgeht, die er erlebt, ja die sogar zu ihm spricht.
3. Den beiden anderen Naturbeziehungen voraus liegt die dritte Beziehung: der Mensch ist auf die Natur angewiesen; denn Leiblichkeit ist Voraussetzung für Sprechen und Denken, für alles geistige und künstlerische Schaffen.

Ökokrise erzwingt neue Einstellung zur Natur – Ende des 20. Jahrhunderts

Etwa 35 Jahre nach Litt ist es notwendig, das aktuelle Verhältnis von Mensch und Natur erneut auszuloten und zu beschreiben. Hinter uns liegt ein Prozeß, der vor etwa 2500 Jahren in Griechenland seinen Anfang nahm:

1. Mit den Vorsokratikern beginnt im Altertum ein neues Verhältnis zur Natur, bei dem beobachtet, ergründet und argumentiert wird.
2. In der Renaissance entwickeln Galilei u. a. die empirische Methode, das messende Vorgehen der Naturwissenschaften. Der Mensch, das Subjekt, be-

---

[18] Litt, Theodor: Naturwissenschaft und Menschenbildung. Heidelberg 1959.

fragt mit dieser Methode das Objekt, die Natur. Sie gehorcht ausschließlich mechanischen Gesetzen. Der Mensch macht sich die Erde untertan im Sinne von Bacon.

3. Ende des 19. Jahrhunderts erschienen fast alle Fragen der Physik als abschließend gelöst. Relativitätstheorie, Quanten- und Chaos-Physik aber haben in unserem Jahrhundert wieder völlig neue Perspektiven eröffnet. Der Mensch empfindet sich wieder als Teil der Natur, als ein Natur- und Geistwesen.

Wir sind gewohnt, diesen Prozeß als Fortschritt und Modernisierung zu beurteilen.

Dieser Prozeß scheint uns jedoch in eine Krise geführt zu haben. Die Eingriffe in die Natur, die die moderne wissenschafts-fundierte Technik bewirken, haben eine Qualität erreicht, die den Bereich der Erdkruste und der Atmosphäre, der das Leben trägt, zu zerstören drohen.

Welche Konsequenzen sind zu ziehen und beginnen sich auch bereits abzuzeichnen?

Das Baconsche Zeitalter mit seiner hemmungslosen Herrschaft über die Natur, mit den rücksichtslosen Ausbeutungen muß ein Ende haben. Wir werden die Natur ebenso wichtig nehmen müssen wie uns selbst.[19]

Der Bildungsgehalt der Naturwissenschaften war sicher mit dem geschichtlichen Selbstverständnis der Baconschen Epoche verquickt. Wenn sie zu Ende geht, ist der Bildungsgehalt der Naturwissenschaften neu zu rechtfertigen, neu zu überdenken.

Diese kritische Frage ist daher auch dem Physik- und Naturwissenschaftlichen Unterricht unserer Schulen gestellt.

Die Antwort darauf kann lauten: Naturwissenschaftliche Bildung zielt auf eine Einstellung zur Welt, die grundlegend verschieden ist von animistischen, mythischen Vorstellungen von Welt, und sie bleibt stets offen für ihre Widerlegung.[20]

Das letztere bedeutet, daß die Überwindung naturwissenschaftlicher Positionen in unserer Kultur, wie wir gesehen haben, nur zu ihrer Integration in neue naturwissenschaftliche Positionen führte. Diese Entwicklung dürfte irreversibel sein. Es ist die Wissenschaft selbst, die bei Krisensituationen Alarm auslöst. Wir müssen darauf setzen, daß wir mit den Naturwissenschaften und den anderen Wissenschaften Wege aus dieser Ökokrise finden. Erste technologisch-pragmatische Lösungen wie der Autokatalysator, die Abluftentschwefelung, die photovoltaische Energiegewinnung zeichnen sich ab.

[19] Hilgenheger, Norbert: Krise der Wissenschaft – Krise der Bildung. Das Ende des Baconschen Zeitalters und die Not der Bildung. In: Wissenschaftliche Pädagogik, Heft 1, 1995, S. 3ff.

[20] Forneck, Hermann: Allgemeinbildung in der Realschule und der Beitrag der Naturwissenschaften. In Forum Realschule a.a.O., S. 46ff.

Es muß aber eine Versittlichung unseres Umgangs mit der Natur hinzukommen. Unsere Haltung sollte sich zu einer Wertschätzung der Natur entwickeln, die wir ihr nicht nur unseretwillen, sondern ihretwillen entgegenbringen.[21]

Das heißt, wir brauchen auch weiterhin den naturwissenschaftlichen Unterricht, um diese Einstellung zur Welt, den rationalen Diskurs zu vermitteln. Aber das allein genügt nicht.

Wir haben in Zukunft dafür Sorge zu tragen, daß die Schule nicht nur Sachwissen, sondern auch Orientierungswissen vermittelt.

Das Sachwissen, das Hilfen zur Erklärung der Welt gibt, ist zugleich auch Verfügungswissen. Es gibt Antwort auf die Frage: Wie kann ich etwas, was ich tun will, tun? Das Orientierungswissen dagegen beantwortet die Fragen: Was soll ich tun? Was darf ich tun? Was darf ich nicht oder nicht mehr tun? Das Orientierungswissen ist ein Wissen um Handlungsmaßstäbe, es bedeutet Sittlichkeit.[22]

Außerdem im Hinblick auf das Verhältnis zu sich selbst als Person: Der Physikunterricht mit seiner Einführung in naturwissenschaftliches Denken, der Vermittlung naturwissenschaftlicher Weltsicht und Weltverstehens, wird auch in Zukunft einen Beitrag und Voraussetzungen für die Möglichkeit des Menschen liefern, sich selbst als Vernunftwesen zu bestimmen. Er hilft, Identität sowie Selbstbestimmung zu erlangen und zu gebrauchen.

Schließlich ist die Natur auch das Gegenüber des Menschen, der sich von ihrer Schönheit ansprechen lassen und ihr mit ästhetischem, emotionalen Erleben begegnen darf.

Bildungsziele des Physikunterrichts und ihre aktuelle Umsetzung

Aufgrund des bisher Gesagten seien folgende Aufgaben des Physikunterrichts zusammenfassend genannt:
- Den naturwissenschaftlichen Bezug zur Welt als persönlichkeitsbildende Komponente entwickeln, am Beispiel ausgewählter Fakten und Gesetzmäßigkeiten der Physik, bei deren selbständigem Erarbeiten die physikalischen Denk- und Arbeitsmethoden kennengelernt und angewendet werden.
- Den Physikunterricht lebenspraktisch ausrichten, zur Meisterung des Lebens in einer naturwissenschaftlich/technisch geprägten Welt.
- Wissen für gesellschaftspolitisches Handeln erarbeiten, z. B. über die Verflechtung von Physik, Technik, Wirtschaft, Politik und Umwelt.
- Die emotionale Lebenswelt bereichern, indem der Natur in ihrer Ästhetik und Strukturiertheit begegnet wird.
- Mitwirken an der großen Aufgabe, ein neues bewahrendes Verhältnis zur Natur und ein entsprechendes Verhalten zu entwickeln.

---

[21] Mertens, Gerhard: Umwelterziehung. Paderborn 1995.
[22] Mohr, Hans: Qualitatives Wachstum, Losung für die Zukunft. Stuttgart 1995, S. 73ff.

Bei der Umsetzung dieser Bildungsziele im Physikunterricht gibt es zur Zeit zwei aktuelle Trends:

1. die konstruktivistischen Ansätze. Piaget, Bruner und Ausubel haben die sogenannte kognitive Wende in der psychologischen Theorie bewirkt; Wissen kann nicht einfach transferiert werden. Ein Lehrervortrag, auch wenn er durch Experimente unterstützt ist, garantiert in keiner Weise, daß die Lernenden die Inhalte in der Bedeutung übernehmen, die sie für den Vortragenden haben. Denn jeder Lernende geht von seinen eigenen Vorstellungen, Alltagsvorstellungen, Konzepten oder auch Mißkonzepten aus. Er kann neue Erkenntnisse nur gewinnen, indem er sie mit den bereits verfügbaren, eigenen gedanklichen Mitteln strukturiert oder eben konstruiert. Dazu kann man Grundsätzliches bei Ernst von Glaserfeld[23] oder bezogen auf den Physikunterricht bei Reinders Duit[24] und auf den Chemieunterricht bei Heinrich Stork[25] nachlesen.

Dem Konstruktivismus geht es um das selbständige und selbtätige Lernen also um Forderungen und Empfehlungen, die seit Beginn unseres Jahrhunderts von Kerschensteiner, später von Wagenschein und anderen formuliert wurden.

Es ist aber eben Neues hinzugekommen, das etwa mit den Stichworten Ausgangswissen, Assimilation und Akkomodation nach Piaget, Leben mit den Differenzen zum Wissen eines anderen Lernenden, angesprochen werden kann.

2. die Erlebnis-Pädagogik. Es gibt in unserer Gesellschaft einen deutlichen Akzent in Richtung Erlebnisorientierung. Bildungsangebote in der Erwachsenenbildung sind dann besonders gefragt, wenn sie einen hohen Erlebniswert versprechen; also nicht nur Ratio, sondern auch Emotion. Erlebnis kann aus der emotionalen Begegnung mit Naturphänomenen erwachsen, es kann ein intellektuelles „Aha- Erlebnis" in der Auseinandersetzung mit ihr sein, eine überraschende Sichtweise, die Erfahrung, sich etwas im Sinne des Verstehens zugänglich gemacht zu haben.

Wo und wie werden diese Trends im heutigen Physikunterricht realisiert: Eine praxisorientierte Beschreibung und Anleitung finden wir z. B. bei Labudde in seinem Werk „Erlebniswelt Physik".[26] Ebenso kann z. B. von einem Aufbruch in der beschriebenen Richtung seit der einwöchigen Tagung „Forum

---

[23] von Glaserfeld, Ernst: Einführung in den Konstruktivismus. München 1985.

[24] Duit, Reinders, Gräber, Wolfgang (Hg.): Kognitive Entwicklung und Lernen der Naturwissenschaften. Kiel 1993.

[25] Stork, Heinrich: Was bedeuten die aktuellen Forderungen „Schülervorstellungen berücksichtigen, konstruktivistisch lehren!" für den Chemieunterricht in der Sekundarstufe I? ZfDN 1, Heft 1, 1995, S. 25ff.

[26] Labudde, Peter: Erlebniswelt Physik. Bonn 1993.

Realschule" im März 1995[27] an einer Reihe von Realschulen in Baden-Württemberg berichtet werden.

Alle diese Bestebungen sind gekennzeichnet durch
- Abwechslung und Vielfältigkeit im methodischen Vorgehen (z. B. Schülerexperimente, arbeitsteiliger Gruppenunterricht, fächerverbindender Projektunterricht, Lernaufgaben, narratives Vorgehen mit historischen Elementen, Teilnahme an Wettbewerben, Jahresarbeiten, Freiarbeit).
- Schaffung der Voraussetzungen für selbständiges und selbstätiges Arbeiten (z. B. durch Klassenteilung, Epochenunterricht).

Das Kultusministerium Baden-Württemberg hat für die Realschulen dieses Landes ab dem Schuljahr 1996/97 einen Wettbewerb „NANU?! Realschule experimentiert" (Neues aus dem naturwissenschaftlichen Unterricht) ausgeschrieben. Das Team einer ganzen Klasse kann sich aus den Themenbereichen aller naturwissenschaftlichen Fächer einen Aufgabenbereich auswählen und auf eine bzw. mehrere der beschriebenen Weisen handlungsorientiert bearbeiten. Ziel des Wettbewerbs ist es
- das Interesse der Schüler am naturwissenschaftlichen Unterricht zu stärken,
- mehr Spaß an Naturwissenschaften zu entwickeln – Teamfähigkeit zu fördern,
- mehr Handlungsorientierung und Sozialkompetenz zu erreichen.

Hier und generell können schon bescheidene Ansätze Erfolge bringen – auch in dem Sinne, daß sie beginnen, den Geschmack von Schule positiv zu verändern.

---

[27] Leu (Hg.); Barthold-Weilandt, Marion; Götz, Rainer u. a. (Red.). Forum Realschule, Naturwissenschaftlicher Unterricht in der Realschule, Landesinst. f. Erziehung und Unterricht. Stuttgart.

Harald Ludwig

Natur und Naturwissenschaft in Bildungskonzepten der Reformpädagogik

Bevor ich mich näher mit der eigentlichen Thematik befasse, bedarf es einer kurzen Vergewisserung hinsichtlich der Frage, was hier unter „Reformpädagogik" verstanden werden soll. Angesichts der kontroversen Diskussion, die hierzu seit einiger Zeit geführt wird, erscheint dies nicht überflüssig (vgl. Ludwig 1995b).

1. Reformpädagogik als Epoche der Pädagogikgeschichte

„Reformpädagogik" kann in einem sehr weiten Sinn verstanden werden und bezeichnet dann alle pädagogischen Bemühungen, die auf Verbesserung einer bestehenden pädagogischen Praxis gerichtet sind. In diesem Sinne kennen wir „Reformpädagogik" nicht erst im Rahmen der neuzeitlichen Entwicklung, sondern schon, seitdem es überhaupt bewußte pädagogische Bemühungen und ein Nachdenken über sie gibt. So ist etwa die Kritik Platons an der Pädagogik der Sophisten oder auch am traditionellen griechischen Bildungswesen sicherlich „Reformpädagogik". Oder: Wenn der römische Philosoph Seneca in einem Brief an Lucilius formuliert „Non vitae, sed scholae discimus", so zielt diese Äußerung kritisch auf eine bestehende Praxis und deren Reformierung. Wir könnten solche Beispiele fast beliebig vermehren. „Reformpädagogik" in diesem Sinne ist ein ständiges Begleitmoment pädagogischer Reflexion und pädagogischen Handelns, das allerdings im Verlauf der Geschichte unterschiedlich intensiv in Erscheinung tritt, besonders deutlich in Krisenzeiten verschiedener Art.

Gleichwohl ist es üblich geworden, eine bestimmte Epoche in der Geschichte der Pädagogik in einem spezifischen Sinn als „Reformpädagogik" zu bezeichnen. Es handelt sich um den Zeitraum vom ausgehenden 19. Jahrhundert bis etwa zum Beginn des Zweiten Weltkriegs, also etwa von 1890 bis 1940. In diesen fünf Jahrzehnten können wir international eine besondere Intensität pädagogischer Reformbemühungen beobachten. Es ist in dieser Zeit eine Fülle von Denkansätzen, Konzepten, Ideen zur Verbesserung bestehender pädagogischer Praxis vorgelegt und zu einem großen Teil auch realisiert worden. Die Vertreter solcher Konzepte haben sich in zunehmendem Maße als Teilhaber einer umfassenden internationalen pädagogischen Reformbewegung verstanden und deshalb selbst von „pädagogischer Bewegung", „reformpädagogischer Bewegung" oder eben „Reformpädagogik" gesprochen (vgl. Ludwig 1993; Röhrs 1994; Scheibe 1994).

Das Spektrum der hier entwickelten Reformkonzeptionen ist allerdings außergewöhnlich breit. Es fällt angesichts der Unterschiedlichkeit der Ansätze schwer, einen einheitsstiftenden Grundgedanken zu finden. Am ehesten scheint mir nach wie vor die Formel einer „Pädagogik vom Kinde aus" für eine solche Grundorientierung geeignet zu sein. Natürlich ist mit dem Ausdruck „Kind" in dieser Formel nicht nur das Kind im engeren Sinn gemeint, sondern der junge Mensch überhaupt. Es geht letztlich darum, den Menschen – auch den Erwachsenen – im Rahmen von Erziehungs- und Bildungsbemühungen stärker zum Subjekt werden zu lassen, ihn gegen Verzweckung, Verformung, Vereinheitlichung zu schützen, ihn in seiner Freiheit, Individualität, Eigenaktivität und Selbständigkeit, aber auch in seiner Sozialität zu stärken. Nicht an der Gesellschaft, nicht am Staat, nicht an der Kultur oder den Wissenschaften, sondern am Menschen selbst mit seinen fundamentalen Bedürfnissen soll das Grundmaß für pädagogisches Denken und Handeln genommen werden. Man kann die Konzepte der Reformpädagogik verstehen als Versuche, gegenüber Entwicklungen der modernen Industriegesellschaft eine pädagogische Antwort zu geben, in deren Rahmen ein Beitrag zur Bewahrung der Humanität des Menschen geleistet werden soll.

Zu beachten ist ferner, daß es offensichtlich eine Entwicklung und Dynamik dieser reformpädagogischen Bemühungen gegeben hat. Auch wenn ich mich auf genauere Gliederungsversuche des Ablaufs der Reformpädagogik jetzt nicht einlasse, können wir doch feststellen, daß in jedem Fall eine Entwicklung von einer frühen Phase der Reformpädagogik, die vielfach durch ein geringes Maß an Selbstkritik gekennzeichnet war, hin zu einer Spätphase nach dem Ersten Weltkrieg stattgefunden hat, in der es teilweise zu kritischer Revision einseitiger Ansichten aus der Frühphase kommt (vgl. z. B. Zeidler 1926). Dies werden wir auch für unsere spezielle Thematik „Natur und Naturwissenschaft in Bildungskonzepten der Reformpädagogik" konstatieren können, der ich mich nun zuwende.

Wenn die These zutrifft, daß Bildungs- und Erziehungskonzepte der Reformpädagogik Versuche einer Antwort auf industriegesellschaftliche Entwicklungen darstellen, so wird sich dies nicht zuletzt in der Auffassung des Naturverhältnisses des Menschen und der Stellung zur Naturwissenschaft als eines wesentlichen Faktors dieser Entwicklungen niederschlagen. Ich versuche im folgenden, einen Überblick zu geben über Formen des Naturverhältnisses und den Stellenwert, den Naturwissenschaft in Bildungskonzepten der Reformpädagogik erhalten hat, ohne den Anspruch auf Vollständigkeit zu erheben und ohne auch auf Einzelheiten eingehen zu können. Dabei habe ich eine Typisierung von Positionen vorgenommen, deren Berechtigung sich durch meine Ausführungen erweisen muß.

2. Grundformen des Naturverhältnisses in Bildungskonzepten der Reformpädagogik

2.1 Zivilisations- und Fortschrittskritik und naive Naturverherrlichung

Wenden wir uns zunächst der frühen Phase der Reformpädagogik zu. Es ist bekannt, daß eine wesentliche Wurzel früher reformpädagogischer Bemühungen in der sogenannten „Kulturkritik" im ausgehenden 19. Jahrhundert gesehen wird. Diese Kulturkritik, die man auch als „Zivilisationskritik" bezeichnen könnte, bezieht sich vor allem auf Entfremdungserscheinungen, wie sie in vielfältigen Formen mit der industriegesellschaftlichen Entwicklung einhergehen. Diese Kritik zielt auf eine umfassende Lebensreform, umschließt aber auch eine Kritik der bestehenden Bildungsorganisation mit ihren Lehrplänen und Unterrichtsformen.

In diesem Rahmen wird „Natur" in ihrer Bedeutung für die Bildungsbemühungen des Menschen unter einer doppelten Perspektive thematisiert: zum einen als *innere* Natur des Menschen mit ihren spezifischen Bedürfnissen, zum anderen als *äußere* Natur.

Im Hinblick auf die *innere Natur* des Menschen kommt es darauf an, die Bildung des Menschen an seine ihm eigenen Bedürfnisse und Entwicklungsgesetze anzuschließen. Eigenständigkeit und Eigenwertigkeit der Entwicklungsphasen, die der junge Mensch bei seinem Weg zum Erwachsensein zu durchlaufen hat, sind zu respektieren. Vielfach beruft man sich in diesem Zusammenhang auf Rousseau, auf Pestalozzi, auf die Philanthropen, auf Fröbel oder andere Pädagogen der Vergangenheit. Natürliche Lern- und Bildungsformen sollen an die Stelle mechanischer Lerndrills treten. Die schöpferischen Kräfte des jungen Menschen sollen zur Entfaltung kommen und gefördert werden. Freie Arbeit, Selbsttätigkeit, Lernen durch Tun sollen an die Stelle einseitiger intellektueller Belehrung und vereinheitlichender „Abrichtung" im traditionellen Unterricht treten. Der Mensch sei von Natur aus gut; Erziehung und Bildung sollen diese guten Kräfte zur Geltung bringen und sich auswirken lassen.

Den besten Bildungsraum für den Menschen bietet wiederum die Natur, jetzt verstanden als *äußere Natur*. Sie gilt als der unverfälschte Lebensraum, in dem der junge Mensch sich in seiner Menschlichkeit angemessen finden und entwickeln kann. Der Zugang, der die Natur in ihren den Menschen fördernden Möglichkeiten erschließt, läßt sich aber primär nicht über die zergliedernde, analysierende, den Intellekt beanspruchende Naturwissenschaft gewinnen, sondern über das ganzheitliche, gefühlsorientierte Leben und Erleben in der Natur. Den Gegenpol zu der heilen Bildungswelt der Natur bildet die „Großstadt" mit ihrer Asphaltkultur, ihren öden Mietskasernen, ihrer Hektik und ihrem Lärm, den anonymen Massensituationen und den verwahrlosten Menschen. „Großstadt" fungiert hier als Chiffre, in der sich alle schädigenden Einflüsse der modernen Industriegesellschaft auf den Menschen, insbesondere den heranwachsenden jungen Menschen, verdichten. Großstadtkritik ist so zu verstehen als allgemeine Kritik an den Folgeerscheinungen der Industriegesellschaft.

Konkret kommen solche *Entfremdungserscheinungen* im Hinblick auf die heranwachsende Generation in Fakten zum Ausdruck, welche die Ferne von Stadtkindern gegenüber der Natur belegen. Nach einer empirischen Untersuchung aus der Zeit um die Jahrhundertwende kannten von 500 eingeschulten Stadtkindern der Bürgerschule Plauen u. a. 82 % keine Eiche und 80 % nicht den Vogel Lerche. 37 % der Kinder hatten danach noch kein Feld, 49 % keinen Teich gesehen, 72 % der Kinder konnten nicht angeben, daß Brot aus Getreide gebacken wird. Ähnliche Ergebnisse zeigt eine Untersuchung an 1000 Berliner Schulkindern. In einer Frankfurter Großstadtschule hatten von 45 Schülerinnen eines vierten Schuljahrs 39 noch kein Reh im Freien gesehen, 38 keinen Sonnenaufgang, 34 Schülerinnen hatten nie Ketten aus Löwenzahnblüten gemacht, 42 noch nie Weidenpfeifen geschnitzt usw. Aus den USA berichtet der Psychologe Stanley Hall zur gleichen Zeit, daß 80 % der Kinder nicht die gewöhnlichsten Bäume unterscheiden konnten, daß Kinder meinten, Kühe hätten die Größe von Mäusen und Kartoffeln müßten vom Baum gepflückt werden (vgl. hierzu Trommer 1990, S. 202f).

Gegen die in solchen Fakten sich zeigende Entfremdung von Kindern von der Natur wenden sich zahlreiche damalige Reformbewegungen. Sie wollen der heranwachsenden Generation, zum Teil auch den Erwachsenen, wieder zu einer naturnahen Lebensform verhelfen, weil sie dies als notwendig für die Entfaltung seiner Menschlichkeit ansehen.

Dazu gehört insbesondere die *Jugendbewegung*, wie sie in der Form des Wandervogels um die Jahrhundertwende in Deutschland entsteht. Zentrales Element der Jugendbewegung ist das Erlebnis der Gemeinschaft in der Gruppe der Gleichaltrigen. Aber den entscheidenden Raum für Gemeinschaftsunternehmungen bietet die freie Natur. „Aus grauer Städte Mauern ziehn wir durch Wald und Feld . . .", heißt es in einem heute noch bekannten Jugendlied. Höhepunkt des jugendlichen Lebens ist die Fahrt als Erlebnisform, das wandernde Erschließen neuer Landschaften, der Kontakt mit der Landbevölkerung, die sich noch natürliche Lebensformen bewahrt hat, wie sie in Brauchtum und Sitten, Volkslied und Volkstanz u. ä. zum Ausdruck kommen. Das Übernachten im Zelt oder auf dem Heuboden, das selbständige Zubereiten einfacher Mahlzeiten, das Singen am Lagerfeuer, das nächtelange Gespräch über den Sinn des Lebens unter sternklarem Himmel, der etwas von der Unendlichkeit und dem Geheimnis der Welt spüren läßt, das Beobachten von Tieren und Pflanzen – all dies sind Elemente des Lebensstils der Jugendbewegung, mit dem sie das Verhältnis des Menschen zur Natur, der inneren und der äußeren, wieder in seiner Ursprünglichkeit herzustellen bemüht ist. Dies erscheint als Flucht aus den als entmenschlichend empfundenen Verhältnissen der Industriegesellschaft in ein Refugium Natur, der man heilende Kräfte zuzuschreiben nicht müde wird. Es ist verbunden mit einer romantischen Grundstimmung, wie sie im Suchen nach der blauen Blume als dem Symbol glückhaft gelungenen Lebens zum Ausdruck kommt.

Als weiteres Beispiel mag hier auf die *Landerziehungsheimbewegung* verwiesen werden. *Hermann Lietz* (1868–1919), der 1898 in Ilsenburg im Harz das erste deutsche Landerziehungsheim gründete, nennt in seinem Gründungsaufruf als Mittel zur Realisierung seines Ziels einer ganzheitlichen Menschenbildung an *erster* Stelle: „Verlegung der *Erziehung aus der Stadt* heraus, auf das gesunde und schöne Schullandgut mit Busch und Wiesen, Garten und Feld,

Fluß und Teich, geräumigen, hellen, luftigen Wohn- und Schulräumen. Das Ilsetal mit seinen herrlichen Waldungen und seiner großartigen Gebirgslandschaft ist eine der schönsten und gesündesten Gegenden Deutschlands" (Lietz 1898, S. 15).

Eine solche Umgebung sei für Erziehung und Bildung dringend erforderlich, weil sich sonst die Natur des Menschen, seine *innere* Natur, nicht entfalten könne. Erziehung indessen besteht für Lietz „in richtiger Entwicklung der Natur des Zöglings nach allen Seiten hin" (Lietz 1897, S. 85). Der Lehrer hat hier nur „Hebammendienste" zu leisten (ebd., S. 87). Grundlage ist die Überzeugung von der ursprünglichen „Güte der Menschennatur" (ebd.). Die Großstadt mit ihrem Milieu gefährdet eine so verstandene Erziehung. Deshalb ruft Lietz emphatisch aus: „Hinaus aus dieser Pestluft, diesem Höllenpfuhl!" (ebd., S. 86). Es bedarf für den jungen Menschen eines Raumes, „an dem alle gesunden Gaben und Anlagen gedeihen können. Und das ist zweifellos das Land, schöne, anregende Natur. Sie ermöglicht, gesund und stark zu werden, das Häßliche und Schmutzige vom Kind fernzuhalten, die erhebendsten Seeleneindrücke zu verschaffen in den täglich sich offenbarenden Wundern der Natur, vom Anfang der Sonne bis zum Emporsteigen der Sterne" (Lietz 1913, S. 45).

Die Natur ist für Lietz „ein stets geöffnetes, erstes und letztes Lehrbuch" (1897, S. 4), aber man erschließt es sich primär nicht durch Wissenschaft, sondern durch das Erleben. Das Gefühl, nicht der Verstand, Leben und Erleben, nicht eine analysierende Naturwissenschaft, sind die Hauptzugangsweisen für eine bildende Begegnung mit der Natur. Das Gemeinschaftserlebnis, eine „streng hygienische Lebensweise", „tägliche Körperübungen" – möglichst im Freien –, praktische „Arbeiten im Garten oder Wald, auf Feld oder Wiese, in Werkstätte oder auf dem Bauplatz" sind weitere wichtige Erziehungs- und Bildungsmittel. Auch musisch-künstlerische Aktivitäten und Gelegenheiten zu Besinnung und Kontemplation werden hervorgehoben. Der wissenschaftliche Unterricht erscheint im Gründungsaufruf von Lietz erst an achter Stelle (vgl. Lietz 1898, S. 15)!

Dabei hat Natur für die Bildung des jungen Menschen, vor allem für seine Charakterbildung, noch unter einem anderen Aspekt Bedeutung. Es ist die Natur als wilde und den Menschen herausfordernde und auf die Probe stellende Gegebenheit. Bei Lietz ist es vor allem das Mittel der Schulreise, die ihn mit seinen Jungen oft in entlegene und von der Zivilisation wenig berührte Gegenden führt, welches Natur unter diesem Aspekt für junge Menschen erschließt. Auch bei anderen Reformpädagogen wie zum Beispiel *Adolf Reichwein* (1898–1944) hat später die von und mit Schülern organisierte Reise oder Wanderung in der Natur einen hohen Stellenwert (vgl. Reichwein 1993).

Diese Möglichkeit bildender Naturbegegnung wird in der späteren *Erlebnispädagogik Kurt Hahns* (1886–1974) noch intensiver ausgearbeitet. In seiner Kurzschulkonzeption kommt sie am deutlichsten zum Ausdruck. Kurzschulen sollen junge Menschen in einer herausfordernden natürlichen Umgebung –

etwa der See, dem Gebirge, der Wüste, dem Urwald – bei einem mehrwöchigen Aufenthalt vor Aufgaben stellen, bei denen er sich in der Gemeinschaft bewähren muß, etwa bei einer Fahrt mit einem Segelschiff, einer Gebirgswanderung, der Durchquerung einer Wüste o. ä. Das Bedürfnis vor allem des Jugendlichen nach Erprobung seiner vitalen Kräfte, sein Drang nach Abenteuer und Bewährung sollen in der Begegnung mit und der Überwindung von Gefahren der Natur für die Bildung seiner Persönlichkeit zur Geltung kommen können.

Freilich fehlt es im Umkreis von Zivilisationskritik, Jugendbewegung und Landerziehungsheimen und ihrer Bewertung der Natur als Heilmittel für die Bildung des Menschen auch nicht an Stimmen, welche die *Bedrohtheit des Refugiums Natur* durch die Eingriffe des Menschen in aller Deutlichkeit erkennen und entsprechende Warnungen formulieren. So findet sich 1913 in der Festschrift der Freideutschen Jugend zur berühmten Jahrhundertfeier der Freiheitskriege auf dem Hohen Meißner ein Text des Psychologen und Philosophen *Ludwig Klages* (1872–1956) mit dem Titel „Mensch und Erde", aus dem ich einige ausgewählte Passagen zitiere:

„Wo aber der Fortschrittsmensch die Herrschaft antrat, deren er sich rühmt", heißt es dort, „hat er ringsumher Mord gesät und Grauen des Todes ... Unter dem schwachsinnigsten aller Vorwände, daß unzählige Tierarten ‚schädlich‘ seien, hat er nahezu alles ausgerottet, was nicht Hase, Rebhuhn, Reh, Fasan und allenfalls noch Wildschwein heißt ... Die Robbenbänke der Ost- und Nordsee (sind) der Vertilgung preisgegeben ... Der wirkliche Hochwald ... geht auf dem ganzen Erdball seinem Ende entgegen ... Die Rodung der Urwälder ist nackter Frevel ... Die Italiener fangen und morden auf grausame Weise alljährlich Millionen an ihren Küsten erschöpft einfallender Zugvögel ... Noch weit grauenvollere Verheerungen richtet die Mode an ... ‚Man darf annehmen, daß jedes Jahr nicht weniger als dreihundert Millionen Vögel für die Frauenmode geopfert werden.‘ ... Es braucht nicht betont zu werden, daß alle aufgezählten Arten und viele andere ... dem Aussterben nahe sind. Und das gleiche Schicksal droht kurz oder lang allen Tiergeschlechtern, soweit sie der Mensch nicht gezüchtet oder verhäuslicht hat ... Die Milliarden Pelztiere ... erliegen den Exzessen der Mode. Seit im Jahr 1908 in Kopenhagen eine Aktiengesellschaft entstand ‚zum Betrieb von Walfischfang in großem Stil und nach einer neuen Methode‘, nämlich mit schwimmenden Fabriken, welche die erlegten Tiere sogleich verarbeiten, wurden im Laufe der beiden folgenden Jahre rund fünfhunderttausend dieses größten Säugers der Erde hingeschlachtet, und der Tag ist nahe, wo der Wal der Geschichte und – den Museen angehört ... Schrecklicher noch, als was wir bisher gehört, wenn auch vielleicht nicht ganz im gleichen Maße unverbesserbar, sind die Wirkungen des ‚Fortschritts‘ auf das Bild besiedelter Gegenden" (Klages 1920, S. 17ff).

Der Autor bringt Beispiele für die landschaftszerstörende Siedlungsweise des modernen Menschen und die verhängnisvollen Folgen der Industrialisierung für die Natur und formuliert: „Wälder von Schloten steigen ... empor, und die giftigen Abwässer der Fabriken verjauchen das lautere Naß der Erde." Auch der moderne Tourismus wird nicht ausgespart: „Was aber das heuchlerische Naturgefühl der sogenannten Touristik anlangt, so brauchen wir wohl kaum noch auf die Verwüstungen hinzuweisen, welche die ‚Erschließung‘ weltfremder Küsten und Gebirgstäler nach sich zog. Um die Blüte dieser Greuel zu genießen, bereise man die Schweiz, wo kein Gipfel so hoch und ernst ist, daß ihn nicht die Zahnradbahn erklömme, um dort oben in ‚erstklassige‘ Hotels mit ‚allem modernen Komfort‘ das Reisegesindel auszuladen, damit es vor oder nach dem Diner ‚ganz nach Wunsch‘ Alpenglühen, Sonnenuntergänge, elektrisch beleuchtete Wasserfälle begaffe!" Schließlich hat die Zerstörungswut des zivilisatorischen Fortschritts auch die Menschheit selbst nicht verschont. Der Verfasser verweist auf die Vernichtung zahlreicher Naturvölker in allen Kontinenten, selbst in Europa, wo man – wie es wörtlich heißt – „soeben . . . gleichmütig zusah, wie sein letztes Urvolk, die Albaner . . . von den Serben zu Tausenden und Abertausenden planmäßig umgebracht wurden" (ebd., S. 26ff).

Die Aktualität dieser teilweise überspitzten Anklagen, die vor über 80 Jahren vorgebracht wurden, mag uns erschrecken. Bei Klages verbindet sich die kritische Sicht gegenüber der industriegesellschaftlichen Entwicklung mit einer Rückwendung zur Romantik – gerne zitiert er romantische Dichter wie Eichendorff – und mit einer vom Irrationalismus genährten Technik- und Wissenschaftsfeindlichkeit. „Der Geist als Widersacher der Seele" lautet bezeichnenderweise der Titel seines in den 20er Jahren erschienenen Hauptwerkes.

Solche kulturkritischen und irrationalen Tendenzen finden nicht selten ihren Niederschlag in der frühen Reformpädagogik der damaligen Zeit. Wandervogel und Landerziehungsheime sind dafür nur Beipiele. Wir könnten auch auf die *Schullandheimbewegung* verweisen, welche versucht, die Vorzüge der naturnahen Erziehung der Landerziehungsheime wenigstens zeitweise auch der Schülerschaft von Stadtschulen zugänglich zu machen. Die ersten Schullandheime wurden noch vor dem Ersten Weltkrieg gegründet. In der frühen Reformpädagogik hat auch die *Wald- und Freiluftschulbewegung* ihren Ursprung, in deren Rahmen 1904 die erste moderne Ganztagsschule in Deutschland in einer Zusammenarbeit von Pädagogen und Medizinern entsteht (vgl. Ludwig 1993). Schließlich sei hingewiesen auf die *Schulgartenbewegung*, die damals einen neuen Aufschwung nimmt, das Entstehen von *Schulfarmen*, aber auch auf Bestrebungen einer allgemeinen *Lebensreform*, die auf Wiedergewinnung eines ursprünglichen, durch die industriegesellschaftliche Entwicklung gestörten Naturverhältnisses zielen. In diesem Rahmen entstehen z. B. die Reformhäuser und die Schrebergärten. Im Sinne der Devise „Zurück zur Natur" sollen Eßgewohnheiten, Kleidung, Bauweise, Wohnen u. a. grundsätzlich geändert werden.

Solche Bestrebungen tragen überwiegend in ihrem Ursprung Züge einer Abwendung von der Industriegesellschaft und ihrer „Asphaltkultur". Es herrscht eine Art „Aussteigermentalität" gegenüber der modernen Industriegesellschaft vor. Im Bildungsbereich bemüht man sich um Überwindung der intellektualistischen Einseitigkeit der traditionellen Schule und ihres Unterrichtsbetriebs, erstrebt „ganzheitliche" Erziehungs- und Bildungsformen, mißt dem Gemeinschaftserlebnis hohe Bedeutung zu, verfällt aber dabei leicht antiintellektualistischen und antiindividualistischen Affekten. Denn als entscheidend für die Überwindung der Entfremdungserscheinungen gegenüber der Natur ist es in dieser Sicht, den vornehmlich rationalen, vom Denken der Aufklärung bestimmten Naturzugang zugunsten eines vom Gefühl her bestimmten Naturerlebens aufzugeben. Die Natur erhält hier zugleich eine meist nicht näher reflektierte normative Bedeutung. Sie ist Maß für den Menschen. Der Mensch muß darauf verzichten, sich zum Herrn und Meister der Natur machen zu wollen. Am deutlichsten wird diese Grundeinstellung vielleicht in der radikalen Fortschrittskritik von Ludwig Klages.

2.2 Anknüpfung an das neuzeitliche Verständnis von Natur und Naturwissenschaft

Neben den skizzierten Positionen der Reformpädagogik, die sich von der neuzeitlichen Entwicklung und dem damit verbundenen Naturverhältnis des Menschen abwenden und als ganzheitlichen bildenden Zugang zur Natur das Erleben gegenüber einer rationalen Erschließung und praktischen Auswertung durch Naturwissenschaft und Technik bevorzugen, finden wir auch Bildungskonzepte, welche das klassische neuzeitliche Verständnis von Natur und Naturwissenschaft aufgreifen und sogar zur Leitgröße für die Bildungsbemühungen erheben. Diese Auffassung finden wir in verschiedenen Variationen vor allem bei Reformpädagogen, welche der *Arbeitsschulbewegung* zugerechnet werden.

Nur kurz möchte ich hier auf *Georg Kerschensteiner* (1854–1932) eingehen. Er gilt zwar als ein Reformpädagoge, der sich besonders intensiv um eine bildungstheoretische Begründung der Naturwissenschaften bemüht hat. Allerdings war das Für und Wider des schulischen Unterrichts in den Naturwissenschaften, wie Walter Schöler in seiner „Geschichte des naturwissenschaftlichen Unterrichts" festgestellt hat, schon vor Kerschensteiner ausführlich diskutiert worden. Kerschensteiner war mit dieser vorhergehenden Diskussion offenbar wenig vertraut. Schöler resümiert: „Die Einführung des naturwissenschaftlichen Unterrichts war im wesentlichen am Ende des 19. Jahrhunderts bereits abgeschlossen" (Schöler 1970, S. 240). Zudem ist Kerschensteiners Perspektive eher auf die unmittelbar unterrichts- und schulbezogene Dimension der Naturwissenschaft beschränkt. Es fehlt eine weitergehende Begründung im Rahmen einer umfassenden Deutung des menschlichen Natur- und Weltverhältnisses. Diese finden wir hingegen bei dem amerikanischen Reformpädagogen John Dewey, der deshalb anschließend etwas ausführlicher behandelt werden soll.

Doch zunächst zu Kerschensteiner. Der Münchener Reformpädagoge, der selbst Mathematiker und Physiker war, hat vor allem in seiner Schrift „Wesen und Wert des naturwissenschaftlichen Unterrichts" (1914) zum Bildungswert der Naturwissenschaften Stellung genommen. Es handelt sich um die erweiterte Fassung eines Vortrags, den Kerschensteiner 1913 auf der Hauptversammlung des Vereins zur Förderung des mathematischen und naturwissenschaftlichen Unterrichts gehalten hat. Bereits um die Jahrhundertwende hatte Kerschensteiner einen Aufsatz mit dem Titel „Über den ersten naturgeschichtlichen Unterricht" verfaßt, der 1901 als Anhang zur zweiten Auflage der „Betrachtungen zur Theorie des Lehrplans" erschien. Viele der damaligen Gedanken sind in das spätere Buch aufgenommen.

Auf Einzelheiten der Arbeitsschulkonzeption Kerschensteiners kann ich hier nicht eingehen. Es sei nur daran erinnert, daß der Münchener Stadtschulrat die Erziehung zum brauchbaren Staatsbürger als das oberste Ziel schulischer Bildungsbemühungen bestimmt hat. Darauf muß auch die Legitimierung der Naturwissenschaften als schulische Unterrichtsfächer bezogen sein. Kerschensteiner stellt seine Überlegungen in den Horizont eines „erziehenden Unterrichts". Mit Herbart ist er der Meinung: „Der gesamte Unterricht muß im Dienst der Charakterbildung stehen" (Kerschensteiner 1963, S. 29). In dieser Perspektive sieht er es als das Ziel seiner Überlegungen an, nachzuweisen, „daß dem naturwissenschaftlichen Unterricht ganz bestimmte Erziehungswerte anhaften, die ihm teils mit anderen Unterrichtsdisziplinen gemeinsam, teils aber nur ihm allein eigentümlich sind; weiterhin aber auseinanderzusetzen, unter welchen Bedingungen diese Erziehungswerte einzig und allein in die Erscheinung treten" (ebd., S. 32). Insbesondere ist es Kerschensteiners Anliegen aufzuzeigen, daß der naturwissenschaftliche Unterricht Bildungswerte aufzuweisen hat, die denen des altsprachlichen Unterrichts gleichartig sind. Damit engt der Reformpädagoge seine Argumentation von vornherein ein. Denn eine solche Gleichartigkeit kann – wenn überhaupt – eigentlich nur auf der Ebene *formaler* Bildung gefunden werden.

Ausführlich befaßt sich Kerschensteiner mit dem Wesen der geistigen Zucht bzw. der Erziehung zum logischen Denken, erläutert dies zunächst im Hinblick auf den altsprachlichen Unterricht und legt dann dar, daß Naturwissenschaften eine entsprechende geistige Schulung vermitteln. Voraussetzung ist allerdings, daß der Unterricht so gestaltet wird, daß der Schüler auf dem Weg entdeckenden Lernens zu Erkenntnissen kommen kann. Dies ist weithin jedoch nicht der Fall. Vorherrschend sind vielmehr bis in Einzelheiten gehende Anweisungen und Anleitungen des Schülers, welche die sogenannte „Mausefallen-Induktion" (ebd., S. 76) zur Folge haben, d. h. der Schüler wird durch die detaillierten Vorgaben zwangsläufig zu dem gewünschten Ergebnis geführt, so daß er gar nicht dazu kommt, seine Fähigkeiten zu problemlösendem, schlußfolgerndem Denken selbständig zu üben. Stellt man diesen Mangel ab, so kommt dem Unterricht in den Naturwissenschaften nach Kerschensteiner eine dem Übersetzen in den alten Sprachen analoge Bedeutung für die Schulung der geistigen Disziplin zu.

Als weiteren Bildungswert des naturwissenschaftlichen Unterrichts stellt Kerschensteiner die Förderung der Beobachtungsgabe heraus: „Naturwissenschaftlicher Unterricht ist ganz auf Beobachtung angewiesen, oder er ist überhaupt kein naturwissenschaftlicher Unterricht", heißt es bei ihm (ebd., S. 121). Kerschensteiner sieht es als eine natürliche Neigung des Menschen an, zu beobachten und zu experimentieren. „Daß der richtig betriebene naturwissenschaftliche Unterricht diese angeborenen Fähigeiten jedes Menschen zum Experimentieren entwickelt und sie zu einem bewußten, vom Denken geleiteten Werkzeug macht, die Erfahrung zu erweitern, neue Vorstellungen und Begriffe zu gewinnen, das ist der große, ganz spezifische Erziehungswert dieser Unterrichtsdisziplin" (ebd., S. 126).

Letztlich handelt es sich bei den bisher genannten Bildungswerten des naturwissenschaftlichen Unterrichts um Erkenntniswerte. Darüber hinaus schreibt Kerschensteiner den Naturwissenschaften aber auch Erziehungswerte im engeren Sinn zu. Das wichtigste ist, daß der Unterricht in den Naturwissenschaften wesentlich dazu beiträgt, den Schüler „immer mehr mit dem Geist der Gesetzmäßigkeit alles Weltgeschehens (zu erfüllen), ihn mit dem Bewußtsein der Unveränderlichkeit dessen (zu durchtränken), was der Mensch als Naturgesetze erkannt hat" (S. 141). Er erzieht zudem zur „Ehrfurcht vor allem streng wissenschaftlichen Denken" (S. 146) und den Leistungen der großen Naturwissenschaftler der Vergangenheit, zu „Wahrheitsliebe", „Bescheidenheit" (ebd., S. 147), „Objektivität" (S. 149), „Sorgfalt, Genauigkeit, Peinlichkeit, Gewissenhaftigkeit" (S. 153). All dies steht letztlich im Dienste einer „Erziehung zur sachlichen Einstellung" (S. 156) als der übergeordneten Zielsetzung. Defizite zeigen die Naturwissenschaften bildungstheoretisch hinsichtlich der Welt der Werte. Ihre Welt ist die des äußeren Zwangs, nicht die des inneren Sollens. Im Bereich des letzteren liegen hingegen die spezifischen Bildungsmöglichkeiten von Sprachunterricht und Geschichte.

Soweit ein kurzer Überblick zu der Sicht Kerschensteiners. Es ist deutlich, daß er dem klassischen neuzeitlichen Verständnis von Naturwissenschaft verpflichtet ist. Dies zeigt sich auch daran, daß er in seinen Argumentationen vielfach von dem österreichischen Physiker Ernst Mach (1838–1916) (vgl. Wilimzig 1984, S. 35ff) beeinflußt ist.

Ich möchte nun auf den amerikanischen Reformpädagogen *John Dewey* (1859–1952) zu sprechen kommen. Dewey behandelt in seinem Hauptwerk „Demokratie und Erziehung" von 1916 relativ ausführlich die Bedeutung der Naturwissenschaft innerhalb seines Bildungskonzepts. Um diese Überlegungen richtig einzuordnen, muß ich etwas weiter ausholen und kurz die grundlegende Position Deweys skizzieren.

Dewey ist zunächst stark beeinflußt von der idealistischen Philosophie Hegels (1770–1831), später vom Pragmatismus von William James (1842–1910). Der Pragmatismus lehnt die metaphysische Frage nach dem Wesen der Dinge und dem damit verbundenen Wahrheitsbegriff ab. Für den Pragmatismus ist das wahr, was sich durch seine praktischen Konsequenzen bewährt. Dewey übernimmt von James auch dessen dynamische Weltsicht, d. h. die Vorstellung, daß Welt und Gesellschaft nicht vollendet und fertig sind, sondern „offen". Es ist Aufgabe des Menschen, über das Schicksal dieser Offenheit zu bestimmen.

Zentrale Bedeutung für das Denken Deweys hat ferner der Begriff der „Erfahrung" („experience"), verstanden als Wechselwirkung zwischen Mensch und Welt. Mit dem Erfahrungsbegriff ist bei Dewey der Lernbegriff eng verknüpft, wie aus folgender Stelle aus „Demokratie und Erziehung" hervorgeht: „Durch Erfahrung lernen heißt das, was wir mit den Dingen *tun*, und das, was wir von ihnen *erleiden*, nach rückwärts und vorwärts miteinander in Verbindung bringen. Bei dieser Sachlage aber wird das Erfahren zu einem Versuchen, zu einem Experimentieren mit der Welt zum Zweck ihrer Erkennung. Das sonst bloß passive ‚Erleiden' wird zum ‚Belehrtwerden', d. h. zur Erkenntnis des Zusammenhangs der Dinge" (Dewey 1964, S. 187).

Da „Erfahrung" die Existenz des Menschen grundlegend charakterisiert, kann man die zentrale Aufgabe, die sich dem Menschen stellt, auch als „Verbesserung der Qualität von Erfahrung" („improvement of the quality of experience") beschreiben. Im sozialen Bereich ergibt sich eine solche Verbesserung der Qualität von Erfahrung, wenn eine intensive Wechselwirkung aller mit allen möglich ist. Erforderlich ist hierfür ein offenes gesellschaftliches System, das auf Überwindung aller trennenden Gruppenschranken angelegt ist. Dies ist für Dewey in einer nach den Prinzipien von Freiheit und Gleichheit organisierten demokratischen Gesellschaft am ehesten gegeben. Demokratie ist daher für Dewey auch mehr als eine Staatsform. Er formuliert: „Die Demokratie ist mehr als eine Regierungsform; sie ist in erster Linie eine Form des Zusammenlebens, der gemeinsamen und miteinander geteilten Erfahrung" (ebd., S. 121).

In diesen Rahmen muß sich auch die Schule einordnen. Sie darf kein Ort sein, an dem unter autoritären Zwängen präpariertes Wissen aufgenommen werden muß, sondern sie ist als gemeinsamer Erfahrungsraum zu gestalten. Sie muß – wie Deweys Kurzformel lautet – „embryonic society" sein, eine „embryohafte Gesellschaft". Ein entscheidendes Problem für die Schule als Institution ist nach Dewey das Verhältnis von Schule und Leben. Inhalte und Unterrichtsmethoden müssen am „Leben" orientiert sein. „Lernen?" – so Dewey – „sicherlich, aber zunächst einmal Leben und dann erst Lernen durch und in Beziehung auf dieses Leben" (School and Society, S. 36, zit. nach Apel 1974, S. 120). Lernen im Lebensvollzug ist dadurch gekennzeichnet, daß es sich als Nebenprodukt gemeinsamer Tätigkeiten und Erfahrungen ergibt: „Learning by doing." Daran soll schulisches Lernen Maß nehmen. Schule soll in ihren Mittelpunkt gemeinsame Betätigungen („occupations") der Schüler stellen: „Anstatt einer vom Leben getrennten Schule, in der Lektionen gelernt werden, haben wir dann eine Gemeinschaft in kleinem Maßstab, in der Wachsen und Lernen sozusagen Nebenerzeugnisse gemeinsamer Erfahrungen sind. Spielplätze, Werkstätten, Arbeitsräume, Laboratorien lenken nicht nur die natürliche Neigung der Jugend zur Betätigung, sondern sie bewirken Austausch, Verkehr (Kommunikation), Zusammenwirken (Kooperation) – und all dies führt zur Wahrnehmung von Zusammenhängen" (Dewey 1964, S. 358). Im Mittelpunkt der Schule Deweys stehen daher projektartige Betätigungen.

Welche Rolle kommt nun in diesem Kontext der Natur und den Naturwissenschaften zu? „Natur" wird von Dewey von der Gesellschaft her verstanden. Sie ist der Raum für soziale Betätigungen der Menschheit: „Das Mittel", – schreibt er – „in dem alle sozialen Vorgänge ablaufen, ist die Natur. Sie bietet ursprüngliche Reize, Hindernisse und Hilfsquellen aller Art dar. Kultur ist die fortschreitende Beherrschung ihrer mannigfaltigen Kräfte" (ebd., S. 279). Natur wird also primär unter dem Aspekt der Bearbeitung durch den Menschen und ihrer Bedeutung für das soziale Zusammenleben gesehen. Deshalb gehören auch für Dewey die Fächer Geschichte und Erdkunde aufs engste zusammen. Sie haben beide als gemeinsamen Gegenstand das Gemeinschaftsleben der Menschen. Lediglich der jeweils betonte Aspekt ist unterschiedlich, Die Geschichte akzentuiert die soziale Seite, die Erdkunde die natürliche Seite der Dinge.

Naturwissenschaft wird von Dewey mit Erfahrungswissenschaft gleichgesetzt. Es handelt sich um „diejenige Erkenntnis, die das Ergebnis von Methoden der Beobachtung, des Nachdenkens und der praktischen Nachprüfung ist, wobei vorausgesetzt wird, daß diese Methoden planmäßig angewandt werden, um abgeschlossenen und gesicherten Wissensstoff zu gewinnen" (S. 289). An anderer Stelle bringt Dewey sein Verständnis von Naturwissenschaft auf die Kurzformel: „Naturwissenschaft ist verständig gewordene Erfahrung" (S. 298). Angesichts der zentralen Bedeutung der Erfahrung für Dewey ergibt sich folgerichtig die Hochschätzung der Naturwissenschaft: „Logisch und pädagogisch gesehen ist die Naturwissenschaft die vollkommenste Erkenntnis, die letzte erreichbare Stufe des Erkennens" (ebd.).

Der Naturwissenschaft kommt deshalb auch eine weitere zentrale Rolle zu. Weil sie verständig gewordene Erfahrung darstellt und diese der Lebenssicherung der Menschheit und ihrer Höherentwicklung dient, wird sie „zur treibenden Kraft des Fortschritts" (S. 295). Sie ist „das Hauptmittel zur Vervollkommnung unserer Herrschaft über die Mittel unseres Handelns" (ebd.). Es ist das Verdienst der Naturwissenschaft, der Menschheit die Überzeugung vermittelt zu haben, „daß es möglich ist, die Natur in den Dienst des Menschen zu stellen", und sie „hat so die Menschen dazu gebracht, in die Zukunft, anstatt in die Vergangenheit zu blicken ... Die Naturwissenschaft hat die Menschen mit dem Entwicklungsgedanken vertraut gemacht, und diese Entwicklung bedeutet in der Wirklichkeit eine dauernde, allmähliche Verbesserung des Zustandes der Menschheit, der wir alle angehören" (S. 297).

Hier spricht sich bei Dewey eine ungebrochene Fortschrittsgläubigkeit aus. In der Bedeutung, welche die Naturwissenschaft für den Fortschritt der Menschheit hat, liegt zugleich ihre Bildungsbedeutung: „Die Fähigkeit des Menschen, seine eigenen Angelegenheiten planmäßig zu beherrschen, beruht auf der Fähigkeit, die Naturkräfte zu verwerten, und diese letzte Fähigkeit wiederum ist von der Einsicht in die Naturvorgänge abhängig. Was die Naturwissenschaft für den Fachmann auch sein mag: für Bildungszwecke bedeutet sie Kenntnis der Naturbedingungen des menschlichen Handelns" (S. 302). Insofern ist es auch abwegig, einen Gegensatz zwischen Naturwissenschaften und Wissenschaften vom Menschen aufzubauen. Denn „die Erfahrung (kennt) keine Trennung zwischen menschlichen Belangen und einer nur physischen Welt ... Vom Standpunkt der menschlichen Erfahrung und damit auch von dem der erziehlichen Bemühungen aus kann nur in einer Hinsicht zwischen Natur und Mensch unterschieden werden: sie sind verschiedene Gruppen von Bedingungen für die Verwirklichung unserer praktischen Absichten und für unsere Ziele selbst" (S. 371). Man muß deshalb die wechselseitige Abhängigkeit humanistischer und naturwissenschaftlicher Studien sehen und die Bildungsbemühungen so organisieren, daß es zu einer wechselseitigen Befruchtung der verschiedenen Studien kommt (vgl. S. 372).

In einer noch radikaleren Form zeigt sich die Fortschrittsgläubigkeit und Hochschätzung von Naturwissenschaft und Technik als zentrale Faktoren für die gegenwärtige und zukünftige Menschheit und deshalb auch für die Bildungsbemühungen in dem Arbeitsschulkonzept des russischen, marxistisch orientierten Pädagogen *Pawel Petrowitsch Blonskij* (1884–1941). Die Schule soll den Schüler als Produktions- und Industrieschule in die Kultur „der auf dem Gebiet der Technik mächtigen Menschheit" einführen. Zusammenfassend formuliert Blonskij seine Zielvorstellung so: „Die Erziehung eines maximal mächtigen und maximal sozialen Menschen – das ist unser Endziel. Vollständige Beherrschung der Naturkräfte und vollste Anteilnahme am Leben der Menschheit – das ist unser Ideal" (Blonskij 1921, S. 83, zit. nach Hierdeis, Hg., 1973, S. 98).

Mit diesem Hinweis muß ich mich hier begnügen. Ich will nun übergehen zu einem dritten Typus der Auffassung von Natur und Naturwissenschaft in Bildungskonzepten der Reformpädagogik, den ich folgendermaßen umschreibe:

2.3 Ganzheitliche Naturbegegnung unter Bezug auf ein umfassenderes Verständnis der menschlichen Geistigkeit

Bei den hier einzuordnenden Bildungskonzepten geht es ähnlich wie bei den unter 2.1 dargestellten Positionen um die Gewinnung eines ganzheitlichen Zugangs zur Natur. Während es aber in der Jugendbewegung und der Landerziehungsheimbewegung und anderen Ansätzen der frühen Reformpädagogik primär das Emotional-Erlebnishafte, das Gefühl ist, welches den bildend-ganzheitlichen Zugang erschließen soll, ist es hier eine über die zergliedernde, analysierende Rationalität des Menschen hinausgehende Geistigkeit, sein intuitives Vermögen, seine Vernunft, seine umfassende Schaukraft, mit deren Hilfe dieser Zugang gewonnen werden soll.

Diesen Ansatz können wir aus dem Umkreis reformpädagogischer Bildungskonzepte mit der Pädagogik *Rudolf Steiners* (1861–1925) belegen. Steiner studierte in Wien Mathematik, Biologie, Physik, Chemie mit dem Berufsziel des

Realschullehrers, daneben aber auch Germanistik und Philosophie. Intensives Interesse entwickelt er vor allem für das Werk Goethes. Viele Jahre befaßt er sich mit Studium und Herausgabe der naturwissenschaftlichen Schriften Goethes und veröffentlicht 1886 und 1897 zwei Bücher über Goethe. Ohne Zweifel ist seine Naturauffassung und sein Verständnis von Naturwissenschaft von der Position Goethes mit beeinflußt. Steiner prägt für die Weltsicht im Sinne Goethes den Begriff „Goetheanismus" und äußert 1919: „Der Goetheanismus lebt nicht . . . der Goetheanismus muß aber auferstehen." Daneben gewinnt die Gedankenwelt der Theosophie erhebliche Bedeutung für Steiner.

Schon als junger Student ist das Grundproblem für ihn: Wie stehen physische und geistige Welt zueinander? „Geist und Natur standen damals" – so formuliert er in seiner Selbstbiographie – „in ihrem vollen Gegensatz vor meiner Seele. Eine Welt der geistigen Wesen gab es für mich. Daß das ,Ich', das selbst Geist ist, in einer Welt von Geistern lebt, war für mich unmittelbare Anschauung. Die Natur wollte aber in die erlebte Geisteswelt nicht hinein" (zit. nach Hemleben 1980, S. 22).

Um Geist und Natur miteinander zu versöhnen, bedarf es nach Steiner der Anthroposophie. In dieser „Menschenweisheit" geht es um eine umfassende und ganzheitliche Erkenntnis des Menschen über die partiellen Erkenntnisse einer Anthropologie hinaus. „So sagte ich mir auch", schreibt Steiner, „die ganze Welt, außer dem Menschen, ist ein Rätsel, das eigentliche Welträtsel; und der Mensch ist selbst die Lösung" (zit. nach Hemleben 1980, S. 67). Er ist es insofern, als Anthroposophie – wie Steiner definiert – „ein Erkenntnisweg (ist), der das Geistige im Menschenwesen zum Geistigen im Weltall führen möchte" (zit. nach Kiersch 1979, S. 11). Anthroposophie zeigt die Möglichkeit eines sinnlichkeitsfreien Denkens und die Möglichkeit eines unmittelbaren Zugangs zur geistigen Welt in und hinter der Natur. Sie begründet damit eine „Geisteswissenschaft" im strengen Sinne, welche nicht mehr im Widerspruch zur Naturwissenschaft steht, weil sie diese mit umfaßt. Es wird eine ganzheitliche Schau aller Bereiche des Menschen sowie der Natur und des Kosmos insgesamt möglich.

Für die Behandlung der Naturwissenschaften in der Schule bedeutet dieser Ansatz, daß diese bildende Bedeutung nur haben können, wenn sie sich nicht auf eine quantifizierende Reduktion der Erfahrung auf das Meßbare und Zählbare und auf die in diesem Kontext geltenden Gesetzmäßigkeiten beschränken, sondern wenn auch in ihrem Rahmen das Bild des Menschen zum Vorschein kommt. Dazu gehört beispielsweise, daß auch die qualitative Seite von Sinneswahrnehmungen ernst genommen wird, daß von den Phänomenen der Natur ausgegangen wird, wie sie sich dem Menschen zeigen etc. Wie dies im einzelnen aussehen kann, müßte eine Analyse des naturwissenschaftlichen Unterrichts verdeutlichen, wie er im Anschluß an den Denkansatz Steiners an den Waldorfschulen betrieben wird. Dies kann hier nicht geleistet werden (vgl. z. B. Leber 1983). Es sei lediglich noch daran erinnert, daß aus diesem Denkansatz Steiners auch für andere Kultur- und Wissenschaftsgebiete alternative

Formen entwickelt worden sind, etwa eine biologisch-dynamische Landwirtschaft oder eine anthroposophisch orientierte Medizin.

Wir wenden uns nun einer zweiten Position zu, die diesem Typus des Verständnisses von Natur und Naturwissenschaft zugeordnet werden kann. Es handelt sich um die Pädagogik *Peter Petersens* (1884–1952). Petersen gibt seiner Pädagogik eine metaphysische und anthropologische Fundierung. Erziehung ist für ihn eine ursprüngliche Seinsgegebenheit, eine Grundbefindlichkeit des Menschen, die mit seiner Existenz untrennbar verknüpft ist. Als ein Geschehen auch ohne Absicht und ohne Bewußtsein vollzieht sie sich als geistige Einwirkung der Menschen aufeinander, aber auch als Beziehung zu Gott und Natur. „Gott, Natur und Menschenwelt sind die drei großen Wirklichkeiten, in denen und vor denen jeder Mensch sein Leben gewinnen und führen muß und allein Mensch werden kann" (Petersen 1959, S. 27).

Zum besseren Verständnis dieser Auffassung trägt es bei, wenn wir Petersens Gemeinschaftsbegriff heranziehen (vgl. 1962, S. 27f). Mit Gemeinschaft bezeichnet Petersen allgemein das „allseitige geistige Verbundensein des Menschen". Von Gemeinschaft kann überall da die Rede sein, wo die geistigen Kräfte des Menschen angesprochen und geweckt werden. Näherhin meint Gemeinschaft bei Petersen zunächst eine metaphysische Gegebenheit: Gemeinschaft als Ursprungs-Gemeinschaft. Diese besteht wie schon erwähnt nicht nur mit dem Mitmenschen, sondern auch mit Gott und der Natur.

Gemeinschaft ist für Petersen weiterhin „Tat-Gemeinschaft", „tätige Gemeinschaft". Das bedeutet für ihn, daß der Mensch, der sich von dieser ursprünglichen, vorreflexiv gegebenen Urgemeinschaft kraft seines Reflexionsvermögens distanzieren kann und dadurch bewußt, frei, geistig-personal wird, vor der Aufgabe steht, die ursprüngliche Bezogenheit auf die drei genannten Wirklichkeitsbereiche bewußt zu bejahen und tätig zu vollziehen. Gemeinschaft als Tat-Gemeinschaft meint den Akt verantwortlicher Übernahme der Daseinsgegebenheiten als Akt menschlicher Freiheit. In dieser Form wird sie zur „echt menschlichen Gemeinschaft", zur Gemeinschaft „in Funktion".

Gemeinschaft ist für Petersen schließlich reale Gemeinschaft, d. h. sichtbare Verbundenheit von Menschen untereinander im Sinne einer personal-geistigen Bindung. Sie ist bleibender Ausdruck der Tat-Gemeinschaft, Verzuständlichung der akthaften Tat-Gemeinschaft.

Auf diesem Hintergrund wird es verständlich, daß Petersen über das Verhältnis des Menschen zur Natur ausführen kann, „daß eine Gemeinschaft besteht zwischen Mensch und Natur wie die zwischen dem Menschen und seinem Mitmenschen und von keiner anderen Art im Wesensgrunde als dieser menschlichen Gemeinschaft. Es ist also geistige Gemeinschaft zwischen mir und der Natur, und die Wirkung der Natur auf den Menschen ist schöpferisch, ist weckend und geistig befruchtend. Der Mensch erwacht mit durch sie zum Menschen, sein Menschentum wird mehr als nur bereichert im Verkehr mit ihr, es wird erst so vollendet, und Neues entsteht aus der Gemeinschaft mit ihr" (1962, S. 61).

Daß dieses ursprüngliche Verhältnis des Menschen zur Natur gestört ist, sieht Petersen darin begründet, daß es im Zuge der neuzeitlichen Entwicklung zu einem einseitigen Vorherrschen des Verstandes gekommen ist. Der Verstand ist für Petersen die zergliedernde Instanz, die begrifflich-rationales Erkennen ermöglicht, linear-kausale Zusammenhänge in Gesetzesform bringt und die Wirklichkeit in Gegensätze wie Subjekt und Objekt aufspaltet. Von diesem Denken ist die neuzeitliche Naturwissenschaft bestimmt. Rationalistische Einseitigkeit hat sich darüber hinaus in allen Lebensbereichen des Menschen verbreitet. Sie zerstört auch die mitmenschlichen Verhältnisse. So schreibt Petersen in seinem posthum veröffentlichten Werk „Der Mensch in der Erziehungswirklichkeit": „Als aber mit der Überschätzung der Intellektschöpfungen des Menschen die Ehrfurcht vor der Natur verlorenging, da ging dem Menschen ebenso die Ehrfurcht vor den Mitmenschen verloren. Denn auch ihn unterwarf er den Berechnungen seines kühlen Verstandes: der Mensch ein Teil in der Rechnung, gleichgesetzt mit Holz und Eisen, Kohle, Büroraum und Lagerplatz" (1984, S. 39f).

Es kommt darauf an, vernachlässigte Kräfte des Menschen wieder zu beleben. Dazu rechnet Petersen die *Schaukraft* als „die Fähigkeit des Menschen, Erscheinungen und Äußerungen der Wirklichkeit unmittelbar als solche aufzunehmen, sie absichtslos hinzunehmen, vorbewußt zu deuten, also noch ohne Begriffe, und sich zu ihnen sinnvoll zu verhalten und zu handeln" (1959, S. 32). Bezeichnenderweise verweist Petersen in diesem Zusammenhang auf Ludwig Klages. Aber Petersen bleibt bei dieser Auffassung nicht stehen. Die Schaukraft des Menschen ist ihm kein irrationales Vermögen des Menschen im Sinne von Widervernünftigkeit, sondern Ausdruck einer anderen, höheren Form der Geistigkeit des Menschen. Der Aristotelesforscher Petersen bezieht sich auf dessen Lehre vom Nus als „des schauenden, die Prinzipien in ihrer Klarheit und Gewißheit erschauenden Geistes". Auf diesem Vermögen, der Vernunft – „der kontemplativen Tätigkeit des Geistes" – „beruhen Ordnung und Weisheit in Natur und Menschenleben" (1931, S. 35). Ausdrücklich verweist auch Petersen auf die Bemühungen Goethes, „das ‚Schauen' zu einer wissenschaftlichen Methode zu erheben" (ebd., S. 59; vgl. Petersen 1914).

Petersen fordert auf diesem Hintergrund in seiner „Führungslehre des Unterrichts" vielfältige Formen einer bildenden Begegnung mit der Natur (vgl. 1959, S. 37). Sie soll unterschiedlichen Formen der von ihm unterschiedenen Bildungsurformen umfassen: mehrere Varianten des *Gesprächs* bis hin zur Verkündigung in der Form von Naturlyrik, ferner „die verschiedensten Formen des *Lehrganges* . . ., von der Beobachtung angefangen, die still sich in sie versenkende Wanderer, auch als Glieder eines Schulspaziergangs anstellen, bis hin zum wissenschaftlichen Experiment hin, wo die Natur sozusagen auf Fleisch und Blut ausgefragt wird". Dazu gehört auch die Bearbeitung der Natur durch den Menschen, die darauf abzielt, herauszufinden, „wessen sie in *seinem* Dienste, zu seinem Nutzen oder zu seiner Freude fähig sei". Vor allem aber sind es auch auf die Natur bezogene *Feste und Feiern*, die aus den Bildungsbemühungen des Menschen nicht ausgeschlossen werden dürfen. Eine ähnliche Vielfalt gilt es für die innere Verarbeitung der in diesen Weisen gewonnenen Eindrücke zur Geltung kommen zu lassen in den „Grundformen der Selbsterziehung": „Überlegen, Philosophieren; Anschauung, Empfindung Wahrnehmung; Versenkung, Andacht und Beten" (ebd., S. 32).

Mit diesen Hinweisen muß ich mich begnügen. Ich möchte nun noch kurz auf einen vierten Typus des Umgangs mit Natur und Naturwissenschaft in Bildungskonzepten der Reformpädagogik eingehen.

2.4 Versuch einer Synthese: Natur und Mensch in ökologisch-systemischer Perspektive

In dieser Position wird versucht, die Widersprüche im Naturverhältnis des Menschen durch eine neue systemische Denkweise zu überwinden. Der Mensch hat zwar eine Sonderstellung in der Natur, aber er bleibt trotz des Heraustretens aus ihr doch immer zugleich auch in sie eingebunden. Natur steht dem Menschen nicht als bloßes Material zur Verfügung, sondern hat ihren Eigenwert. Naturwissenschaft darf sich nicht auf lineare Ursache-Wirkungszusammenhänge beschränken, sondern muß die Wechselwirkung beachten, in der alles mit allem steht, wie dies von der Ökologie als biologischer Wissenschaft seit Mitte des 19. Jahrhunderts in zunehmendem Maße in den Blick genommen worden ist (vgl. dazu die Möbius-Jungesche Reform des Naturgeschichtsunterrichts in der zweiten Hälfte des 19. Jahrhunderts; dazu Trommer 1990, S. 180ff).

Als Beispiel für eine solche Konzeption möchte ich hier aus der Spätzeit der Reformpädagogik das Konzept einer „Kosmischen Erziehung" bei *Maria Montessori* (1870–1952) heranziehen. In ihrem Spätwerk hat Montessori seit 1935 unter der Bezeichnung „Kosmische Erziehung" einen neuen bildungstheoretischen Entwurf vorgelegt (vgl. Montessori 1988; Ludwig 1992, 1995a). Lange vor der ökologischen Wende im öffentlichen Bewußtsein seit Beginn der 70er Jahre bezieht sich Montessori in diesem Konzept, das man als Schlußstein ihres pädagogischen Denkens bezeichnen kann, auf die Wissenschaft der Ökologie und bedient sich ökologischer Denkformen. In ihrer „Kosmischen Theorie" als der Grundlage des entsprechenden Erziehungsprogramms entwikkelt sie eine umfassende Sicht des Universums als einer dynamischen Einheit, in der in vielfältigen Wechselbeziehungen alles mit allem verknüpft ist. Dies gilt sowohl in der vertikalen Dimension des Entstehens von Welt, Erde, Leben, Mensch und deren Weiterentwicklung in die Zukunft hinein als auch in der horizontalen Dimension des gegenwärtigen Zusammenhangs des Universums. Im Unterschied zu Darwins Evolutionstheorie, welche die Zweckmäßigkeit des Bestehenden aus dem Bestand des Zweckmäßigen zu erklären versucht hatte, sieht Montessori allerdings in der gesamten Natur die Wirksamkeit eines „kosmischen Plans", nach dem sich alles entwickelt.

Dem Menschen kommt innerhalb des Evolutionsprozesses eine besondere Bedeutung zu. Einerseits ist er selbst aus dem Evolutionsgeschehen hervorgegangen. Andererseits erreicht mit seinem Auftreten die Evolution eine neue Qualitätsstufe. Denn vom ersten Augenblick seines Erscheinens auf der Erde an ist der Mensch zugleich auch aus der Natur herausgetreten, steht ihr gegenüber als das Natur zu Kultur umgestaltende Wesen. Statt von Kultur spricht Montessori oft von „Super-Natur". Der Mensch ist ein kulturschaffendes und kulturabhängiges Wesen, das durch seine umgestaltende Tätigkeit seine eigene Entwicklung als Individuum und die Entwicklung der Menschheit als ganzer vorantreibt. Denn nach dem Gesetz der Wechselbeziehungen wirken alle Schöpfungen des Menschen auf ihn selbst zurück.

In der Gegenwart hat die Entwicklung eine neue Qualitätsstufe erreicht. Denn heute bildet die Menschheit nach Montessori „einen einzigen lebenden und wirkenden Organismus, . . . *eine einzige Nation*" (1973, S. 49). Montessori verweist auf die Verbesserung der Kommunikationsmöglichkeiten, die Entwicklung der Verkehrsmittel, die internationalen Verflechtungen des Handels, den expandierenden Tourismus, den weltweiten Austausch von Wissenschaft und Kunst sowie andere Faktoren dieser Art. Maßnahmen eines engstirnigen Nationalismus erscheinen ihr angesichts solcher Phänomene als „Absurditäten".

Allerdings – und das ist das Fatale der gegenwärtigen Krisenzeit – ist sich die Menschheit der neuen Situation noch nicht bewußt. Sie hat bei ihrer inneren Entwicklung mit dem rasanten Fortschritt im Äußeren nicht Schritt gehalten, ist moralisch und mentalitätsmäßig auf der Entwicklungsstufe einer vergangenen Epoche stehengeblieben. Aus diesem „gestörten Gleichgewicht" erwächst die Gefahr, daß sich der Mensch sich selbst entfremdet und zum „Opfer seiner Umwelt (wird), die er selbst geschaffen hat" (1966, S. 25). Es droht eine „universale Katastrophe", die „Selbstvernichtung" der Menschheit (1973, S. 24 und S. 30).

Um sie zu vermeiden, fordert Montessori eine grundlegende Überprüfung des Kurses der Menschheit. Es gilt zu erkennen, daß dem Menschen bei der Errichtung der Super-Natur, zu dem auch die von ihm geschaffenen Sozialgebilde gehören, trotz deren Großartigkeit „gewaltige Fehler" unterlaufen sind. Dazu gehört die ungerechte Verteilung der Reichtümer und der politischen Macht auf dieser Erde, woraus eine ständige Gefahr für den Frieden erwächst. Die menschliche Gesellschaft bedarf einer Neuorganisation unter den Prinzipien der „Gerechtigkeit und Liebe". „Die Zeit ist vorbei", meint Montessori, „da irgendwelche Rassen oder Nationen zivilisiert sein können und andere dabei in Knechtschaft und Unwissenheit belassen" (1988, S. 108). Aber soziale, ökonomische, politische Maßnahmen – so notwendig sie auch sind – reichen nicht aus. Es bedarf vielmehr einer auf die gegenwärtige Weltsituation ausgerichteten grundlegenden Neuorientierung der Erziehung. Diese entwirft Montessori in ihrem Konzept der „Kosmischen Erziehung".

Auf Einzelheiten kann ich hier nicht eingehen. Entscheidend sind zwei grundlegende Orientierungspunkte. Zum einen kommt es darauf an, eine *neue Art des Denkens* zu fördern. Die neuzeitliche Vorherrschaft linearer Denkformen muß abgelöst werden durch ein Denken in Zusammenhängen, ein systemisches oder vernetztes Denken. Montessori fordert daher als *„das fundamentale Bildungsprinzip die Wechselbeziehung aller Dinge und ihre Zentrierung in dem Kosmischen Plan"* (1988, S. 100). Zum anderen geht es um die Förderung einer *neuen Moral*, welche der neuen Epoche gerecht wird und getragen ist von einer weltweiten Verantwortung für Natur und Menschheit. Es geht um so etwas wie ein fundamentales „Weltethos", in dem sich alle Menschen trotz aller Unterschiedlichkeit der Kulturen, Weltanschauungen und Religionen verbunden und verpflichtet wissen. Um diesen Grundorientierungen gerecht zu werden, bedarf es nicht nur einer methodischen, sondern auch einer inhaltlichen Neustrukturierung der Erziehung und Bildung in allen Stufen der Entwicklung des jungen Menschen. Erforderlich ist für die Schule – wie Montessori formuliert – ein „universaler Lehrplan", „der den Verstand und das Gewissen aller Menschen in einer Harmonie vereinen kann", indem er die vielfältigen Inhalte der Schulerziehung und -bildung auf die Evolution von Erde und Menschheit und den kosmischen Plan bezieht (1988, S. 26f).

Die Versuche zur Konkretisierung dieses Programms, die Montessori und ihre Mitarbeiter vor allem in den 40er Jahren unternommen haben, sind hier nicht näher darzustellen (vgl. Montessori 1979, 1988; Ludwig 1992). Es sei aber noch angemerkt, daß Montessori mit ihrem Konzept eine christliche Deutung verbindet. Die Welt ist für sie Schöpfung Gottes und der Mensch ist Agent Gottes auf Erden, der dieses Schöpfungswerk mitzutragen und fortzusetzen beauftragt ist. So ist auch der das Natur- und Weltgeschehen bestimmende „Kosmische Plan" für Montessori letztlich im Willen Gottes begründet, dem der Mensch entsprechen, aber sich auch verweigern kann (vgl. auch Montessori 1995).

3. Abschließende Bemerkungen

Was bedeuten diese reformpädagogischen Konzepte im Hinblick auf die Thematik der Tagung des Münsterschen Gesprächskreises? Ich beschränke mich auf kurze Hinweise.

Zunächst zeigen die dargestellten Bildungskonzepte die Vielfalt und Unterschiedlichkeit der bildenden Bedeutung von Natur und Naturwissenschaft und belegen damit zugleich die Vielgestaltigkeit und den Gedankenreichtum dieser Epoche der Pädagogikgeschichte. Eine pauschalisierende Charakterisierung reformpädagogischer Konzepte erweist sich als verfehlt. Die Auseinandersetzung mit ihnen kann uns die Vieldimensionalität bildender Naturbegegnung des Menschen bewußtmachen. Sie erschließt uns in typisierender Betrachtungsweise Grundmöglichkeiten menschlichen Naturzugangs im Bildungskontext und gibt Impulse für konkrete Realisierungen im schulischen Bildungsgang.

Zudem regt eine Erörterung von Natur und Naturwissenschaft in Bildungskonzepten der Reformpädagogik eine kritische Reflexion auf Einseitigkeiten, Unzulänglichkeiten und Gefahren bestimmter Zugangsweisen zur Natur und deren Prämissen an. Naiv-irrationale Naturverherrlichung, Flucht vor der industriegesellschaftlichen Entwicklung, Aussteigermentalität einerseits, technischer Allmachtsglaube, Perfektionierung menschlicher Naturbeherrschung, vordergründige Fortschrittsgläubigkeit andererseits deuten das Gemeinte stichwortartig an. Der Ablauf der Reformpädagogik selbst scheint auf eine solche kritische Wendung in der Spätphase hinauszulaufen. Sicher könnte man neben *Maria Montessoris* systemisch und ökologisch orientierten Ansatz hier auch *Adolf Reichweins* ausgewogenes Bildungskonzept als Beleg anführen (was hier nicht näher ausgeführt werden kann). Diesem in der Reformpädagogik selbst angelegten kritischen Potential ihrer Spätphase sollte man bei Aufarbeitungen ihres Anregungsgehaltes besondere Beachtung schenken. Für den Problemkreis „Natur, Wissenschaft und Bildung" scheinen wir dabei noch ganz am Anfang zu stehen.

Literatur

Apel, Hans J.: Theorie der Schule in einer demokratischen Industriegesellschaft – Rekonstruktion des Zusammenhangs von Erziehung, Gesellschaft und Politik bei John Dewey. Düsseldorf 1974.
Blonskij, Pawel Petrowitsch: Die Arbeitsschule. Berlin 1921, (Neuausgabe Paderborn 1973).
Dewey, John: Demokratie und Erziehung. Braunschweig [3]1964.
Hierdeis, Helmwart (Hg.): Sozialistische Pädagogik im 19. und 20. Jahrhundert. Bad Heilbrunn 1973.
Helmleben, Johannes: Rudolf Steiner – in Selbstzeugnissen und Dokumenten dargestellt. Reinbek 1980.
Kerschensteiner, Georg: Wesen und Wert des naturwissenschaftlichen Unterrichts. München–Düsseldorf [6]1963 (erstmals 1914).
Kiersch, Johannes: Die Waldorfpädagogik – Ein Einführung in die Pädagogik Rudolf Steiners. Stuttgart [5]1979.
Klages, Ludwig: Mensch und Erde – Fünf Abhandlungen. München 1920.
Leber, Stefan (Hg.): Die Pädagogik der Waldorfschule und ihre Grundlagen. Darmstadt 1983.
Lietz, Hermann: Emlohstobba – Roman oder Wirklichkeit, Bilder aus dem Schulleben der Vergangenheit, Gegenwart oder Zukunft? Berlin 1897.
Lietz, Hermann: Der Gründungsaufruf von 1898. In: Dietrich, Th. (Hg.): Die Landerziehungsheimbewegung. Bad Heilbrunn 1967, S. 15–17.
Lietz, Hermann: Ein Rückblick auf Entstehung, Eigenart und Entwicklung der Deutschen Land-Erziehungsheime nach 15 Jahren ihres Bestehens (1913). In: Dietrich, Th. (Hg.): Die Landerziehungsheimbewegung. Bad Heilbrunn 1967, S. 41–57.
Ludwig, Harald: „Kosmische Erziehung" – Zum Ansatz einer ökologisch orientierten Schulpädagogik und Didaktik bei Maria Montessori. In: Montessori-Werkbrief 30 (1992), H. 1/2, S. 14–34; ferner in: Pädagogische Rundschau 46 (1992), S. 389–406.
Ludwig, Harald: Entstehung und Entwicklung der modernen Ganztagsschule in Deutschland, 2 Bde. Köln u. a. 1993.
Ludwig, Harald: Kosmische Erziehung und ökologisch orientierte Schulpädagogik – Zur ökologischen Perspektive in der Pädagogik Maria Montessoris. In: Haberl, H. (Hg.): Integration – Die Vielfalt als Chance – Möglichkeiten der Montessori-Pädagogik. Freiburg 1995, S. 104–125 (1995a).

Ludwig, Harald: Renaissance der Reformpädagogik? – Zur Aktualität der Reformpädagogik für die Gestaltung heutiger Schulwirklichkeit. In: ‚engagement' – Zeitschrift für Erziehung und Schule 4/1995, S. 253–263 (1995b).

Montessori, Maria: Über die Bildung des Menschen. Freiburg 1966.

Montessori, Maria: Frieden und Erziehung. Freiburg 1973.

Montessori, Maria: Von der Kindheit zur Jugend. Freiburg ³1979.

Montessori, Maria: „Kosmische Erziehung", hg. und eingel. von P. Oswald und G. Schulz-Benesch. Freiburg 1988.

Montessori, Maria: Gott und das Kind, hg. und eingel. von G. Schulz-Benesch. Freiburg 1995.

Petersen, Peter: Goethe und Aristoteles. Braunschweig 1914.

Petersen, Peter: Allgemeine Erziehungswissenschaft. Berlin ²1962 (1. Aufl. 1924).

Petersen, Peter: Der Ursprung der Pädagogik. Berlin-Leipzig 1931.

Petersen, Peter: Der Mensch in der Erziehungswirklichkeit. Weinheim-Basel 1984 (Reprint der 1. Aufl. von 1954).

Petersen, Peter: Führungslehre des Unterrichts. Braunschweig ⁶1959.

Reichwein, Adolf: Schaffendes Schulvolk – Film in der Schule. Die Tiefenseer Schulschriften – Kommentierte Neuausgabe, hg. von W. Klafki u. a. Weinheim/Basel 1993.

Röhrs, Hermann: Die Reformpädagogik – Ursprung und Verlauf in Europa. Hannover 1980 (4., durchges. Aufl. Weinheim 1994).

Scheibe, Wolfgang: Die reformpädagogische Bewegung – eine einführende Darstellung. Weinheim ¹⁰1994 (1. Aufl. 1969).

Schöler, Walter: Geschichte des naturwissenschaftlichen Unterrichts. Berlin 1970.

Trommer, Gerhard: Natur im Kopf – Die Geschichte ökologisch bedeutsamer Naturvorstellungen in deutschen Bildungskonzepten. Weinheim 1990.

Wilimzig, G.: Lernen und Selbständigkeit – Entdeckendes und exemplarisches Lernen in der Arbeitsschulkonzeption Kerschensteiners. Bern-Frankfurt 1984.

Zeidler, K.: Die Wiederentdeckung der Grenze. Jena 1926, Reprint Hildesheim 1985.

Wilfried Plöger

Wissenschaftstheorie im Unterricht?
(Beispiel: Chemieunterricht)

In diesem Beitrag soll thematisiert werden, inwiefern im naturwissenschaftlichen Unterricht wissenschaftstheoretische Fragestellungen – auch schon in der Sekundarstufe I – aufgegriffen werden können und müssen. Derartige Fragestellungen werden in den Curricula der verschiedenen Bundesländer z. B. dann berücksichtigt, wenn gefordert wird, daß Schüler und Schülerinnen die Modellhaftigkeit naturwissenschaftlicher Theorie erkennen, Theorie also nicht als Abbild von Wirklichkeit, sondern als deren Konstruktion verstehen sollen.

Die Realisierung eines solchen Lernzieles stellt hohe Anforderungen an die Lernenden:

– Derartige Lernziele sind nicht kurzfristig erreichbar. Schüler und Schülerinnen müssen über hinreichende naturwissenschaftliche Erkenntnisse verfügen, um die betreffenden Theorien verstehen zu können.
– Das Nachdenken über Theorien kann nicht durch direkte Anschauung unterstützt werden. Vielfach sind es lediglich Analogiefälle, die die abstrakten theoretischen Strukturen „veranschaulichen" können.
– Die Beurteilung einer Theorie gelingt Schülern in der Regel nur in direktem Vergleich mit einer weiteren Theorie. Das bedeutet zwangsläufig den Rückgriff auf ehemals diskutierte (und evtl. für „wahr" gehaltene) Theorien. Insofern sind gewisse Kenntnisse aus der Geschichte der Naturwissenschaften notwendig.
– Ein besonderes Problem stellt sich in zweifacher Weise in sprachlicher Hinsicht: Zum einen müssen die Lernenden die Begriffe der zu vergleichenden Theorien verstehen. Dies allein stellt an sie schon erhebliche Anforderungen. Zum anderen bedarf es aber auch einer Sprache, mit der man über Theorien spricht. Eine direkte Anlehnung an die in der empirischen Wissenschaftstheorie geläufigen Begriffe (Falsifikation, Ad-hoc-Hypothesen, Inkommensurabilität von Theorien usw.) ist hier nicht möglich.

Der Text bemüht sich um eine Auseinandersetzung mit diesen didaktisch-methodischen Schwierigkeiten. Zunächst wird versucht, die wissenschaftstheoretische Auseinandersetzung zwischen Karl Popper und Thomas Kuhn nachzuzeichnen, um dadurch einen Einblick in den Stand der empirischen Wissenschaftstheorie zu geben. Das Referat ist vollständig abgedruckt. Im Anschluß an das Referat dient eine aufgezeichnete Schulfunksendung zum Thema „Was geschieht bei der Verbrennung?" als Beispiel für die Thematisierung wissenschaftstheoretischer Probleme im Unterricht. Der Inhalt der Sendung ist für den Leser über den folgenden Auszug aus dem Begleitheft des Norddeutschen Rundfunks rekonstruierbar.

Quelle: Norddeutscher Rundfunk, Abteilung Schulfunk (Hg.): Natur und Technik, 1. Halbjahr 1978.

Was geschieht bei der Verbrennung?
Der Irrtum des Professors Stahl
(vom 5. Schuljahr an)

Inhalt der Sendung

Drei kurze Szenen, in denen es darum geht, daß etwas verbrannt und dabei leichter wird, leiten die Sendung ein. Dann erläutert Professor Georg Ernst Stahl seine Phlogistontheorie.

In einer Szene wird die Beobachtung des englischen Forschers Mayow, daß bei jeder Verbrennung Luft beteiligt ist, vorgeführt, und in einem fiktiven Gespräch findet eine Auseinandersetzung zwischen Mayow und Stahl statt. Auch zwischen dem französischen Arzt Pierre Bayen, der gegen die Phlogistontheorie mit dem Hinweis argumentierte, man könne Quecksilberoxid ohne jeden Zusatz von Phlogiston in Quecksilber verwandeln, und Georg Ernst Stahl findet ein solches Gespräch statt. Es endet mit der Frage Stahls, wo denn der Stoff sei, der nach den Vorstellungen Mayows und Bayens notwendig auch bei der Verbrennung von Kohle, Holz, Papier und dergleichen entstehen müsse. So können die Bedeutung des Kohlendioxids für die Verbrennung und Lavoisiers quantitative Untersuchungen zur Verbrennung beleuchtet werden.

Schließlich werden die drei Eingangsszenen wieder aufgegriffen und im Sinne der neuen Theorie von der Verbrennung gedeutet.

Hauptpersonen

Georg Ernst Stahl, Professor der Medizin und Chemiker – Mayow, englischer Arzt und Naturforscher – Pierre Bayen, französischer Arzt und Naturforscher – Lavoisier, französischer Chemiker

Namen und Begriffe

Phlogiston (von griechisch phlogiston = verbrannt) – Salpeter – Retorte – Kolben – Salpeterluft (= Sauerstoff) – Quecksilberkalk (= Quecksilberoxid)

Zur Auswertung der Sendung im Unterricht

Es wäre gut, wenn die Schüler vor dem Anhören der Sendung eigene Vorstellungen zum Thema „Was geschieht bei der Verbrennung" äußern. Die Sendung zeigt den Schülern, wie komplex der Verbrennungsvorgang ist und wie leicht man zu falschen Vorstellungen kommt, wenn die Beteiligung der Luft, oder genauer des Sauerstoffs, übersehen wird. Die Sendung kann nicht eine gründliche experimentelle Beschäftigung der Schüler mit der Verbrennung ersetzen; sie soll lediglich zu eigenen Versuchen anregen.

Vor dem Anhören der Sendung sollten die Schüler nach Möglichkeit schon folgendes wissen: Wenn Holz, Papier oder Kohle verbrennt, bleibt Asche zurück, die leichter ist als das Material vor der Verbrennung. So wie Wasser nicht nur als Flüssigkeit vorkommt, sondern auch als fester Stoff (Eis), als Pulver (Schnee) oder als Dampf, so gibt es auch andere Stoffe, die wie Luft gasförmig und unsichtbar sein können, ohne doch Luft selbst zu sein (Kohlendioxid).

Die Sendung sollte auf Tonband aufgenommen werden, damit bestimmte Passagen oder auch die ganze Sendung ein zweites Mal angehört werden kann.

Die von den Schülern selbst auszuführenden Versuche sollten folgendes deutlich werden lassen: Bei jeder Verbrennung ist Luft beteiligt. Der verbrennende Stoff verbindet sich mit einem Teil der Luft, dem Sauerstoff, zu einem neuen Stoff, der wie andere Stoffe auch entweder fest (MgO), flüssig (H_2O) oder gasförmig (CO_2) sein kann. Bei jeder Verbrennung entsteht Wärme, zuweilen so viel, daß sich eine Flamme bildet (Holz, Papier, Kohle), zuweilen aber auch weniger, so daß der verbrennende Stoff bei seiner Verbrennung nur aufglüht (Stahlwolle).

Am Ende der Unterrichtseinheit über die Verbrennung ist es gut, die Sendung noch einmal als Ganzes zu hören. Die Schüler sollen dann mit eigenen Worten sagen können, wie die Phlogistontheorie den Verbrennungsvorgang deutet und warum diese Theorie heute als falsch angesehen wird.

Zur Geschichte der Theorie von der Verbrennung

Die von dem Deutschen Georg Ernst Stahl (1660–1734) aufgestellte Phlogistontheorie war die erste, wenn auch falsche, theoretische Deutung des Verbrennungsvorganges in der wissenschaftlichen Neuzeit. Georg Ernst Stahl war Professor der Medizin und Chemiker. Er meinte, daß bei jeder Verbrennung ein besonderer Stoff, der in allen brennbaren Substanzen enthalten sei, entweiche: das Phlogiston. Dieses Entweichen von Phlogiston wird als Flamme sichtbar, als Wärme fühlbar.

Für diese Theorie spricht noch heute jede unvoreingenommene Verbrennung etwa von Holz, Papier oder Kohle. Die Phlogistontheorie ist zunächst so einleuchtend, daß sie sich trotz mancher Gegenargumente immerhin rund einhundert Jahre hat halten können. Selbst vor Stahl gab es schon gesicherte Beobachtungen über den Verbrennungsvorgang, die mit der Phlogistontheorie eigentlich nicht vereinbar waren.

So wußte schon der deutsche Alchemist Eck von Sulzbach um 1489 von der Gewichtszunahme der Metalle bei deren Verbrennung – er führte sie auf die Verbindung des Metalls mit einem Geist zurück. Der englische Arzt und Naturforscher Mayow (1645–1679) wußte – ebenfalls vor Stahl –, daß die Luft aus zwei Substanzen besteht, wovon die eine (die Salpeterluft = Sauerstoff) für jede Verbrennung erforderlich ist und die Gewichtszunahme bei der Verbrennung der Metalle verursacht. Mayows Entdeckungen wurden aber vergessen und erst nach dem Tode von Lavoisier wieder entdeckt.

Für Stahls Theorie sprach eben auch der Augenschein. Daß die Metalle bei ihrer Verbrennung schwerer werden, war auch Stahl bekannt; aber gegen die große Zahl von Verbrennungsvorgängen, bei denen das Gewicht abnimmt, war das Schwererwerden der Metalle eher eine Ausnahme denn ein Argument gegen die Phlogistontheorie.

Erst die Wiederentdeckung des Sauerstoffes durch Wilhelm Scheele (1742–1786) und Joseph Priestley (1733–1804) und die Untersuchungen von Pierre Bayen (1725–1797) und Antoine Laurent Lavoisier (1743–1794) brachten die Phlogistontheorie zu Fall. Bayen hatte schon vor Lavoisier festgestellt, daß sich Quecksilberkalk (Quecksilberoxid) ohne jeden Zusatz von Phlogiston in das Metall verwandeln läßt und mit dieser Beobachtung gegen die Phlogistontheorie argumentiert. Lavoisier kommt das Verdienst zu, die Vorgänge bei der Verbrennung quantitativ untersucht zu haben.

Die pädagogische Bedeutung der Phlogistontheorie für unsere Zeit muß dennoch sehr hoch eingeschätzt werden. Denn jeder Schüler (wie auch jeder unvoreingenommene Erwachsene) muß zunächst bei der Beobachtung von Verbrennungsvorgängen den Schluß ziehen, daß da „etwas herausgeht". Der Unterricht über Verbrennungsvorgänge darf deshalb diese Deutung nicht einfach übergehen. Denn falsch ist diese Deutung erst, wenn man die Beteiligung der Luft kennt und vom Kohlendioxid weiß.

Wissenschaftstheorie nach Thomas Kuhn

Wenn verschiedene Wissenschaftstheoretiker ihr Bild vom Gang der Wissenschaft entwerfen, dann kommen sie zu sehr unterschiedlichen Ergebnissen. Ein wichtiger Grund für diese Unterschiede liegt darin, ob und wie man wissenschaftshistorische Begebenheiten zur Kenntnis nimmt und die Schlüsse, die diese historische Forschung nahelegt, in sein Verständnis von Wissenschaftstheorie zu integrieren versucht. Verzichtet ein Wissenschaftstheoretiker weitgehend darauf, die überaus detailreichen und verschlungenen Wege der Forschung nachzuzeichnen, so entwirft er wahrscheinlich ein recht abstraktes, schematisches Bild der Wissenschaft: Ihr liegt dann eine „Logik der Forschung" (Popper) zugrunde, die sowohl den Prozeß der Theoriebildung als auch die Funktion experimenteller Arbeit in einen klaren Zusammenhang stellt.

Auf den ersten Blick wirkt diese Art und Weise, Wissenschaftstheorie zu betreiben, verblüffend; denn sie suggeriert uns das, wofür wir in der Regel besonders anfällig sind: „Ordnung", „Struktur", „Sinn". Wissenschaftstheorie vermag dann anscheinend den „roten Faden" zu legen, an dem entlang wir den Gang der Wissenschaft rekonstruieren und ihre Wege und Irrwege klar voneinander scheiden können. Aber genau diese Einfachheit und Klarheit ist es, die den kritischen Verstand argwöhnisch machen muß, weil er nicht mehr den „Widerstand der Sache" (Bollnow) spürt; die Geschichte im allgemeinen und die der Wissenschaft im besonderen ist zu komplex, zu differenziert, zu sperrig, als daß sie in ahistorischen und schematischen wissenschaftstheoretischen Entwürfen glatt aufgeht. Wer immer sich mit konkreter Geschichte der Wissenschaft beschäftigt, der wird sehr bald auf diese Hartnäckigkeit historischer Realität stoßen.

Man kann diese beiden Varianten, Wissenschaftstheorie zu betreiben – hier der weitgehende Verzicht auf die Kenntnisnahme historischer Details, dort die subtile Erforschung der entsprechenden Quellen –, eindrucksvoll veranschaulichen, wenn man zum Beispiel die Wissenschaftskonzeptionen von Karl Popper und Thomas Kuhn gegenüberstellt. Poppers Verständnis von Wissenschaft – bekannt geworden unter dem Begriff „Kritischer Rationalismus" – basiert auf der Forderung, Theorien so zu formulieren, daß sie falsifizierbar sind. Falsifizierbarkeit ist deshalb das Abgrenzungskriterium zwischen wissenschaftlichen und nicht-wissenschaftlichen Aussagen. Eine Theorie kann nicht durch induktive Verallgemeinerung gestützt, sondern muß hypothetisch-deduktiv geprüft werden: Aus der zu prüfenden Theorie, die von ihrer logischen Form her eine Allaussage darstellt („Alle Schwäne sind weiß"), werden singuläre Sätze hergeleitet. Diese singulären Sätze – nicht die Theorie – werden mit der Realität konfrontiert; bestätigt das Experiment den singulären Satz, so gilt auch die Theorie, d. h. die Allaussage, bis auf weiteres, wird dagegen der singuläre Satz falsifiziert, dann ist auch die Theorie falsifiziert („Es gibt auch nicht-weiße Schwäne."). Insgesamt gesehen, besteht für Popper kein Zweifel daran, daß die empirische Prüfung von Theorien ein streng rationales Unternehmen ist.

Die Entwicklung der Wissenschaft läßt sich vor diesem Hintergrund als Geschichte vielfacher Falsifizierungsversuche rekonstruieren, durch die sukzessive Theorie um Theorie eliminiert wurde und sich Theorien herausbildeten, deren Erklärungs- und Prognosewert permanent stieg. Diese lineare Entwicklung geht mit einer entsprechenden Akkumulation von Wissen einher; sie erzeugt zwar niemals absolute Wahrheit, läßt sich nach Popper aber als asymptotische Annäherung an diese absolute Wahrheit verstehen. Vergleicht man nun diese Poppersche Wissenschaftstheorie mit der von Kuhn, dann zeigt sich ein Gegensatz, den man sich kaum krasser vorstellen kann. In seinem in deutscher Sprache erstmals 1967 erschienenen Buch „Die Struktur wissenschaftlicher Revolutionen" (hier zitiert nach der vierten, mit einem Postscriptum versehenen Auflage von 1979; im amerikanischen Original „The Structure of Scientific Revolutions" von 1962) entwirft Kuhn, gestützt auf eine Fülle historischer Beispiele, ein Bild der Wissenschaft, das man in einem ersten Annäherungsversuch folgendermaßen charakterisieren kann:

1. Das Studium der Wissenschaftsgeschichte zeigt, daß es niemals Falsifikationen von Theorien gegeben hat, weil der Wettstreit zwischen Theorien durch experimentelle Überprüfung überhaupt nicht entschieden werden könne (S. 157f).
2. Was Popper als Falsifikationsversuch betrachtet, besteht für Kuhn in der Ablehnung einer Theorie und der daran unbedingt gekoppelten Annahme einer anderen Theorie; Entscheidung gegen eine bestimmte Theorie heißt also immer auch gleichzeitige Entscheidung für eine andere (S. 90, 92). Es sei denn, man tritt radikal vom Geschäft der Wissenschaft zurück (S. 92).
3. Wissenschaftsgeschichte kann man nicht mit dem Modell linearer Entwicklung beschreiben; sie verläuft vielmehr in Sprüngen, wobei es zu solchen Brüchen in der wissenschaftlichen Tradition kommt, daß Kuhn sie als Revolutionen bezeichnet (S. 97f).
4. Die rationale Tätigkeit der empirischen Überprüfung von Theorien ruht auf einem zum Teil irrationalen Fundament. Denn sie greift auf Konventionen (metatheoretische Regeln) zurück, für die es keine Letztbegründungen gibt.

Im folgenden möchte ich nun versuchen, die Wissenschaftskonzeption von Kuhn ausführlicher zu erläutern. Zu diesem Zweck stelle ich zunächst den Ablauf von Wissenschaft dar, der nach Kuhn in bestimmten Phasen erfolgt. Er bezeichnet sie als „normale Wissenschaft", als „Krise" und als „außerordentliche Wissenschaft", auf die dann wieder eine Phase „normaler Wissenschaft" folgt.

1. Das Wesen der normalen Wissenschaft

Unter normaler Wissenschaft versteht Kuhn diejenige Forschung, „die fest auf einer oder mehreren wissenschaftlichen Leistungen der Vergangenheit beruht, Leistungen, die von einer bestimmten wissenschaftlichen Gemeinschaft eine Zeitlang als Grundlagen für ihre weitere Arbeit anerkannt werden"

(19794, S. 25). Diese Grundlagen bezeichnet Kuhn auch als Paradigmata (griechisch: pardeigma = Beispiel, Muster). Leider versäumt Kuhn es, den Begriff des Paradigmas durch eine knappe und scharfe Formulierung zu bestimmen, so daß es dem Leser überlassen bleibt, den vielen, über das gesamte Buch zerstreuten Hinweisen zu entnehmen, was nun die Natur eines Paradigmas sei. Besonders aufschlußreich erscheinen folgende Bestimmungsstücke:

– Als typische Beispiele für Paradigmata nennt Kuhn die Ptolemäische Astronomie, die Aristotelische Dynamik, die Korpuskular- oder die Wellenoptik (S. 25).
– Es gibt für ein bestimmtes Paradigma einen anerkannten Kanon von Beispielen, Gesetzen, Theorien, Experimenten, Anwendungen und Hilfsmitteln (S. 25, 151).
– Ein Paradigma bindet die Wissenschaftler an bestimmte „Weltauffassungen und Regeln" (S. 155) und stiftet deshalb Traditionszusammenhänge.
– Befürworter unterschiedlicher Paradigmata „bewegen sich immer in gewissem Grade auf verschiedenen Ebenen" (S. 159), weil die konkurrierenden Paradigmata inkommensurabel sind (S. 161).
– Ein Paradigma liefert Auswahlkriterien für die Relevanz der zu untersuchenden Fakten; fehlt ein Paradigma, so „scheinen alle Tatsachen, die irgendwie zu der Entwicklung einer bestimmten Wissenschaft gehören könnten, gleichermaßen relevant zu sein" (S. 30).
– Paradigmata bilden eine Rechtfertigungsgrundlage (S. 34), die den einzelnen Wissenschaftler darin entlastet, sein Fachgebiet von den Grundprinzipien her ständig neu legitimieren zu müssen.
– Diese Entlastung von permanenter Rechtfertigung verschafft dem Wissenschaftler Freiraum; er kann sich auf die „subtilsten und esoterischsten Aspekte der Naturerscheinungen, mit denen sich seine Gruppe befaßt, konzentrieren" (S. 34).

Dieser zuletzt genannte Aspekt – die esoterische, spezialisierte Forschung – macht nach Kuhn nahezu die gesamte Tätigkeit normaler Wissenschaft aus, die sich sowohl in theoretischer als auch in empirischer Hinsicht in drei Klassen von Problemen aufteilen läßt: (a) Bestimmung bedeutsamer Tatsachen, (b) gegenseitige Anpassung von Fakten und Theorie und (c) Artikulierung der Theorie (S. 47). Bei der Bestimmung von Fakten (a) geht es insbesondere um „Genauigkeit und Ausmaß" (S. 39) der Kenntnis; in der Chemie betrifft dies etwa die Bestimmung von Siedepunkten oder Molekulargewichten, die Untersuchung der Zusammensetzung von Stoffen und die Bestimmung von Strukturformeln. Durch die gegenseitige Anpassung von Fakten und Theorie (b) versucht man, die Übereinstimmung von Theorie und Praxis zu demonstrieren. So ist der Foucaultsche Pendelversuch ein raffinierter Beleg für die Drehung der Erde um ihre Achse und die Atwoodsche Fallmaschine eine treffende Dokumentation des zweiten Newtonschen Gesetzes (F = m.a). Die Artikulierung einer Theorie (c) soll deren Exaktheit erhöhen. Wenn Newton z. B. seine Gesetze auf Pendelbewegungen anwenden wollte, so mußte er den Pendelkörper idealisierend als Massepunkt betrachten, damit überhaupt eine Definition der Pendellänge möglich wurde. Als Sammelbegriff für die Tätigkeiten in den beschriebenen drei Bereichen benutzt Kuhn auch den Terminus „Rätsellösen" (S. 50f).

Man darf über die vielen Details, die man erläuternd und beispielhaft für diese drei Klassen von Problemen, für das Rätsellösen insgesamt, anführen könnte, nicht die globale Wirkung eines Paradigmas aus dem Auge verlieren: Es bindet den Wissenschaftler (S. 54, 55) in einer wissenschaftlichen Gemeinschaft, es stellt ein Netz von Verpflichtungen begrifflicher, theoretischer, instrumenteller und methodologischer Art dar. Zur Durchführung eines Experimentes kann ein Wissenschaftler z. B. nicht beliebige Instrumente verwenden, sondern nur solche, deren Funktionsweise kompatibel mit der anerkannten Theorie sind. Ansonsten würde er sich dem Vorwurf aussetzen, „gar nichts" oder „falsch" gemessen zu haben. Ein Beispiel wie dieses (Wahl und Rechtfertigung von Meßinstrumenten) zeigt, daß die Tätigkeit im Rahmen der normalen Wissenschaft regelgeleitet ist. Dieser Sachverhalt legt allerdings die Frage nahe, warum Kuhn den relativ vagen Begriff des Paradigmas nicht fallen läßt und statt dessen einen bestimmten Kanon von allgemein verbindlichen Regeln angibt. Die Antwort auf diese Frage muß im Unterschied zwischen Regeln und Paradigmata gesehen werden: „Regeln ... leiten sich von Paradigmata her, aber Paradigmata können die Forschung selbst noch bei fehlenden Regeln leiten" (S. 56). Für diese „Priorität der Paradigmata" (S. 57) gegenüber den Regeln führt Kuhn vier gewichtige Gründe an: Erstens ist es überaus schwierig, die Regeln zu erkennen, welche die normal-wissenschaftliche Tätigkeit leiten (S. 60). In Anlehnung an Ludwig Wittgenstein könnte man in den einzelnen Tätigkeiten lediglich „Familienähnlichkeiten", aber keine klar abgrenzbaren Regeln erkennen. Zweitens lernen Wissenschaftler in ihrer Ausbildung „Begriffe, Gesetze und Theorien niemals in abstracto und an sich. Vielmehr begegnet man diesen geistigen Werkzeugen von Anfang an innerhalb eines historisch und pädagogisch vorgegebenen Komplexes, der sie mit ihren Anwendungen und durch diese darbietet" (S. 60). Drittens ist ein verstärktes Bedürfnis nach explizit formulierten Regeln normalerweise erst dann zu verzeichnen, wenn das vorherrschende Paradigma nicht mehr als zuverlässig und tragfähig angesehen wird (S. 62). Wie im weiteren noch deutlich wird, ist dieser Fall eher eine Ausnahmesituation. Und viertens: Regeln sind „gewöhnlich einer sehr breiten wissenschaftlichen Gruppe gemeinsam; für Paradigmata aber muß das nicht zutreffen" (S. 63).

Neben der sozialen Funktion der Paradigmata und der ihnen nachgeordneten Regeln für die wissenschaftliche Gemeinschaft sei in Kürze noch auf ihre Funktion für den einzelnen Forscher verwiesen. Er kann in seiner konkreten Tätigkeit des Rätsellösens doch offensichtlich nicht nur soziale Motive haben, sondern es muß für ihn auch eine individuelle Perspektive bestehen, die seiner alltäglichen Arbeit Sinn gibt. Kuhn sieht diese Perspektive für den einzelnen in der Überzeugung, „daß er, wenn er nur geschickt genug ist, beim Lösen eines Rätsels Erfolg haben wird, das vor ihm noch keiner gelöst oder so gut gelöst hat. Viele der größten Wissenschaftler haben ihre ganze fachliche Aufmerksamkeit solchen anspruchsvollen Rätseln gewidmet" (S. 52).

2. Anomalien und die Entstehung von Krisen

Wenden wir nun den Blick von den im vorangegangen beschriebenen Tätigkeiten des Wissenschaftlers auf die dadurch erzeugten Resultate. Normale Wissenschaft führt langfristig zu einer „Genauigkeit der Informationen und einer Exaktheit des Zusammenspiels von Beobachtung und Theorie, die auf keine andere Weise erreicht werden könnte" (S. 77). Die Kehrseite dieser Professionalisierung ist jedoch kaum zu übersehen. Dadurch, daß die paradigmageleitete Wissenschaft in überaus starren Bahnen (s. S. 63) verläuft, wächst die Beschränkung des Gesichtskreises des Wissenschaftlers und dessen „Widerstand gegen Paradigmaveränderung" (S. 77) ständig an.

Für eine historisch orientierte bzw. fundierte Wissenschaftskonzeption wie die von Kuhn stellt sich dann aber doch die Frage nach der Möglichkeit des Neuen: Wenn für den Ablauf von Geschichte nichts beständiger ist als ihr Wandel, dann muß es Ereignisse geben, die die Starrheit des Gegebenen aufsprengen und neuartige Entwicklungen einleiten. Es müssen – um mit Kuhn zu sprechen – Entdeckungen (neue Tatsachen) und Erfindungen (neue Theorien) möglich sein.

Solche Entdeckungen und Erfindungen treten erst im Stadium hochspezialisierter Forschung auf. Je exakter und umfassender ein Paradigma ist, desto empfindlicher wird es für die Registrierung von Anomalien und desto wahrscheinlicher führt dies zu einer Paradigmaveränderung. Wie nun solche Anomalien auftreten und eine Veränderung des geltenden Paradigmas hervorrufen können, demonstriert Kuhn am Beispiel der Forschungen von Priestley (1733–1804) und Lavoisier (1743–1794). Die veranschaulichende Funktion dieses Beispiels ist zweifelsohne gegeben; sie soll im folgenden aber noch verstärkt werden, indem vorwiegend die Untersuchungen Lavoisiers zur Verbrennung mit der von Georg Ernst Stahl (1659–1734) vertretenen Phlogistontheorie kontrastiert werden (Stahl war Professor der Medizin in Halle und später Leibarzt von Friedrich Wilhelm I. in Berlin). Der größere zeitliche Abstand zwischen Stahl und Lavoisier (über ein halbes Jahrhundert) und die Tatsache, daß Stahl im Vergleich zu Priestley – dieser war übrigens lange Zeit auch ein überzeugter Anhänger der Phlogistontheorie – nicht von den Auffassungen Lavoisiers in irgendeiner Weise beeinflußt sein konnte (als Lavoisier geboren wurde, war Stahl schon fast zehn Jahre tot), heben den Unterschied der Ansichten zum Verbrennungsvorgang stärker hervor.

Die Phlogistontheorie war eine überaus erfolgreiche chemische Theorie, die noch ganz der antiken Vorstellung verhaftet war, derzufolge Feuer, Wasser, Erde und Luft die vier Elemente bilden, aus denen sich alle anderen Körper zusammensetzten. Dieses Paradigma von den vier Elementen wurde von Stahl zwar weniger zur Konstruktion der Phlogistontheorie als zu ihrer Immunisierung gegenüber falsifizierenden Gegenargumenten benutzt. Aber letztendlich war sie das unzweifelhafte Fundament, auf dem auch Stahl noch stand. Nur dieser Sachverhalt erklärt hinreichend, warum Stahl in seinen Experimenten und denen vieler Zeitgenossen nicht das „sehen" konnte, was Lavoisier mehrere Jahrzehnte später in gleichen oder ähnlichen Experimenten „sah".

Im Sinne der Phlogistontheorie sind die verbrennbaren Körper aus einem verbrennbaren und einem nichtverbrennbaren Teil zusammengesetzt. Die verbrennbare Substanz nannte man Phlogiston (griechisch: phlogists = verbrannt). Je mehr Phlogiston ein Körper enthält, um so besser brennt er. Holz und Kohle enthalten demnach viel, Steine dagegen kein Phlogiston. Verbrennt ein Körper, so entweicht dabei das Phlogiston; da es allein aber nicht existieren kann, wird es von der Luft aufgenommen.

Der Erfolg der Phlogistontheorie beschränkte sich nicht nur auf die Erklärung alltäglicher Verbrennungsvorgänge. Auch die Verhüttung von Metalloxyden ließ sich damit beschreiben. Wenn wir heute sagen, daß im Hochofen Metalloxyd mit Kohlenstoff unter Zuführung von Wärmeenergie zu Metall reduziert wird, dann hieß das phlogistisch: Metallkalke (so nannte man damals Metalloxyde) verbinden sich mit Kohle zu Metall. Da Kohle nahezu reines Phlogiston ist, gilt die Gleichung: Metallkalk + Phlogiston = Metall (und umgekehrt: Metall – Phlogiston = Metallkalk). Außer diesen Verbrennungs- und Verkalkungsvorgängen diente die Phlogistontheorie auch zur Erklärung bestimmter Lösungsvorgänge, wie etwa des Lösens von Metallen in Säuren. (Zinn löst sich in Salpetersäure und oxydiert dabei zu Zinnoxyd; phlogistisch gesprochen: Das im Metall enthaltene Phlogiston geht zur Säure über; dabei wird Metallkalk ausgeschieden.)

Die Phlogistontheorie verbreitete sich aufgrund ihres hohen Erklärungswertes sehr rasch. In der zweiten Hälfte des 18. Jahrhunderts wurde sie auch in Frankreich und auf den Britischen Inseln als allgemeingültig anerkannt. Mit zunehmender Spezialisierung in der Phlogistonforschung trat aber bald das auf, was sich nach Kuhn in dieser Phase zwangsläufig ergeben muß: Anomalien. Die wohl bekannteste Anomalie bestand in der Tatsache, daß Metalle bei der Verbrennung schwerer (und nicht – wegen der behaupteten Abgabe von Phlogiston – leichter) werden. Das Auftauchen einer solchen Anomalie und weiterer anderer Entdeckungen führt allerdings niemals sofort zur Erfindung, zur Formulierung einer neuen Theorie. Vielmehr reagieren Wissenschaftler so, daß sie „sich zahlreiche Artikulierungen und ad hoc-Modifizierungen ihrer Theorie ausdenken, um jeden scheinbaren Konflikt zu eliminieren" (S. 91). So soll beispielsweise der französische Chemiker Guyton de Morveau die Gewichtszunahme von Metallen bei der Verbrennung folgendermaßen erklärt haben: „Man stelle sich eine Waage unter Wasser vor. Man belaste beide Waagebalken mit Bleikugeln von gleichem Gewicht, dann befestige man auf einem Balken ein großes Stück Kork. Man bemerkt, daß dieser Balken sich heben wird, obzwar er mit dem Kork belastet wurde. Wenn man den Kork wegnimmt, wird der Balken erneut sinken, obgleich etwas fortgenommen und er infolgedessen leichter geworden ist. Die Ursache dieser Erscheinung ist der Umstand, daß in Wasser gewogen wird und Kork leichter als Wasser ist. Phlogiston ist jedoch leichter als Luft. Wägt man also in Luft, so tritt eine ähnliche Erscheinung auf, d. h. auf Entweichen von Phlogiston muß die Waage mit Gewichtszunahme reagieren" (zitiert nach: Szabadváry 1973, S. 71f). Andere Wissenschaftler erklärten das Phänomen der Gewichtszunahme damit, daß Phlogiston – vergleichbar den Elementen Luft und Feuer in der aristotelischen Theorie – ein „negatives" Gewicht habe oder daß es von „positiver Leichtigkeit" sei (s. dazu Mason 1961, S. 362).

Nimmt nun im Laufe der Zeit die Zahl von Anomalien zu, so wächst auch der Grad der Bewußtheit, mit der sie wahrgenommen werden (S. 75, 76). In theoretischer Hinsicht ist in gleichem Zuge eine „Wucherung von Versionen einer Theorie" (Kuhn 19794, S. 83) zu verzeichnen. Diese beiden Aspekte sind die entscheidenden Symptome für die Krise (ebd.). Wissenschaft ist jetzt nicht mehr „normale Wissenschaft", weil die vielen Entdeckungen das alte Paradigma ins Wanken gebracht haben; sie ist aber auch noch keine „neue" normale Wissenschaft, weil die Erfindung, die neue Theorie, die zu einem neuen Paradigma werden kann, noch nicht existiert.

Kuhn führt für diesen krisenhaften Status den Begriff der „außerordentlichen Wissenschaft" (S. 90ff) ein, deren Merkmale sich in den Tätigkeiten der Forscher widerspiegeln. Als besonders wichtige Merkmale sind hervorzuheben:

1. Obwohl der Wissenschaftler weiß, „daß die Regeln der normalen Wissenschaft nicht ganz richtig sein können, wird er sie doch strenger befolgen, um zu sehen, wo und wie weit sie im Bereich der Störungen anerkannt werden können" (S. 100).
2. Er wird nach Wegen suchen, die die Unsicherheit der Theorie erhöhen und zu ihrem Zusammenbruch führen können (ebd.).
3. Da Experimentieren immer theoriegeleitet erfolgt, „wird der Wissenschaftler in einer Krise ... versuchen, spekulative Theorien aufzustellen, die dann, wenn sie erfolgreich sind, den Weg zu einem neuen Paradigma zeigen könnten und, falls sie keinen Erfolg bringen, relativ leicht aufgegeben werden können" (ebd.).
4. Die steigende experimentelle Tätigkeit erweckt den Anschein von Hektik und Zufallsbedingtheit (ebd.).
5. Es ist eine wachsende Neigung der Wissenschaftler zu registrieren, eine „grundlegende philosophische Analyse der jeweiligen Forschungstradition" (S. 101) vorzulegen und diese – wenn noch keine geeigneten realen Experimente zur Verfügung stehen – durch Gedankenexperimente argumentativ zu stützen.

Diese von Kuhn genannten Charakteristika für außerordentliche Forschung sind nur begrenzt geeignet, um die Situation der Chemie kurz vor der Formulierung der Theorie Lavoisiers zu beschreiben. Die experimentellen Arbeiten der Briten Joseph Black (1728–1799), Henry Cavendish (1731–1810) und Joseph Priestley (1733–1804) standen noch auf dem Boden der alten Chemie; sie hatten also noch keine Erfindung (keine neue Theorie), wohl aber interessante Entdeckungen (neue Tatsachen) vorzuweisen, so daß die von ihnen geleistete Arbeit nur ansatzweise zur Aufweichung des Paradigmas von der Zusammensetzung der Körper aus den vier Elementen beitrug. Drei Beispiele mögen das belegen (s. ausführlich dazu Mason 1961, S. 364f):

- Black hatte zur Mitte des 18. Jahrhunderts eine gasförmige Substanz nachgewiesen: fixe Luft (wir nennen sie Kohlendioxid). Diese fixe Luft entwich z. B. beim Erhitzen von Magnesiumcarbonat. Sie unterschied sich in ihren Eigenschaften deutlich von der atmosphärischen Luft, da sie die Verbrennung und Atmung nicht unterhielt. Diese Entdeckung mußte aber nicht gegen die Phlogistontheorie sprechen; beim Verbrennen von Kalkstein konnte ja beides – Phlogiston und fixe Luft – entweichen.
- Cavendish hatte sich die Erfindung der pneumatischen Wanne durch Stephen Hales (1677–1761) zunutze gemacht. Unter einer mit Wasser (oder Quecksilber) gefüllten Flasche, die mit der Öffnung nach unten in eine mit der gleichen Flüssigkeit gefüllten Wanne gehalten wurde, fing er „brennbare Luft" (= Wasserstoff) auf, die beim Lösen von Metallen in Säuren freigesetzt wurde.
- Priestley konnte mit Hilfe der pneumatischen Wanne eine Reihe weiterer Gase isolieren, z. B. Ammoniak, Chlorwasserstoff, Sauerstoff, Stickstoff und Kohlenmonoxyd. Er blieb jedoch zeitlebens ein Anhänger der Phlogistontheorie (s. Kuhn 1979[4], S. 69).

Diese Entdeckungen legten die Vermutung nahe, daß „Luft" kein einheitlicher Stoff war; dennoch blieben diese Forscher vorerst Anhänger der Phlogistontheorie, sie suchten also nicht konsequent genug nach Möglichkeiten, die Unsicherheit der Theorie zu erhöhen (s. oben; 2. Merkmal), und ihre experimentellen Arbeiten sind – aus der Sicht streng paradigmageleiteter Forschung – eher zufallsbedingt (4. Merkmal).

Von diesen Entdeckungen heben sich die Arbeiten Lavoisiers ab. Sein Bestreben war systematischer, weil er sich zum Ziel gesetzt hatte, die unterschiedlichen Erklärungsansätze für die Verbrennungsvorgänge auf einen neuen theoretischen Nenner zu bringen. Ein Tagebuchauszug dokumentiert das:

„Die Wichtigkeit des ins Auge gefaßten Ziels veranlaßte mich, diese ganze Arbeit auf mich zu nehmen, die dazu bestimmt zu sein schien, eine Umwälzung in Physik und Chemie herbeizuführen. Ich habe mich verpflichtet gefühlt, alles anzusehen, was vor mir bloß andeutungsweise getan worden ist; ich habe mir vorgenommen, alles mit größerer Sicherheit zu wiederholen, um unsere Kenntnis von der Luft, die Verbindungen eingeht oder die aus Substanzen befreit wird, mit anderen erlangten Erkenntnissen zu verknüpfen und daraus eine Theorie zu bilden" (zitiert n. Mason 1961, S. 366).

Die in diesen Aussagen Lavoisiers angekündigten Forschungsabsichten darf man als Merkmale außerordentlicher Wissenschaft ansehen, denn sie zeigen,

- daß er die Regeln der normalen Wissenschaft (hier die Art, Experimente durchzuführen und auszuwerten) strenger befolgen wollte (1. Merkmal der außerordentlichen Wissenschaft), daß er dies tat, um die Unsicherheit des alten Paradigmas zu erhöhen (2. Merkmal),
- daß er der alten eine neue, erfolgversprechendere Theorie gegenüberstellen wollte (3. Merkmal),
- daß er letztlich bereit sein mußte, den Bruch mit einer langen Forschungstradition (5. Merkmal) zu wagen.

Daß man in den Aussagen nicht das oben angeführte 4. Merkmal entdecken kann, läßt darauf schließen, daß Lavoisier ab einem bestimmten Zeitpunkt genau wußte, welche Experimente die entscheidenden waren und welche Schlüsse er aus ihnen zu ziehen hatte. Die neue Theorie leitete sein Vorgehen systematisch; er war überzeugt, daß sich beim Verbrennen von Metallen ein Teil der Luft mit diesen Metallen „vereint". Der folgende ausführlichere Textauszug aus seiner Schrift „Über das Verbrennen von Zinn in geschlossenem Raum und über die Ursachen der Gewichtszunahme der Metalle" (1774) schildert Lavoisiers Gedankenexperiment (5. Merkmal):

„In den Kapiteln 5 und 6 meines am Anfang des Jahres publizierten Werkes, ‚Opuscules physiques et chimiques' beschrieb ich Erfahrungen, aus welchen zu schließen war, daß, wenn Blei oder Zinn unter einer mit Wasser oder Quecksilber verschlossenen Glocke verbrannt werden, das Luftvolumen sich etwa um ein Fünftel vermindert, während das Gewicht der Metalle ungefähr dieser zerstörten oder absorbierten Luftmenge entsprechend zunimmt. Ich folgerte aus diesen Erfahrungen, daß ein Teil der Luft oder irgendeine Substanz, die darin enthalten ist und sich im elastischen Zustand befindet, bei der Verbrennung sich mit dem Metall vereint und die Gewichtszunahme verursacht ...

So deutlich auch diese Erfahrungen waren, sie standen im Widerspruch zu den in der Arbeit ‚Über das Gewicht von Feuer und Flamme' veröffentlichten Befunden des Herrn Boyle. Dieser berühmte Wissenschaftler glühte in geschlossenem Gefäß Blei und Zinn ... Aus seinen Versuchsergebnissen zog er den Schluß, daß Flamme und Feuerstoff das Glas zu durchdringen vermögen und sich mit dem Metall vereinigend die Gewichtszunahme verursachen. Wie eindeutig auch meine Versuchsergebnisse gewesen sein mochten, die Angaben eines so berühmten Physikers wie Boyle waren dazu geeignet, Zweifel an meinen eigenen Erfahrungen aufkommen zu lassen, weshalb ich mich entschloß, seine Versuche zu wiederholen, und zwar nicht nur unter den Umständen, wie sie Boyle ausführte, sondern auch unter Umständen, die mir geeigneter zu sein schienen, meine Folgerungen zu beweisen ... Ich überlegte folgendermaßen: Würde die Gewichtszunahme der im geschlossenen Raum verbrannten Metalle von dem Feuerstoff stammen, der durch die Glaswand dringt, wie es Boyle sich vorstellt, so müßte in dem Fall, wenn eine bekannte Menge eines

Metalles unter ein Glas gebracht und hermetisch abgeschlossen und das Gesamtgewicht bestimmt und danach das Metall über Kohle verbrannt wird, wie Boyle es tat, nachher aber, bevor man öffnet, ein erneutes Wiegen entsprechend der Menge des durchgedrungenen Feuerstoffs eine Gewichtszunahme zeigen. Würde jedoch, schloß ich weiter, für die Gewichtszunahme des Metallkalks weder der Feuerstoff noch irgendein Stoff von außen, sondern die Fixierung der unter dem Gefäß befindlichen Luft verantwortlich sein, so darf das Gefäß nach dem Glühen nicht mehr wiegen als zuvor, es wird jedoch zum Teil luftleer, weshalb eine Gewichtszunahme sich erst zeigen wird, wenn man die fehlende Luft von außen hineinläßt . . ." (zitiert n. Szabadváry 1973, S. 79f)

Lavoisier beließ es bekanntlich nicht bei diesem Gedankenexperiment. Er stellte die nötigen Metallspiralen her und verbrannte sie in unterschiedlich großen Retorten. Seine Schlußfolgerungen lauteten:

„Erstens, in gegebenem Volumen Luft kann nur eine bestimmte Menge von Zinn verbrannt werden. Zweitens, die verbrennbare Menge ist größer in einem großen Gefäß und kleiner in einem kleinen Gefäß, wobei es sich aber nicht eindeutig beweisen ließ, daß die verbrannte Metallmenge dem Rauminhalt des Gefäßes proportional gewesen war. Drittens, es besteht keine Gewichtsdifferenz zwischen den Gewichten der vor und nach der Verbrennung gemeinsam gewogenen hermetisch verschlossenen Retorte, woraus eindeutig folgt, daß die Gewichtszunahme weder von dem Feuerstoff noch von irgendeiner anderen äußeren Ursache verursacht werden kann. Viertens, die Gewichtszunahme des Zinns beim Verbrennen stimmt genau mit der absorbierten Luftmenge überein. Das beweist, daß die Dichte des sich mit dem Metall vereinenden Anteils der Luft beinahe vollständig der Dichte der atmosphärischen Luft entspricht.

Ich könnte noch weitere besondere Gedanken anfügen, die mir während der Versuche mit dem Verbrennen der Metalle in geschlossenem Raum gekommen sind, die jedoch zu kompliziert sind, als daß sie dem Leser kurzgefaßt und doch verständlich hier dargelegt werden könnten. Diese Gedanken führten mich zu der Annahme, daß derjenige Teil, der sich mit dem Metall vereint, schwerer, derjenige, der nach der Verbrennung im Gasraum zurückbleibt, hingegen leichter ist als die atmosphärische Luft. Das spezifische Gewicht der Luft würde sich demnach aus den Dichten der beiden Teile ergeben. Es sind aber noch unmittelbarere Beweise nötig, um all dies entschieden behaupten zu dürfen . . . Man sieht also, daß ein Teil der Luft dazu geeignet ist, mit Metallen Kalke zu bilden, während der andere Teil dies nicht vermag. Dieser Umstand läßt glaubhaft erscheinen, die atmosphärische Luft sei nicht einheitlich, sondern bestehe aus zwei verschiedenen Stoffen. Meine gegenwärtig mit Quecksilberkalk verlaufenden Versuche bestärken diese Vermutung. Ohne daß ich dieser Arbeit vorgreifen möchte, kündige ich es hier an, daß nicht die ganze Luft atembar ist; daß der gesunde Teil der Luft derjenige ist, der sich beim Verbrennen mit den Metallen vereinigt, während der andere eine gewisse Art von einem Stickstoff ist, der weder das Atmen noch das Brennen unterhält . . ." (zitiert n. Szabadváry 1973, S. 82).

Die von Lavoisier gemachten Entdeckungen waren gekoppelt mit einer Erfindung: Luft ist kein Urelement, sondern eine aus (mindestens) zwei Stoffen zusammengesetzte Substanz. Aber selbst diese Einsicht überzeugte längst nicht alle Phlogistontheoretiker, vor allem diejenigen nicht, die inzwischen dazu neigten, die von Cavendish entdeckte „brennbare Luft", den Wasserstoff, für das immer noch gesuchte Phlogiston zu halten. Priestley hatte 1774 Sauerstoff (in seiner Sprache „dephlogistizierte Luft") und Wasserstoff gemischt und festgestellt, daß sich dabei das Ausgangsvolumen verminderte. Betrug das Mischungsverhältnis 2:1, so waren die Gase nach heftiger Explosion ganz verschwunden. Auch Carl Scheele (1742–1786) hatte diese Beobachtungen gemacht und aus ihnen geschlossen: Phlogiston (Wasserstoff) verbindet sich mit „Feuerluft" (Sauerstoff) zu Wärmestoff, der durch die Gefäßwände entweiche. Da diese Versuche in Gefäßen mit Wasser als Sperrflüssigkeit durchgeführt wurden, ist es nicht verwunderlich, daß man das bei der Reaktion von Wasserstoff und Sauerstoff entstehende Wasser nicht bemerkte. Dieser Nachweis gelang aber Lavoisier, als er 1783 Wasserstoff und Sauerstoff in ein durch Quecksilber abgesperrtes Gefäß leitete und synthetisierte: Das Reaktionsprodukt war reinstes Wasser (s. dazu Szabadváry 1973, S. 98f). Damit war nun nicht nur erwiesen, daß Wasserstoff kein Phlogiston ist, sondern daß auch Wasser – wie Luft – kein Urelement, also ein zusammengesetzter Stoff ist.

Überzeugten diese Tatsachen auch den Rest der Phlogistontheoretiker? – Während sich einige der Sichtweise Lavoisiers anschlossen, blieben andere hartnäckig. Noch 1790 beurteilte er in einem Brief an Benjamin Franklin nach Amerika die Situation relativ pessimistisch: „... Die französischen Wissenschaftler sind zur Zeit in zwei Gruppen gespalten, die Anhänger der alten und der neuen Chemie. Auf meiner Seite stehen Morveau, Berthollet, Fourcroy, Laplace, Monge und die Physiker im allgemeinen. Die Londoner und die übrigen englischen Wissenschaftler geben allmählich gleichfalls Stahls Theorie auf, auf der man in Deutschland jedoch noch hartnäckig beharrt. Nun, das war die Revolution, die sich seit ihrer Abreise aus Europa auf einem wichtigen Gebiet der Wissenschaft abgespielt hat. Diese Revolution möchte ich dann für vollständig und beendet betrachten, wenn Sie sich ihr auch anschließen würden" (zitiert n. Szabadváry 1973, S. 151).

3. Paradigmenwechsel als „wissenschaftliche Revolutionen"

Wie immer sich auch Franklin gegenüber dem Wunsch Lavoisiers verhalten haben mag, Kuhn hätte sich ihm spontan angeschlossen, denn Paradigmenwechsel – und dies ist der eigentliche Kern seines Essays – sind für ihn „wissenschaftliche Revolutionen" (S. 103, 104ff, 123ff). Nun kann man unterschiedlicher Meinung darüber sein, ob der Terminus „Revolution" im Bereich wissenschaftlicher Entwicklung Sinn macht. Die beiden Parallelen, die Kuhn selbst zu politischen Revolutionen zieht, zeugen jedenfalls von einer sehr vereinfachenden Auffassung. Die eine Parallele soll darin bestehen, daß in der politischen und wissenschaftlichen Entwicklung eine Voraussetzung für das

Zustandekommen einer Revolution im „Gefühl des Nichtfunktionierens" (S. 104) bestehe. Die andere Parallele hänge mit dem Faktum zusammen, daß in der Phase politischer Umwälzungen Entscheidungen zu treffen sind, ob man sich der alten oder der neuen Ordnung – jeweils unter Anerkennung der damit gekoppelten Institutionen – anschließen will. Vergleicht man diese beiden Aspekte mit den Ausführungen zu Lavoisiers Arbeiten, dann lassen sie sich darin zwar nachweisen, tiefschürfende Analysemöglichkeiten bieten sie aber offensichtlich nicht.

Deshalb richten wir besser die Aufmerksamkeit auf eine Textstelle, in der Kuhn einen ganz anderen Definitionsansatz vorträgt, nämlich einen wahrnehmungs- und kognitionspsychologischen, wenn er sagt, daß eine „wissenschaftliche Revolution eine Verschiebung des Begriffsnetzes ist, durch welches die Wissenschaftler die Welt betrachten" (S. 115). Diese „Verschiebung des Begriffsnetzes" setzt er an mehreren Stellen des Buches mit dem aus der Gestaltpsychologie bekannten Gestaltwandel in Verbindung (z. B. S. 76, 123f, 134). Kuhn illustriert diesen gestaltpsychologischen Ansatz zwar durch einige treffende Experimente, so daß der unkundige Leser ahnt, worum es in der Gestalttheorie geht. Ergänzende begriffliche und theoretische Ausführungen wären hier aber vonnöten gewesen. Sie sollen an dieser Stelle deshalb in knapper Form eingeschoben werden.

1. Die Gestaltpsychologie widerstreitet der atomistischen Annahme, derzufolge der Mensch einzelne, elementare Wahrnehmungen macht (Ich sehe zwei Beine, einen Rumpf, registriere den aufrechten Gang, . . .) und mit Hilfe seines Erkenntnisvermögens diese Elemente dann zu einer „höheren Einheit", etwa zu einem Begriff (Ich sehe eine „Person"), zusammenfügt.
2. Dieser elementenhaft-synthetischen Auffassung menschlicher Wahrnehmung und Erkenntnis stellt die Gestaltpsychologie eine ganzheitliche gegenüber: Prozesse des Wahrnehmens und Erkennens sind immer schon durch „Kategorien" geleitet. Man nimmt sozusagen „auf einen Schlag" wahr, daß auf der gegenüberliegenden Seite der Straße eine Person steht, daß die Straße vielbefahren ist, daß der Verkehr stockt, ohne daß man zuvor „Elemente" der betreffenden Wahrnehmung (Merkmale der gesehenen Person, Merkmale stockenden Verkehrs) registrieren mußte.
3. Von besonderer Bedeutung sind in der Gestaltpsychologie diejenigen Situationen, in denen sich ganzheitliche „Kategorien" (Begriffe, Handlungsmuster, Vorurteile, Bewegungseinheiten) bilden. Für die kognitive Dimension sind dies die sogenannten „Aha-Erlebnisse", in denen wir plötzlich zu einer Einsicht gelangen. Man denke an die unterhaltsame Beschäftigung mit entsprechenden „Zeichnungen" (Vexierbildern), aus denen wir das eine Mal etwa ein junges Mädchen, bei verweilender Betrachtung aber plötzlich eine ältere Frau erkennen. Die Elemente (Punkte, Linien, geometrische Figuren) sind die gleichen geblieben, aber sie werden aus einer anderen Sicht heraus wahrgenommen, und zwar so, daß die vormals wahrgenommene Einheit

nicht mehr wahrnehmungsleitend ist. Die einzelnen Elemente sind zu einer neuen Gestalt (daher die Bezeichnung „Gestaltpsychologie") verschmolzen.

4. Die Gestalt ist mehr als die Summe ihrer Teile. So lautet das wichtigste Gesetz der Gestaltpsychologie. Um im Beispiel zu bleiben: Die einzelnen Teile (Punkte, Linien) sind für sich genommen eben nur Punkte und Linien, zusammen bilden sie aber eine neue Einheit, eine neue bedeutungshaltige Figur: das junge Mädchen oder die ältere Frau.

5. Kognitive Gestalten haben im Wahrnehmungs- und Erkenntnisprozeß eine entlastende Funktion; sie ermöglichen eine schnelle Identifizierung der jeweiligen Situation als „Fall von . . .".

6. Neben dieser Entlastungsfunktion darf man aber auch nicht verkennen, daß ein einzelnes Wahrnehmungsmuster immer wieder zur gleichen Identifizierung führt. Wahrnehmung verläuft dann in starren Bahnen, so daß es schwierig wird, die Sicht auf den Fall zu ändern. Die Konsequenz: Der Erkenntniszuwachs ist in Gefahr.

Wenden wir nun diese Aussagen der Gestaltpsychologie auf die von Kuhn behandelte wissenschaftstheoretische Problematik an, indem wir noch einmal die Phlogistontheorie mit der Verbrennungstheorie Lavoisiers vergleichen.

– Stahl nahm einzelne Erscheinungen nicht isoliert, sondern im Lichte seiner Phlogistontheorie wahr. Diese hatte – von einigen, wenn auch nicht unwesentlichen Anomalien abgesehen – für ihn einen hohen Erklärungswert; aber sie verbot ihm auch, „Fakten" wahrzunehmen: Luft war ein Urelement, aus dem sich keine weiteren Stoffe abscheiden ließen, die ihrerseits dann eine Verbindung mit Metallen eingehen konnten und deshalb Gewichtszunahme bewirkten.

– Gestaltpsychologisch gesehen, lagen die Dinge im Falle Lavoisiers nicht anders. Auch er besaß eine Theorie von hohem Erklärungswert. Sie erlaubte ihm, in der Verbrennung von Metallen deren Verbindung mit einem Teil der Luft zu „sehen", und verbot ihm jedoch zugleich, diese Vorgänge als Entweichen von Phlogiston zu „interpretieren".

– Entscheidend war für die beiden unterschiedlichen Sichtweisen jeweils das zugrundegelegte Paradigma: bei Stahl die alte Lehre der vier Urelemente, bei Lavoisier das – zumindest aufkeimende und dann durch Dalton und andere Wissenschaftler erweiterte und präzisierte – Paradigma, das uns heute in der modernen Lehre von den chemischen Elementen begegnet.

– Für beide Forscher war das zugrundegelegte Paradigma (die jeweilige „Gestalt") eine wirkungsvolle Möglichkeit, Ordnung in das Chaos sinnlicher Erfahrung zu bringen.

– Beide Forscher wurden durch das jeweilige Paradigma aber auch in ihrer Wahrnehmung kanalisiert: Im Rahmen des eingenommenen Standpunktes konnte nichts „wirklich Neues" auftauchen, weil weitere potentielle paradigmageleitete Entdeckungen (Fakten) im Erwartungshorizont bereits antizipiert waren.

4. Schluß

Kehren wir zum Schluß noch einmal zu dem eingangs skizzierten Vergleich der wissenschaftstheoretischen Auffassungen Poppers und Kuhns zurück. Vor dem Hintergrund der hier verwendeten Beispiele wäre also zu fragen:

1. Hatte Lavoisier den Wettstreit zwischen der Phlogistontheorie und seiner Verbrennungstheorie durch empirische Überprüfung für sich entschieden?
2. Hatte er also Stahls Theorie im Popperschen Sinne falsifiziert?
3. Stützt Lavoisiers Erfindung das Modell der linearen Entwicklung von Wissenschaft oder die von Kuhn präferierte Auffassung der sprunghaften Entwicklungsschübe?
4. Wie steht es in beiden Fällen mit dem Wahrheitsanspruch?

Kuhns systematische Antworten auf diese sich aus dem Beispiel ergebenden Fragen würden lauten:

Erste Antwort: Experimente können niemals über konkurrierende Theorien entscheiden.

Begründung: „Wenn Paradigmata in eine Diskussion über die Wahl von Paradigmata eingehen – und sie müssen es ja –, dann ist ihre Rolle notwendigerweise zirkulär. Jede Gruppe [von Wissenschaftlern; W. P.] verwendet ihr eigenes Paradigma zur Verteidigung eben dieses Paradigmas" (Kuhn 1979⁴, S. 106). Wäre es beispielsweise zu einer tatsächlichen Begegnung Stahls und Lavoisiers gekommen, so hätten sie „aneinander vorbei geredet"; jeder hätte seine Ansicht der Verbrennungsvorgänge mit seinem Paradigma gestützt. Eine empirische Überprüfung könnte deshalb keine Entscheidung herbeiführen, weil die „richtigen" Experimente ja nur mit dem „richtigen" Paradigma ausgewählt werden könnten. Der einzelne Wissenschaftler löst also in der Phase normaler Wissenschaft die von ihm gestellten Rätsel auf der Basis des von ihm anerkannten Paradigmas. Was er erwartet, ist nichts von Grund auf Neues: „Er weiß, was er erreichen will" (S. 109).

Über den Prozeß der Forschung hinaus zeitigt dieses Zusammenspiel von „Erwartung" und „Hintergrund" (S. 76) auch seine negativen Folgen für die Lehre, wie sie sich insbesondere in den Lehrbüchern der Disziplin darstellt. Nach Kuhns Ansicht beginnen Lehrbücher damit, „daß sie den Sinn des Wissenschaftlers für die Geschichte seiner Disziplin abstumpfen, und gehen dann daran, für das von ihnen Ausgeschaltete einen Ersatz zu liefern" (S. 34, 148f). In der Regel bieten Lehrbücher nur wenig Geschichtliches, verweisen selten auf historisch bedeutsame Entdeckungen und erwecken dadurch zwangsläufig beim Leser den Eindruck, er nehme an „einer beständigen historischen Tradition" (S. 149) teil. Aber diese Tradition hat – so Kuhn – niemals existiert. Dieser Sachverhalt kommt in Lehrbüchern nicht zum Tragen, weil sich die Darstellungen höchstens auf solche Teile früherer Arbeit beziehen, die das im Lehrbuch vertretene Paradigma stützen: „Teils durch Auslese und teils durch

Verzerrung werden die Wissenschaftler früherer Zeitalter ausdrücklich so dargestellt, als hätten sie an der gleichen Reihe fixierter Probleme und in Übereinstimmung mit der gleichen Reihe fixierter Kanons gearbeitet, welchen die letzte Revolution in der wissenschaftlichen Theorie und Methode den Stempel der Wissenschaftlichkeit aufgeprägt hat. Es ist also nicht verwunderlich, daß Lehrbücher und die von ihnen unterstellte geschichtliche Tradition nach jeder Revolution neu geschrieben werden müssen" (S. 149).

Zweite Antwort: Es gibt keine falsifizierenden Erfahrungen (S. 157ff).

Begründung: Die zirkuläre Argumentation, mit der Wissenschaftler Theorien mit Experimenten „beweisen" wollen und umgekehrt die Wahl und Konstruktion von Experimenten mit entsprechenden Theorien begründen, zeigt, daß in beiden Fällen keine echte Erkenntnis zustande kommt. Der Output des Experimentes ist identisch mit dem Input der Theorie. Eine einzelne Theorie ist also nicht falsifizierbar. Wie aber steht es dann mit konkurrierenden Theorien und den entsprechenden experimentellen Fakten? Kann also ein mit der Theorie A kompatibles empirisches Faktum eine Theorie B widerlegen? – Dies wäre nur möglich, wenn es eine theorieneutrale Sprache und demnach neutrale sinnliche Erfahrung gäbe (s. S. 137ff). Die gestaltpsychologischen Überlegungen haben jedoch gezeigt, „daß zwei Menschen mit den gleichen Netzhauteindrücken ganz verschiedene Dinge sehen können" (S. 138). Weder Stahl noch Lavoisier sah die Dinge also falsch, sondern jeder sah sie anders vor dem Hintergrund seines Paradigmas. Jegliche sinnliche Erfahrung – das hatte Popper bereits gesehen – ist also „theoriegetränkt". Und deshalb sind verschiedene Theorien nicht vergleichbar bzw. inkommensurabel, wie Kuhn sagt (S. 116). Kein Terminus der neuen Theorie ist identisch mit irgendeinem der alten; unser gewähltes historisches Beispiel hatte das etwa für die Begriffe „Luft" und „Wasser" gezeigt.

Man muß diese Inkommensurabilität radikal genug fassen, um nicht fälschlicherweise anzunehmen, Bestandteile der älteren Theorie seien in der neueren „aufgehoben". In der Entgegensetzung von Phlogistontheorie und Lavoisierscher Theorie liegt eine klare Inkommensurabilität vor. In anderen Paradigmendiskussionen scheint dies nicht der Fall zu sein. So ist man eventuell geneigt, die Newtonsche Theorie als einen Sonderfall der Einsteinschen Relativitätstheorie zu interpretieren. Sobald die relativen Geschwindigkeiten der betrachteten Körper im Vergleich zur Lichtgeschwindigkeit sehr klein sind, scheint sich die Newtonsche Theorie aus der Einsteinschen ableiten zu lassen. Dem ist aber nicht so; die grundlegenden Begriffe tragen den gleichen Namen, meinen aber etwas Unvergleichbares: „Die Newtonsche Masse bleibt erhalten; die Einsteinsche ist verwandelbar in Energie. Nur bei niedrigen relativen Geschwindigkeiten können diese beiden in der gleichen Weise gemessen werden, und sogar dann dürfen sie nicht als gleich angesehen werden" (S. 114). Insofern belegt auch dieses Beispiel, daß „Tatsachen" im Lichte der Relativitätstheorie nicht die Newtonsche Theorie falsifizieren können. Für die an der Diskussion von zwei Paradigmata beteiligten Wissenschaftler besteht also der Zwang, das eine (nicht falsifizierbare) Paradigma abzulehnen und im gleichen Zuge das andere (ebenfalls nicht falsifizierbare Paradigma) anzunehmen. Eine dritte Möglichkeit gibt es nicht, denn dann würden die Wissenschaftler aufhören, Wissenschaftler zu sein.

Dritte Antwort: Die Geschichte der Wissenschaft verläuft nicht linear und kumulativ (S. 150).

Begründung: „Viele Rätsel einer normalen Wissenschaft existieren erst seit der jüngsten Revolution. Nur ganz wenige von ihnen können bis zum geschichtlichen Beginn der Wissenschaft, in welcher sie jetzt auftreten, zurückverfolgt werden" (S. 152). Die Existenz der neuen Rätsel geht aber auf die mit dem Paradigma verbundene neue Sichtweise zurück. Man steht daher vor ganz anderen Aufgaben. Die Geschichte der Wissenschaft läßt sich demnach nicht so modellieren, als verlaufe sie linear, sondern eher in Sprüngen. Denn das neue Paradigma setzt auf einer neuen Qualitätsstufe an, die ein wesentlich größeres Erklärungs- und Prognosepotential als das alte bietet. Aber dieses Bild der Entwicklung trägt nur, wenn man längere Zeiträume in Betracht zieht (S. 148). Zwar muß ein Paradigmawechsel im Kopf eines einzelnen Wissenschaftlers plötzlich aufscheinen (Lavoisier wird in einem bestimmten Moment die neue Idee gehabt haben; sie hat sich schlagartig eingestellt). In der wissenschaftlichen Gemeinschaft verlaufen die Entscheidungsprozesse jedoch anders. Einige Wissenschaftler lassen sich schnell von der neuen Sichtweise infizieren, andere nicht, wie Lavoisiers Brief an Benjamin Franklin zeigte. Einen Mittelweg gibt es nicht.

Insofern muß man die Rede von der sprunghaften Entwicklung wohl etwas zurücknehmen, wenn man auf die Wissenschaftler insgesamt sieht. Diese Relativierung teilt auch Kuhn, wenn er sagt: „Überzeugt von der Fruchtbarkeit der neuen Anschauung, werden immer mehr die neue Art der Ausübung normaler Wissenschaft annehmen, bis schließlich nur einige ältere Starrköpfe übrigbleiben. Und nicht einmal von diesen läßt sich sagen, daß sie im Unrecht seien" (S. 169). Was aber wird aus den „älteren Starrköpfen"? Max Planck hat ihr Schicksal so beurteilt: „Eine neue wissenschaftliche Wahrheit pflegt sich nicht in der Weise durchzusetzen, daß ihre Gegner überzeugt werden und sich als belehrt erklären, sondern vielmehr dadurch, daß die Gegner allmählich aussterben und daß die heranwachsende Generation von vornherein mit der Wahrheit vertraut gemacht ist" (zit. n. Kuhn 19794, S. 162). Kuhn sieht das von Planck angesprochene Generationenproblem genauso, ist aber in puncto „Wahrheit" ganz anderer Meinung.

Vierte Antwort: Man sollte „vielleicht die – ausdrückliche oder unausdrückliche – Vorstellung aufgeben, daß der Wechsel der Paradigmata die Wissenschaftler und die von ihnen Lernenden näher und näher an die Wahrheit heranführt" (S. 182).

Begründung: Ein Anspruch auf endgültige Wahrheit setzt die Korrespondenz von „Erscheinung" und „Ding an sich" voraus: Hinter der Wirklichkeit liegt das wahre Wesen der Dinge. Schließt man sich aber wie Kuhn der gestaltpsychologischen Deutung der Wahrnehmung und Erkenntnis an, dann ist der Mensch derjenige, der die „Welt" konstruiert. Im Lichte der jeweiligen Konstruktion werden einige Ausschnitte der Welt erfaßt, andere dagegen ausgeblendet. Die eine Konstruktion ist nicht wahrer als die andere („Der Wettstreit zwischen Paradigmata kann nicht durch Beweise entschieden werden" [S. 159]).

Führt das in letzter Konsequenz zur Beliebigkeit von Wissenschaft im Sinne des Feyerabendschen „Anything goes"?

Kuhn gibt indirekt eine sehr zurückhaltende Antwort auf diese Frage. Auf der einen Seite plädiert er für die „Verabschiedung" einer teleologischen Entwicklung von Wissenschaft (S. 183). Der Gang der Forschung sei ein Prozeß, „der sich zwar stetig von primitiven Anfängen fort, aber nicht auf ein Ziel hin" (S. 184), schon gar nicht auf Wahrheit hin bewegt. Auf der anderen Seite müsse man den Fortschritt von Wissenschaft darin sehen, daß Paradigmenwechsel fast eine Garantie dafür bieten, „daß sowohl die Anzahl der von Wissenschaft gelösten Probleme wie auch die Exaktheit der einzelnen Problemlösungen immer weiter wachsen werden" (S. 181).

Ist das nicht auch eine Teleologie, wenn man annimmt, daß Exaktheit und Problemlösekapazität ständig anwachsen? Oder spricht daraus die verheimlichte, aber eventuell unerklärbare Freude darüber, daß Wissenschaft „irgendwie", wie auch immer, funktioniert, ob mit oder ohne Wahrheitsidee?

Literatur

Szabadváry, Ferenc: Antoine Laurent Lavoisier. Der Forscher und seine Zeit: 1743–1794. Stuttgart 1973.
Mason, F.: Geschichte der Naturwissenschaft. In der Entwicklung ihrer Denkweisen, unter Mitwirkung von Klaus M. Meyer-Abich, besorgt von Bernhard Sticker. Stuttgart 1961.
Kuhn, Thomas: Die Struktur wissenschaftlicher Revolutionen. Frankfurt a. M. 1967, 1979⁴.

Jürgen Rekus

Technik, Technologie und Bildung

Bildung in einem allgemeinen Sinne dürfte sich in der technischen Welt – einem verbreiteten alten, aber immer noch anzutreffenden Vorurteil zufolge – wohl nur gegen die Welt der Technik entfalten können. Denn Bildung – so die landläufige Einschätzung – hat es mit dem Geist des Menschen zu tun, Technik dagegen mit der Natur. Unterstützt wird diese Trennung durch die gängige Unterscheidung von Geistes- und Naturwissenschaften. Für die Bildung des Menschen wären demnach die Geisteswissenschaften vorrangig, ja exklusiv zuständig. Charles P. Snow sprach vor einigen Jahren sogar von den zwei getrennten und unvereinbaren Kulturen der Geistes- und Naturwissenschaften (Kreuzer 1987).

Die Entgegensetzung der hier angesprochenen getrennten Welten von Geist und Natur tritt in der Geschichte abendländischen Denkens immer wieder auf, wenn auch unter Verwendung verschiedener, aber analog zu verstehender Begriffe. Die Relation von Technik und Bildung korrespondiert dem Verhältnis von Körper und Geist, Leib und Seele, Natur und Kultur, Praxis und Theorie oder auch Mittel und Zweck. Daß mit solchen vermeintlichen Disjunktionen nicht nur jeweils unterschiedliche Phänomene angesprochen, sondern auch unterschiedliche Denkungsarten verknüpft sein müssen, machte etwa Wilhelm Dilthey deutlich, als er die Hermeneutik gegenüber empirischen Verfahren hervorhob und proklamierte: Die Natur erklären wir, das Seelenleben verstehen wir.

Die hier angedeutete Trennung der Weltphänomene in eine materiale und eine ideelle Dimension und die tendenzielle Vereinseitigung menschlicher Bildung in eine von der materiellen Welt abgehobene Dimension erscheinen gerade heute problematisch. Angesichts einer zunehmenden Konstituierung kultureller Lebenswelten durch die Technik, vor allen Dingen auch durch Informationstechnik wird ein davon abständiger Bildungsprozeß zu einer sich nur selbst genügenden Referenz. Ob sich allerdings Sittlichkeit heute (noch) in einem technik- und computerfreien Raum ausprägen läßt, darf bezweifelt werden, wenn pädagogisches Handeln es nicht mit Engeln, sondern mit Menschen im Hier und Jetzt zu tun hat (vgl. Liesmann 1995, 384).

Das hier angesprochene Problem verschärft sich, wenn Technik nicht bloß als der Materie verhaftete Konstruktionen und Verfahren, sondern als Praxis einer Theorie möglicher Konstruktionen und Verfahren begriffen wird. Denn dadurch kommt es zur Interferenz von geistiger und natürlicher Welt. In der Tat ist es so, daß die älteren dichotomischen Betrachtungsweisen übersehen, daß die Bedingung der Möglichkeit technischer Konstruktionen und Verfahren eine bestimmte Denkungsart ist, die sich als „Technologie" bezeichnen läßt (vgl. Füssel 1978, 16ff). Als Denkungsart muß sie aber „bildbar" sein, d. h. sie kann dem Begriff nach gar nicht im Gegensatz zur Bildung stehen.

Allerdings ist mit dieser Interferenz unser Problem, d. h. die Frage nach dem Verhältnis von Technik und Bildung noch keineswegs gelöst. Vielmehr bekommt es nun eine spezifisch moderne Wendung. Denn Technik als technologisch bestimmte Praxis enthält mindestens zwei Aspekte: zum einen das *Wissen* um technische Konstruktions- und Verfahrensmöglichkeiten einschließlich ihrer naturgesetzlichen Beschränkungen, was man gewissermaßen als rationale Möglichkeitsbedingung der Technik bezeichnen kann, und zum anderen eine spezifische Motivation bzw. *Haltung*, technisch handeln zu wollen. So gesehen öffnet sich jetzt erst der bildungstheoretische Fragehorizont in voller Breite: nämlich in der Frage nach dem Zusammenhang von Sachlichkeit und Sittlichkeit im technologischen Denken.

In bildungstheoretischer Perspektive läßt sich dieses Problem in Anlehnung an eine Formulierung von Herwig Blankertz als „Didaktische Differenz" fassen, als Differenz nämlich von instrumentellem „einzelwissenschaftlichen Wissen" einerseits und dem zweckbestimmenden moralischen „Gewissen" andererseits (1963, 47). Blankertz lehnt sich hier an eine Unterscheidung von Josef Derbolav an, die das positivistische Sachwissen so abständig zur Bildung sieht, wie jeden bloßen Mittelgebrauch zur Sittlichkeit. Diese postulierte Differenz trifft insbesondere auf die neuzeitlichen, technisch orientierten Erfahrungswissenschaften zu, die wegen ihrer reklamierten Wertfreiheit und Normenleere von sich aus keine Hinweise auf sittlich legitimierbare Zweckbestimmungen geben können und somit – wie etwa Max Weber (vgl. 1972) betont – einem technokratischen Dezisionismus den Weg bereiten können. Jürgen Habermas hat aus eben diesem Grunde den neuzeitlichen Erfahrungswissenschaften vor einigen Jahren eine Bildungsbedeutung gänzlich abgesprochen (1969, 111).

Die bildungstheoretisch identifizierbare Differenz von zweckrationalem Wissen auf der einen und ethischer Unsicherheit auf der anderen Seite wird heute zunehmend als gesellschaftliche und pädagogische Herausforderung erkannt, die jede Dichotomisierung von Geist und Natur obsolet macht. Wolf Lepenies hat dies so formuliert: „Anstatt sich wechselseitig die tatsächlichen und möglichen Folgen ihres disziplinären Tuns vorzurechnen, sollten Natur- und Geisteswissenschaftler gemeinsam an einem neuen Ethos ihrer Institutionen arbeiten. . . . Nicht die Debatte um die zwei Kulturen tut not, sondern die Kultivierung der Institutionen" (Die Zeit vom 17. 6. 1994). Und das ist – wenn ich es recht sehe – eine genuin pädagogische Aufgabe. Sie läßt sich auch anders und mit Theodor Wilhelm so fassen: Der technische Fortschritt hat die Zukunft berechenbar und kontrollierbar in die Hand des Menschen gelegt. Bildung in dieser Situation wird sich daher nur als „Bildungsmodus der Zukunftsverantwortung" legitimieren lassen (vgl. 1985, 127). Meine These lautet daher: *Technik und Bildung gehören im Sinne technologischen Denkens zusammen und sind in allen Bildungsinstitutionen so zusammenzubringen, daß die Einlösung der Zukunftsverantwortung jedem Menschen praktisch möglich wird.*

In drei Schritten soll diese These weiter entfaltet werden:

Im *ersten Schritt* wird die aufgeworfene Frage in problemgeschichtlicher Perspektive verfolgt und dabei gezeigt, daß die noch anzutreffende Separation von Bildung und Technik eng mit einer ständischen Strukturierung der Gesellschaft verknüpft ist.

Sodann wird im *zweiten Schritt* in systematischer Hinsicht gezeigt, daß das technologische Denken notwendig zur Bildung in einer technischen Lebenswelt gehört, ja, daß eine neuzeitliche Bildung geradezu defizitär erscheinen muß, wenn sie diesen Aspekt unterschlägt. Gleichsam am Rande wird die landläufige Einschätzung des Deutschen Neuhumanismus als technikfeindlich ein Stück weit relativiert.

Und schließlich werden im *dritten Schritt* in konstruktiver Hinsicht einige allgemeinpädagogische und schulpädagogische Konsequenzen eines für Technik und technologisches Denken offenen Bildungsbegriffs entfaltet.

I.

In der Antike, d. h. in der griechischen Polis, werden Kenntnisse und Fertigkeiten, die durch Erfahrung und Übung erworben werden, die sog. techne, streng getrennt von Erkenntnissen und Urteilen, die durch Reflexion gewonnen werden, der sog. phronesis. Diese Trennung bedeutet zugleich eine Wertung. Sie korrespondiert der hierarchischen Sozialstruktur. So soll das Erfahrungswissen den unfreien Sklaven und Lohnarbeitern genügen; denn ihre Tätigkeit ist technisch-instrumenteller Art, sie ist Mittel zum Zweck der Versorgung der Polis mit dem existentiell Notwendigen. Eine besondere ethische, d. h. sinnstiftende Reflexion ist dazu nicht erforderlich. Diese steht vielmehr nur den freien Bürgern zu. Sie sollen sich – von der Mühsal der existentiellen Sicherung befreit – gänzlich der philosophischen Betrachtung und politischen Gestaltung der Welt hingeben. Nur ihnen wird deshalb eine „Bildung" zugestanden. Denn nur sie sollen über eine Einsicht in die teleologisch geordneten Zwecke der Polis verfügen.

Allerdings findet sich in ideengeschichtlicher Hinsicht bereits Kritik an dieser Trennung. So kritisiert etwa Platon die bloße existenzsichernde Funktion der Technik, die über das „gute" Leben selbst nicht reflektiert. „Seine Ausführungen verdeutlichen auch die Grenzen der handwerklichen Techne (δημιουργικὴ τέχνη), mit deren Hilfe zwar Städte errichtet werden können, die aber das Zusammenleben der Menschen in diesen Städten nicht zu regeln vermag. Daher bedarf sie der Ergänzung durch die politische Techne (πολιτικὴ τέχνη), die auf Scham und Gerechtigkeit beruht, Eigenschaften, die jedes Mitglied einer differenzierten städtischen Gesellschaft besitzen muß" (Schneider 1993, 126). Beides, technologisches Wissen und technologische Urteilskraft, bleiben aber faktisch bis heute getrennt.

Im Mittelalter setzt sich der auf die gehobenen Stände begrenzte Bildungsgedanke in den „septem artes liberales" fort. Zwar entsteht in dieser Zeit auch ein auf die niederen Stände bezogenes Ausbildungskonzept der „septem artes mechanicae" (vgl. Sternagel 1966). Diese zweckgebundenen „artes" werden aber wegen ihrer untergeordneten und servilen Funktion – wie in der Antike – nicht durch schulische Bildungsprozesse, sondern durch „training on the job", wie man heute sagen würde, also durch bloße Erfahrung und Übung erworben. Eine weitergehende Reflexion der „artes mechanicae" im Hinblick auf ihren Lebenssinn und ihren Gesellschaftszweck wird nicht intendiert. Das ist letztlich nicht notwendig; denn im „geschlossenen" Weltbild des Mittelalters ist der Zweck jeder Einzeltätigkeit in eine gottgegebene Weltordnung eingefügt. Ein besonderer „Modus der Zukunftsverantwortung" ist für die Menschen keine eigene Aufgabe – auch er ist in den Einzeltätigkeiten eingeschlossen und umspannt das diesseitige und jenseitige Leben.

Auch in der Zeit der Renaissance bleibt „Mechanisches" noch außerhalb schulischer Bildungsprozesse; sein Erwerb wird weiterhin dem Erfahrungszusammenhang der Lebenspraxis anheimgegeben und scheint keiner „Wesensschau" zu bedürfen. Noch bestimmt hier die Theologie und nicht die Technologie, was die Menschen tun und denken. Alle Versuche, dieses Weltbild zu verändern, werden von der kirchlichen Autorität abgewehrt. So werden etwa die neuen astronomischen Entdeckungen und Welterklärungen von Kopernikus, Kepler und Galilei inquisitorisch geahndet, obwohl an ihrer Gottgläubigkeit nicht zu zweifeln ist. Auch René Descartes, dessen mechanistische Naturauffassung dazu verhelfen soll, „uns zu Herren und Eigentümern der Natur zu machen", hält dennoch die Kraft Gottes für den letzten Beweggrund aller Mechanik (vgl. 1960).

Erst Francis Bacon bestimmt als erster einen eigenständigen, von der Theologie abgelösten Zweck des technischen Handelns: Es soll das Glück der Menschheit befördern. Damit erhält die profane Arbeit ein neues Gewicht. „Als entsagungsvolle Plackerei war die Arbeit Strafe für den Sündenfall und zugleich ein Mittel, durch das die Menschen sich von den irdischen Interessen loslösen sollten. Fortwährende Erinnerung an die scheinbar unverrückbare Naturschranke der Menschheit, begründete die Arbeit auch keine Aussicht auf einen materiellen Fortschritt. Der Stellenwert der Arbeit in der Gesellschaft und vor allem im theoretischen Bewußtsein ändert sich im 13. Jahrhundert derart, daß – wie bei Roger Bacon – sogar die Perspektive eines weltlichen Fortschritts entworfen wird. Die Intention, die menschlichen Lebensverhältnisse zu verbessern, gilt nun nicht mehr als verschwendete Kraft, die die auf irdischer Pilgerschaft befindliche Menschheit der geistigen Beschäftigung mit dem jenseitigen Heil schuldet, sondern geradezu als Mittel, um es zu ereichen" (Mensching 1993, 178). Mit dieser utilitären Auffassung von Arbeit werden die Zwecke der Technik gewissermaßen vom Himmel auf die Erde herabgeholt. Aus dem früheren Gottvertrauen wird nun ein Vertrauen auf die Technologie im Sinne des Fortschritts zur besseren Welt und zum besseren Leben. Da die von der göttlichen Ordnung abgelösten und in die menschliche Verfügung gelegten „Zwecke" nicht mehr a priori als gut angesehen werden können, liegt es von nun an am handelnden Subjekt selbst, im technologischen Denken die technische Verbesserung der Welt zu erfinden und über das damit verbundene bessere Leben zu urteilen.

Die epochale Konsequenz ist das Zeitalter der Aufklärung. Ihr Programm ist die radikale Besinnung auf die eigene instrumentelle und moralische Vernunft. Das beinhaltet in der letzten Konsequenz eine Absage an alle vorgegebenen teleologischen und theologischen Ordnungsvorstellungen von der Welt. Die ihres vorgängigen Telos beraubte Welt muß deshalb in einem umfassenden Sinne von den Menschen selbst neu gestaltet und neu geordnet werden. Das kann als die technologische Aufgabe der Moderne verstanden werden.

Historisch läßt sich das technologische Projekt der Moderne an vielen Phänomenen festmachen: an der Verselbständigung der Naturwissenschaften, an der rasanten Entwicklung technischer Gegenstände und Verfahren, an vielen revolutionären gesellschaftlichen Umbrüchen und auch am Entwurf neuer Bildungsvorstellungen und der Konzeptionierung von neuen Schultypen. Denn konsequent wird nun eine Bildung für alle Bürger gefordert. Sie soll helfen, eine neue Welt zu schaffen. Industrieschulen, Realschulen und Fachschulen nehmen ausdrücklich technische Gegenstände und Verfahren als Realia in den Lehrkanon auf und betrachten sie nicht als Berufsausbildung, sondern als Teil einer allgemeinen Bildung.

Allerdings macht der technologische Gedanke der Weltgestaltung und Weltordnung auch nicht vor dem Menschen selber halt. Mit der Veränderung des Weltbildes geht auch ein Wandel des Menschenbildes einher, was zur Folge hat, daß nunmehr Erziehungs- und Bildungsprozesse ebenso der Plan- und Machbarkeit unterworfen werden wie die Gestaltung der übrigen Natur. Die neuen Schultypen verstehen sich deshalb bald weniger als allgemeine Bildungsanstalten, sondern eher als technische Mittel zur Beförderung des industriellen Fortschritts. Die in ihnen statthabende Vermittlung von technischem Wissen und Können soll nicht mehr allgemein bilden, sondern nur noch die gewünschte industriöse Gesinnung erzeugen.[1]

Halten wir als Ergebnis des erstens Durchgangs fest: Die faktische Trennung von Bildung auf der einen und Technik auf der anderen Seite ist nur auf der Folie ständischer Gesellschaftsstrukturen zu erklären und zu verstehen. Mit

---

[1] Dem kritischen Motiv des im 19. Jahrhundert entstehenden Neuhumanismus, der sich gegen eine solche Verzweckung der Menschen und Schulen wendet, muß man wohl zustimmen, wenn er in der Vermittlung bloßer instrumenteller Fertigkeiten ein Mittel zur Gefährdung des menschlichen Selbstzwecks sieht. Statt auf „Realien" setzt er deshalb wieder auf „Verbalien" und greift dazu auf die antiken Sprachen zurück. „Allgemeinbildung" wird jetzt zu einem spezifischen, von der realen Welt abgewandten und auf das Ideal der Humanität bezogenen Begriff. Theodor Litt kommt deshalb in seiner Einschätzung des Bildungsideals der deutschen Klassik zum Ergebnis, daß Allgemeinbildung hier als Chiffre für Technikdistanz und -feindlichkeit fungiert (vgl. Litt 1958).

dem Aufbrechen dieser Ordnung in der Aufklärung wird die Trennung zumindest der Idee nach aufgehoben.[2]

II.

Im zweiten Schritt soll nun in systematischer Hinsicht nach den Grundzügen der Bildung in einer technischen Welt gefragt werden. Sie lassen sich im Rückgriff auf einen der ersten großen Systematiker der neuzeitlichen Pädagogik, nämlich auf Johann Friedrich Herbart, folgendermaßen bestimmen: In einer Gesellschaft, in der die Standesgrenzen aufgehoben sind, muß sich jeder selbst die Zwecke seines Handelns setzen und seine gesellschaftliche Bestimmung suchen können. Das setzt in Abgrenzung von der Antike und vom Mittelalter sowohl die Beherrschung der Mittel als auch die Möglichkeit und Fähigkeit zur Zweckbestimmung, d. h. praktische Urteilskraft voraus. Anders als bei den antiken und mittelalterlichen Unterweisungsformen soll der neuzeitliche Unterricht das instrumentelle Erfahrungswissen durch eine Einsicht in die damit verknüpften und verknüpfbaren Zwecke erweitern. Herbart spricht konsequent vom „erziehenden Unterricht", der eben nicht nur zu einseitigen Kenntnissen und Fertigkeiten, sondern zu einer vielseitigen Differenzierung der Urteils- und Handlungsfähigkeit führen soll, die erst einen sittlichen Umgang ermöglicht.

Der „erziehende Unterricht" wendet den von Kant formulierten Anspruch der Aufklärung gewissermaßen ins Pädagogische. Jeder soll sich über die Grenzen seiner Standesherkunft hinaus für die Erkenntnis aller Weltbegebenheiten interessieren, und jeder soll sich darüber selbst ein Urteil bilden lernen. Erst eine Vielseitigkeit des Interesses bewahrt den Menschen davor, sich in einem technischen Sinne als bloßes Mittel für die Zwecke anderer gebrauchen zu lassen. Zugleich bewahrt eine solche vielseitige Bildung davor, die Mitmenschen in einem technischen Sinne als bloßes Mittel für die eigenen Zwecke zu mißbrauchen. Schließlich wird man heute in Anlehnung an Hans Jonas ergänzen müssen, daß eine allgemeine, vielseitige Bildung dazu führt, daß auch die Natur nicht bloß als Mittel, sondern immer auch als Selbstzweck betrachtet werden kann (vgl. 1984).

Wir dürfen hier aus gutem Grund vermuten, daß Herbart angesichts der begonnenen Industrialisierung und dem Entstehen einer neuen proletarischen Bevölkerungsschicht gerade auch das Maschinenwesen und die Technik im Blick hatte, als er eine vielseitige Bildung forderte. Gerade die „Vielseitigkeit des Interesses" verbunden mit einer „Charakterstärke der Sittlichkeit" soll den Menschen davor bewahren, als bloßes technisches Mittel für die Zwecke der Industrie und des merkantilen Staates gebraucht zu werden.

---

[2] Die Trennung von Bildung und Technik bleibt aber aus merkantilen Motiven bestehen und wird im 19. Jahrhundert durch den Neuhumanismus – sicher ungewollt – bildungs- und sozialpolitisch zementiert.

Der revolutionäre Gehalt dieser bildungstheoretischen Überlegungen kann gar nicht hoch genug eingeschätzt werden. Waren in der Antike und im Mittelalter instrumentelle Fähigkeiten und Fertigkeiten auf der einen und „Bildung" auf der anderen Seite standesspezifisch getrennt, so soll mit der Aufhebung der Standesgesellschaft *jeder* über eine vielseitige Bildung verfügen. Diese soll das Subjekt zugleich befähigen, seinem Handeln in der modernen Gesellschaft eine eigene Zweckbestimmung zu verleihen. Bildung in der Moderne ist also nicht gegen die Welt der Technik gerichtet, sondern nimmt gerade die vielfältigen Möglichkeiten der technischen Welt auf und erfordert unter dem Gedanken der Vielseitigkeit auch technologische Wissens- und Urteilsfähigkeit.

Tatsächlich ging aber die Entwicklung bildender Institutionen an diesem aufklärerischen Anspruch vorbei. Sie erhielten durchgängig – wie Blankertz (1963, 82) anmerkt – eine utilitaristische Ausrichtung und dienten primär der Qualifizierung der Lernenden für die Bedürfnisse des Staates bzw. der Schulträger. Hier zeigt sich das, was Theodor Adorno und Max Horkheimer als „Dialektik der Aufklärung" bezeichnet haben, nämlich die Verzweckung des Menschen durch eine um die moralische Dimension verkürzte technologische Rationalität (vgl. 1985).

Erst in diesem Zusammenhang läßt sich die Allgemeinbildungsintention des deutschen Neuhumanismus recht würdigen. Wilhelm von Humboldt, der herausragende Kopf des deutschen Neuhumanismus, lehnt in bester aufklärerischer Intention die Verzweckung des Menschen für die Interessen des Staates und der Industrie ab. Er fordert ein Bildungswesen, „das den Menschen davor bewahren kann, in mechanischen Verzweckungszusammenhängen erschöpft zu werden" (Menze 1993, 46). Bildung soll der grundsätzlichen Selbstzweckhaftigkeit des Menschen entsprechen: Jeder soll unabhängig von seiner gesellschaftlichen Stellung und dem Maß seines gesellschaftlichen Nutzens auf seine Weise das Ideal der Menschheit zur Geltung bringen.

Freilich ist Humboldts Bildungsvorstellung immer wieder als anthropozentrisch charakterisiert worden, so als könne sich der Mensch unabhängig von den Realien der Welt zur Humanität entfalten. Humboldt macht jedoch sehr wohl auch darauf aufmerksam, daß der Mensch einer „Welt außer sich" bedarf, in der er tätig seine Bestimmung hervorbringt (vgl. Benner 1990). Die Welt des Tätigwerdens darf aber nicht von vornherein bestimmt oder eingeengt werden. Wird nämlich über die Inhalte und Kenntnisse, Fähigkeiten und Verhaltensweisen, die die Bestimmung des Menschen ausmachen sollen, schon vorab verfügt, dann genügt es, die einzelnen Menschen gemäß ihrer gesellschaftlichen Bestimmung für das auszubilden, wofür sie gebraucht werden. Eine solches „technisches" Menschenbild lehnt Humboldt ab. Seine Bildungsvorstellung ist vielmehr „ästhetisch", d. h. zweckfrei. Denn sie soll zu Erkenntnissen und Einsichten, Fähigkeiten und Fertigkeiten führen, über deren Zweck das Subjekt selbst zu entscheiden hat. Solche selbstbestimmten Entscheidungen sind aber in einer technisch geprägten Welt wohl nur möglich, wenn das Individuum über technologische Urteils- und Handlungsfähigkeit verfügt.

Daß die schulpolitische Entwicklung einen anderen Weg gegangen ist, hängt möglicherweise mit einem weiteren Mißverständnis zusammen. Humboldt hatte den Sprachen für die Bildung des Menschen eine herausragende Bedeutung eingeräumt. Tatsächlich wurden sie von ihm aber nicht vorrangig als Bildungsinhalte gedacht. Vielmehr sollten sie das Medium der selbsttätigen und zweckfreien Auseinandersetzung mit *allen* Phänomenen der Welt abgeben, sie sollten Reflexionsmittel, aber nicht Reflexionszweck sein. Erst unter dem Reglement des Staates in Verbindung mit der Einführung einer förmlichen Abiturprüfung haben sich die antiken Sprachen neben anderen, sogenannten „allgemeinbildenden" Fächern zu einem mehr oder weniger geschlossenen Kanon für die Allgemeinbildung etabliert (vgl. Tenorth 1986). Das hat dann erst die Abhebung der gymnasialen von der sogenannten volkstümlichen Bildung ermöglicht und der merkwürdigen Gleichsetzung von allgemeiner Bildung und Technikferne. Diese Diskrepanz mag Theodor Litt bewogen haben, das Bildungsideal der Deutschen Klassik als Kriegserklärung an die technische Zivilisation zu brandmarken (vgl. 1969).

Zusammenfassend läßt sich festhalten: Aufklärungspädagogik und Neuhumanismus haben in bildungstheoretischer Perspektive den Gedanken gemeinsam, daß sie den Selbstzweck des Menschen befördern und ihn vor technischen Verzweckungen bewahren wollen. Beide Konzepte gehen davon aus, daß der Mensch der Neuzeit nicht mehr nur prinzipiell, sondern auch faktisch – angeregt über Prozesse von Unterricht und Erziehung – seine Bestimmung in der Welt selbst suchen muß. Da die neuzeitliche Lebenswelt immer auch eine technische ist, gehört zum Logos neuzeitlicher Bildung deshalb auch der Techno-Logos.

III.

Die bisherigen Überlegungen haben den Begriff der Bildung für die Technik und für technologisches Denken „öffnen" können. Es soll nun weiter nach den damit verknüpften allgemeinpädagogischen und schulpädagogischen Konsequenzen gefragt werden.

In pädagogischer Hinsicht geht es dabei um die Sinnrichtung einer bildenden Auseinandersetzung mit der Technik. Eine Beantwortung der Frage nach dem Bildungssinn fällt leichter, wenn zunächst der eigenartige Charakter der modernen Technik beleuchtet wird.

In der neueren Philosophie hat es nicht an Versuchen gefehlt, das Wesen der Technik einzuholen. Ob Friedrich Dessauer (1927), Arnold Gehlen (1957), Martin Heidegger (1962), Friedrich Rapp (1978), Hans Sachsse (1978), Heinrich Stork (1977) oder auch Klaus Tuchel (1965), bei diesen Denkern gibt es – bei aller pointierten Unterschiedenheit der verschiedenen Sichtweisen – doch Gemeinsamkeiten, die sich hier in drei Grundzügen konzentrieren lassen:

Erstens handelt es sich bei der Technik um ein eigenständiges Phänomen menschlichen Handelns, das von anderen Handlungsphänomenen unterscheidbar ist.

Zweitens wird deutlich, daß die neuzeitliche Technik mehr als ein bloßes instrumentelles Handeln darstellt, also vom Werkzeuggebrauch der Antike und des Mittelalters zu unterscheiden ist. Der Technik liegt vielmehr „ein elementarer, zum Menschsein selbst dazugehöriger Wesenszug zugrunde, der sich auf Grund bestimmter beschreibbarer geistesgeschichtlicher Zusammenhänge in der beginnenden Neuzeit besonders entfaltet und nicht allein zur Ausbildung einer Werkzeugtechnik, sondern zur Formung einer technisierten Welt geführt hat" (Tuchel 1965, 73).

Drittens gehorcht diese technisch „neu" geschaffene Welt nicht mehr einem teleologisch vorgegebenen Zweckzusammenhang. Sie ist vielmehr mit selbst geschaffenen Zwecken ausgestattet. Daher ist dem Menschen der Neuzeit die von ihm geschaffene Welt mit ihren Zwecken und Verzweckungen zu „seiner" Welt geworden, ja, sogar zur neuen „Natur", ganz im Sinne der Definition von Kant, wonach Natur das Dasein der Dinge ist, sofern es nach allgemeinen Vernunftgesetzen bestimmt wird.

Das Faktum unserer selbständigen Schöpfung der Welt und der mit ihr verknüpften Zwecke wird uns freilich erst heute zunehmend bewußt. Wir sind erschrocken über unsere Möglichkeiten der Weltgestaltung und -verunstaltung. „In der Tat, die Naturgewalten bedrängen uns kaum noch", stellt Hans Sachsse fest, und er fährt fort: „Alle Schwierigkeiten des modernen Lebens haben wir praktisch selbst verursacht, und alle sind unmittelbare oder mittelbare Folgen unseres technischen Handelns" (Sachsse 1978, 6). Wenn Bildung eine der Bedingungen der Möglichkeit von Besserung ist, dann muß sie „normativ" orientiert sein, d. h. sie darf sich nicht nur um das kümmern, „was gilt", sondern auch um das, „was gelten soll". Anders und mit Fritz Oser formuliert: „Allgemeinbildung ist (heute) somit nicht mehr bloß ein Ausweis für kulturelles Wissen, sondern für verantwortliches Handeln" (Oser 1986, 489).

Die damit verbundene pädagogische Aufgabe liegt auf der Hand. Sie besteht in der Aufhebung der eingangs angesprochenen „didaktischen Differenz" von technischem Wissen und gewissenhaftem Handeln. Diese Aufgabe kommt heute allen Menschen zu. Denn sie läßt sich nicht mehr trennen oder auf verschiedene Stände verteilen. Technik betrifft heute jeden Menschen, sei es als privater Nutzer oder als politisch Entscheidender (vgl. Kraatz 1980 u. 1989). Großtechnische Projekte, wie etwa Kraftwerksbauten, aber auch kleintechnische Gegenstände und Verfahren wie etwa die multimedialen Informationstechniken im Haushalt stellen Lebensweltphänomene aller Menschen dar, die allemal mit Handlungsentscheidungen verknüpft sind (vgl. Schmayl 1989, 275).

„Bildung heißt dann, sich von fremdbestimmten Einflüssen zu befreien, von Egoismen und Bequemlichkeiten, von Furchtsamkeiten und der Steuerung durch bloße Annehmlichkeiten" (Heitger 1984, 34). Dies ist aber faktisch nur möglich, wenn die objektiven Bedingtheiten der heutigen technischen Welt durchschaut und mit wertenden Anschauungen und Urteilen verbunden werden. Zu solcherart technologischem Denken gehört notwendig ein Mindestmaß an technischem Wissen und Können, um die Funktionen von technischen Gegenständen und Verfahren zu durchschauen. Dazu gehört aber auch die Fähigkeit zur ethischen Beurteilung ihres tatsächlichen und möglichen Gebrauchs (vgl. Rekus 1990).

In schulpädagogischer Hinsicht läßt sich daraus „filtern": *Auf eine Thematisierung von technischen Fragen in bildenden Unterrichts- und Erziehungsprozessen darf heute nicht mehr verzichtet werden.* Anerkennt man diese pädagogische Forderung, dann müssen praktische Maßnahmen erwogen werden, die den Geltungsanspruch einlösen können. Denn eine Ableitung praktischer Maßnahmen aus den bisherigen prinzipiellen Überlegungen ist insofern nicht möglich, als Prinzip und Fall nicht in einem Deduktionsverhältnis stehen. Das heißt mit anderen Worten: Es sind viele pädagogische Maßnahmen denkbar, die dem hier entfalteten Bildungsanspruch in der technischen Welt *nicht widersprechen* und *situativ angemessen* sind. Hier muß also am Ende auch der Theoretiker eine begründete Option treffen.

Zwei solcher Optionen sollen abschließend skizziert werden. Es handelt sich um eine bildungspolitische und eine unterrichtsmethodische Forderung.

Als bildungspolitische Forderung wird man aus den dargelegten Gründen eine Aufnahme des Faches Technik in den Lehrkanon aller allgemeinbildenden Schulen erheben können. Ein solcher Technikunterricht steht allerdings unter bestimmten didaktischen und methodischen Regulativen, wenn er seine Bildungsaufgabe erfüllen soll.

In didaktischer Hinsicht wird sich eine allgemeinbildende Auseinandersetzung mit der Technik vom Gedanken der technischen Weltschöpfung und ihrer verantwortbaren Weiterentwicklung leiten lassen müssen. Es geht dabei nicht um das Kennenlernen von technischen Mitteln und „herrschenden" Zwecken, oft als sogenannte „Sachzwänge" bezeichnet. Es geht vielmehr um die Aufklärung der zu „beherrschenden" Zwecke einerseits und das Urteil über mögliche Zwecksetzungen im Hinblick auf den Gebrauch technischer Mittel und Verfahren andererseits. Im Sinne aufklärender Pädagogik muß man deshalb an den allgemeinbildenden Technikunterricht zunächst den Anspruch erheben, daß er „ästhetisch", d. h. zweckfrei zu konzipieren ist. Er soll keine industriösen oder staatlichen, d. h. politischen Zwecke verfolgen. Ihm geht es nicht, jedenfalls nicht zuerst, um eine Vorbereitung auf die Berufs- und Arbeitswelt; er ist keine Arbeitslehre und auch keine moderne Variante der Industrieschulbewegung (vgl. Hendricks 1975; Himmelmann 1977). Technikunterricht im allgemeinbildenden Sinne intendiert eben keine Ausbildung, sondern Bildung.

Deshalb spielt die Frage der Inhaltsauswahl – anders als es die geisteswissenschaftliche Pädagogik und mit ihr die bildungstheoretische Didaktik nahegelegt haben – keine entscheidende Rolle. Denn in einer sich ständig verändernden technischen Welt haben die Inhalte keinen Bildungsgehalt oder Bildungswert „an sich". Sie können den aufgabenhaften Zusammenhang von Erkenntnis und Urteil nicht von sich aus herbeiführen.

Auch die Systematik der Technikwissenschaften bleibt in dieser Hinsicht indifferent. Denn die neuzeitlichen Erfahrungswissenschaften objektivieren die Welt und berauben sie damit ihrer handlungsorientierenden Wert- und Normbezüge. Für einen bildenden Technikunterricht kommen deshalb alle technischen Gegenstände und Verfahren als Bildungsgegenstände in Frage, sofern sie im Horizont der Lebenswelt der Schüler anzutreffen sind. Ob Automobil, Computer oder Atomkraftwerk – entscheidend für ihre didaktische Auswahl ist, daß die Unterrichtsinhalte für die Schüler anschaulich sind. Das bedeutet: Sie müssen der tatsächlichen oder möglichen Erfahrungs- und Erlebniswelt der Schüler entstammen und eine Verknüpfung mit für sie bedeutsamen Wert- und Normfragen erlauben (vgl. „Anschaulichkeit" in: Hintz/Pöppel/Rekus 1995).

In methodischer Hinsicht folgt aus der technologischen Möglichkeitsbedingung der Technik konsequent die Selbsttätigkeit als unterrichtsmethodisches Gestaltungsprinzip. Es geht also gar nicht um das Automobil, sondern um das Sichfortbewegen, es geht nicht um den Computer, sondern um die Verarbeiten von Informationen, es geht nicht um das Atomkraftwerk, sondern um das Gewinnen von Energie. Hier sollen die Schüler die verschiedenen Möglichkeiten der Fortbewegung, Informationsverarbeitung und Energiegewinnung erfinden, konstruieren, erproben und gemäß dem Gedanken des „vielseitigen Interesses" (Herbart) unter fachübergreifenden Aspekten analysieren und beurteilen (vgl. „Selbsttätigkeit" in: Hintz/Pöppel/Rekus 1995).

Die damit verbundene Wertreflexion, in der die Schüler die mit der Technik verknüpften tatsächlichen oder möglichen Wert- und Zwecksetzungen klären und einschätzen lernen, geschieht freilich nicht mehr in der fachlichen Begrenzung des Technikunterrichts. Was hier die „didaktische Differenz" aufzuheben vermag, ist das – allerdings zu begründende – Werturteil der Schüler. Ohne ausdrückliche Aufnahme dieser Dimension dürfte auch der heute begrenzt erteilte Technikunterricht noch nicht bildend genannt werden.

Als *unterrichtsmethodische Forderung* wird man die Öffnung des Fachunterrichts für den technologischen Aspekt erheben dürfen. Bei der „Öffnung" handelt es sich um einen Topos, unter dem seit einiger Zeit der Einzug der Lebenswelt in den Unterricht diskutiert wird. Im Kontext der bisherigen Überlegungen läßt er sich mit einer spezifischen Sinnrichtung versehen, die sich unter den von Benner systematisch unterschiedenen Aspekten der Thematik, Methodik und Organisation (1991, 265ff) neu interpretieren läßt:

Thematische Öffnung des bildenden Fachunterrichts in einer technischen Welt heißt dann, daß er nicht bei der thematischen Behandlung der jeweiligen Fachinhalte stehenbleiben darf, sondern auch einen fachüberschreitenden Ausgriff auf die mit ihnen verknüpften technologischen Fragen der Weltgestaltung ermöglichen muß. Beispiele dazu: In Physik geht es dann nicht etwa nur um Fragen der Energieumwandlung, sondern auch um Fragen nach den technischen Möglichkeiten und den möglichen ökologischen Grenzen verschiedener Kraftwerkskonstruktionen; in Biologie geht es dann nicht etwa nur um die genetische Struktur von Zellen, sondern auch um Fragen nach den technischen

Möglichkeiten der Genmanipulation und der Einschätzung ihrer ethischen Zulässigkeit und Begrenzung; in Geographie geht es dann nicht etwa nur um die Topographie der Erdoberfläche, sondern auch um Fragen nach den technisch bedingten Veränderungen der Topographie und ihrer ökologischen Zulässigkeit; in Deutsch geht es dann nicht etwa nur um die Interpretation von Texten, sondern auch um die Fragen nach ihrer technisch-medialen Verbreitung und der Einschätzung der damit verbundenen Manipulationsgefahren.

Methodische Öffnung des bildenden Fachunterrichts in einer technischen Welt heißt dann, daß der Gedanke der Selbsttätigkeit als methodisches Gestaltungsprinzip den technologischen Aspekt nicht ausschließen darf. Um die Beispiele noch einmal aufzugreifen: In Physik werden die möglichen Formen der Energiegewinnung nicht nur besprochen, sondern es können auch kleinere Solarkraftanlagen konstruiert und ihre mögliche Zukunftsbedeutung am konkreten Fall eingeschätzt werden; in Biologie werden die verschiedenen Möglichkeiten der Agrarertragsteigerung nicht nur besprochen, sondern es werden auch Gartenbautechniken evaluiert, die eine Ertragssteigerung ohne die Risiken der Gentechnik ermöglichen können; in Geographie wird nicht nur über die topographischen Veränderungen in Ballungsräumen gesprochen, sondern es wird auch versucht, Modelle von alternativen Verkehrssystemen zu entwerfen, die eine renaturisierende Wirkung ohne Effizienzverlust aufweisen; in Deutsch werden Texte nicht nur interpretiert, sondern es werden auch Texte mit Hilfe von Desktop-Publishing-Systemen verfaßt und in den elektronischen Mailboxen etwa des Internets verbreitet.

Organisatorische Öffnung des bildenden Fachunterrichts in einer technischen Welt heißt dann, daß eine Flexibilisierung der Lernzeiten und Lernorte erforderlich ist. Konkret ist etwa an eine Epochalisierung der fachlichen Lehre zu denken, damit die Lernenden über mehr zusammenhängende Zeit verfügen können. Dieses ist die organisatorische Bedingung der Möglichkeit dafür, daß verschiedene thematische Aspekte und methodische Zugriffsweisen an einer fachlichen Fragestellung von den Lernenden verfolgt weden können. Darüber hinaus müssen sie die Möglichkeit erhalten, diese Fragen nicht nur in der künstlichen Lernwelt der jeweiligen Bildungsinstitution, sondern auch an außerinstitutionellen Lernorten, d. h. in der realen, technisch geprägten Welt zu verfolgen. Die genannten technologischen Aspekte des jeweiligen Fachunterrichts sind nur Beispiele und keine zwingenden Vorgaben innerhalb der Fächer. Denn Offenheit meint hier, daß die fachübergreifenden Fragen nicht von vornherein curricular festlegen, sondern von den Lernenden vor dem Hintergrund ihrer eigenen technischen Welterfahrung und technologischen Weltanschauung selbst eingebracht oder doch zumindest mitbestimmt und in Anerkennung und in Unterstützung ihres vielseitigen Interesses ausdrücklich zugelassen werden.

Versucht man die hier skizzierte Lehr- und Lernform auf den Begriff zu bringen, dann wird man sie als einen fachübergreifend-projektorientierten Unterricht (vgl. Hintz/Pöppel/Rekus 1995, 100ff) bezeichnen dürfen. Dies ist sicherlich kein Zufall. Denn der Gedanke des Projektunterrichts entsteht etwa zeitgleich mit dem Übergang zur neuzeitlichen technischen Welt. So hatten Anfang des 18. Jahrhunderts die Studenten der Pariser Akademie Royale d'Architecture die Aufgabe, regelmäßig projets zu gesellschaftlich relevanten technischen Fragestellungen durchzuführen. Einhundert Jahre später wird am Massachusetts Institute of Technology der Projektbegriff von William B. Rogers als Bildungsmethode eingeführt, und in unserem durch die Technik geprägten Jahrhundert sind es John Dewey und sein Schüler William H. Kilpatrick, die den Projektgedanken und das damit verknüpfte erfahrungsbezogene Lernen als *die* Methode der vielseitigen bildenden Auseinandersetzung mit den Problemen der realen, d. h. natürlichen wie technischen Welt im Hinblick auf ihre künftige verantwortliche Mitgestaltung grundlegen.

Als Fazit des dritten und letzten Schrittes läßt sich festhalten:

Wegen seiner grundlegenden wie lebensweltlichen Bedeutung erscheint es heute notwendig, daß der technologische Aspekt menschlichen Denkens in einem eigenständigen Fachunterricht und als fachüberschreitende Fragestellung im übrigen Fachunterricht aufgegriffen wird und die mit den technischen Verfahren und Gegenständen verknüpften Wert- und Normfragen in den Unterricht methodisch einbezogen werden (vgl. Rekus 1991 u. 1992). Auf diese Weise kann der Unterricht einen Beitrag – mit Herbart gesprochen – zur Vielseitigkeit des Interesses und zur Charakterstärke der Sittlichkeit, also zur Humanität des Menschen leisten. Beides zusammen kann den Menschen der Moderne davor bewahren, nur als Mittel für die Zwecke der technischen Welt und ihrer Protagonisten gebraucht zu werden; beides zusammen kann ihn zugleich davor bewahren, seine Mitmenschen und die Natur nur als Mittel für seine Zwecke zu mißbrauchen (vgl. Jonas 1980).

Literatur:

Adorno, Theodor / Horkheimer, Max: Dialektik der Aufklärung. Amsterdam 1947, Neuauflage Frankfurt 1985.

Benner, Dietrich: Wilhelm von Humboldts Bildungstheorie. Weinheim und München 1990.

Benner, Dietrich: Allgemeine Pädagogik. Eine systematisch-problemgeschichtliche Einführung in die Grundstruktur pädagogischen Denkens und Handelns. Weinheim und München 2. Aufl. 1991.

Blankertz, Herwig: Berufsbildung und Utilitarismus. Düsseldorf 1963.

Blankertz, Herwig: Theorien und Modelle der Didaktik. München 1969; 13. Aufl. 1991.

Blankertz, Herwig: Geschichte der Pädagogik. Wetzlar 1982.

Descartes, René: Discours de la Méthode. Von der Methode des richtigen Vernunftgebrauchs und der wissenschaftlichen Forschung, 1637. Hamburg 1960.

Dessauer, Friedrich: Philosophie der Technik. Bonn 1927.

Füssel, Martin: Die Begriffe Technik, Technologie, technische Wissenschaften und Polytechnik. Bad Salzdetfurth 1978.

Gehlen, Arnold: Die Seele im technischen Zeitalter. Hamburg 1957; 12. Aufl. 1970.

Habermas, Jürgen: Technischer Fortschritt und soziale Lebenswelt. In: ders.: Technik und Wissenschaft als Ideologie. Frankfurt am Main 1969, S. 104–119.

Heidegger, Martin: Die Technik und die Kehre. Pfullingen 1962.

Heitger, Marian: Bildung und Institution Schule. In: ders. (Hg.): Umgang mit der Schulkritik. Münstersche Gespräche zu Themen der wissenschaftlichen Pädagogik, Heft 1. Münster 1984, S. 32–47.

Hendricks, Wilfried: Arbeitslehre in der Bundesrepublik Deutschland. Ravensburg 1975.

Herbart, Johann Friedrich: Pädagogische Schriften, hg. von W. Asmus, 3 Bände. Düsseldorf-München 1964–1965.

Himmelmann, Gerhard: Arbeitsorientierte Arbeitslehre. Opladen 1977.

Hintz, Dieter / Pöppel, Karl Gerhard / Rekus, Jürgen: Neues Schulpädagogisches Wörterbuch. Weinheim und München 2. Aufl. 1995.

Jonas, Hans: Das Prinzip Verantwortung. Frankfurt 5. Aufl. 1984.

Kraatz, Herbert: Möglichkeiten und Grenzen einer technischen Grundbildung. Bad Salzdetfurth 1980.

Kraatz, Herbert: Technische Bildung als Allgemeinbildung. In: Zeitschrift für Technik und Unterricht, Heft 8/1989, S. 5–12.

Kreuzer, Helmut (Hg.): Die zwei Kulturen. Literarische und naturwissenschaftliche Intelligenz. C. P. Snows These in der Diskussion. Stuttgart 1987.

Liesmann, Konrad Paul: Vom Internat zum Internet. Pädagogik im technischen Zeitalter. In: Vierteljahrsschrift für wissenschaftliche Pädagogik, Heft 4/1995, S. 374–386.

Litt, Theodor: Technisches Denken und menschliche Bildung. Heidelberg 4. Aufl. 1969.

Litt, Theodor: Das Bildungsideal der deutschen Klassik und die moderne Arbeitswelt. Bonn 5. Aufl. 1958.

Mensching, Günther: Metaphysik und Naturbeherrschung im Denken Roger Bacons. In: Schäfer, Lothar / Ströker, Elisabeth (Hg.): Naturauffassungen in Philosophie, Wissenschaft, Technik, Band I: Antike und Mittelalter. Freiburg-München 1993, S. 161–184.

Menze, Clemens: Wilhelm von Humboldt. Denker der Freiheit. St. Augustin 1993.

Oser, Fritz: Zu allgemein die Allgemeinbildung, zu moralisch die Moralerziehung? In: Zeitschrift für Pädagogik, 32. Jg., 1986, S. 489–502.

Rapp, Friedrich: Analytische Technikphilosophie. München 1978.

Rekus, Jürgen: Technikunterricht und moralische Erziehung – Zur Förderung der Werturteilsfähigkeit im Fachunterricht. In: Regenbrecht, Aloysius / Pöppel, Karl Gerhard (Hg.): Moralische Erziehung im Fachunterricht. Münstersche Gespräche zu Themen der wissenschaftlichen Pädagogik, Heft 7.2. Münster 1990, S. 101–113.

Rekus, Jürgen: Technische Bildung als Einheit von Rationalität und Moralität – Zur Notwendigkeit und Möglichkeit von moralischer Erziehung im Technikunterricht. In: Kussmann, Michael / Steffen, Helmut (Hg.): Aktuelle Themen der technischen Bildung in Europa. Düsseldorf 1991, S. 77–83.

Rekus, Jürgen: Teaching Technology With a Focus on Moral Education. In: International Journal of Technology and Design Education, Volume 2, Number 2, 1992, pp. 41–46.

Sachsse, Hans: Anthropologie der Technik. Braunschweig 1978.

Schmayl, Winfried: Pädagogik und Technik. Bad Heilbrunn 1989.

Schneider, Helmuth: Herrschaft der Vernunft und Naturordnung in Platons Timaios. In: Schäfer, Lothar / Ströker, Elisabeth (Hg.): Naturauffassungen in Philosophie, Wissenschaft, Technik, Band I: Antike und Mittelalter. Freiburg-München 1993, S. 107–160.

Sternagel, Peter: Die artes mechanicae im Mittelalter. Kallmünz 1966.

Stork, Heinrich: Einführung in die Philosophie der Technik. Darmstadt 1977.

Tenorth, Heinz-Elmar: Bildung, allgemeine Bildung, Allgemeinbildung. In: ders. (Hg.): Allgemeine Bildung. Weinheim und München 1986, S. 7–31.

Tuchel, Klaus: Technik als Bildungsaufgabe. Bemerkungen zum philosophischen und pädagogischen Verständnis der Technik. In: Roth, Heinrich (Hg.): Technik als Bildungsaufgabe der Schulen. Hannover 1965, S. 70ff.

Weber, Max: Die protestantische Ethik und der Geist des Kapitalismus. In: Gesammelte Aufsätze zur Religionssoziologie, Bd. 1, Tübingen 6. Aufl. 1972, S. 1–206.

Wilhelm, Theodor: Die Allgemeinbildung ist tot – Es lebe die Allgemeinbildung! In: Neue Sammlung, Jg. 25, 1985, S. 120–150.

150

Barbara Schneider

„Bildsam ändre der Mensch selbst die bestimmte Gestalt." – Zum Verhältnis von Natur und Bildung bei Goethe

Goethe und kein Ende, so lautete der Titel der Berliner Rektoratsrede des Physiologen Emil Du Bois-Reymond aus dem Jahr 1882, in der dieser vor dem Hintergrund der positivistischen Naturwissenschaften seiner Zeit den Ergebnissen der Naturforschungen Goethes ebenso radikal wie polemisch eine deutliche Absage erteilte.[1] *Goethe und kein Ende?*, so möchte man im Hinblick auf den Naturforscher Goethe neuerlich anfragen; und eine solche Anfrage scheint um so mehr geboten, als bereits die Zeitgenossen Goethe in wesentlichen Bereichen seiner vielfältigen naturkundlichen Studien kaum mehr als einen gelehrten Dilettantismus zu attestieren bereit gewesen waren. So hatten etwa Goethes erste „Beyträge zur Optik" von 1791/92 in einer kurz darauf erschienenen Rezension eine nahezu vernichtende Kritik erfahren: „Kenner", so hieß es in der Schlußbewertung des Rezensenten, „werden also hier nichts Neues finden."[2] Doch haben Goethes Naturforschungen in vieler Hinsicht nicht nur nichts Neues erbracht; vielmehr haben sich zahlreiche seiner Aussagen und

---

[1] S. Karl Robert Mandelkow: Goethe im Urteil seiner Kritiker. Dokumente zur Wirkungsgeschichte Goethes in Deutschland. Teil III: 1870–1918. München 1979. S. 121. – Vgl. auch ders.: Goethe in Deutschland. Rezeptionsgeschichte eines Klassikers. Bd. I. 1773–1918. München 1980. S. 189f. – Zu einer vorläufigen Abgrenzung der Studien Goethes von den modernen empirischen Naturwissenschaften wird im folgenden die Umschreibung „naturkundliche Forschung" bzw. „Studien" oder der Begriff „Naturforschung" gebraucht.

[2] Goethe im Urtheile seiner Zeitgenossen. Zeitungskritiken, Berichte, Notizen, Goethe und seine Werke betreffend aus den Jahren 1773–1812. Ges. und hg. von Julius W. Braun. 3 Bde. Berlin 1883–85. Bd. 2, S. 118. – Diesem Urteil war der nicht unkritische Hinweis des Rezensenten vorausgegangen, die Optik sei „eine von den bisher bekannten Beschäftigungen des berühmten Verf. so heterogene Wissenschaft (...), die der Phantasie einen viel kleinern Spielraum, als ihr vielleicht noch in der Botanik offen steht, verstattet, wo Witz und Scharfsinn ohne eine tiefe Einsicht in die höhere Rechenkunst unnütz werden, und die durch die angestrengtesten Bemühungen der größten Männer zu einer Vollkommenheit gebracht ist, deren Kenntnis einen vieljährigen Fleiß erfordert". Ebd. S. 111f. – Goethe selbst bemerkt in seinen *Tag und Jahresheften* von 1791, sein erstes Stück optischer Beiträge sei „mit schlechtem Dank und hohlen Redensarten der Schule bei Seite geschoben" worden. – Sofern nicht ausdrücklich anders vermerkt, werden sämtliche Zitate aus Goethes Werken nach der Weimarer Ausgabe (= WA) zitiert: Goethe, Johann Wolfgang von: Goethes Werke. Hg. i. Auftr. der Großherzogin Sophie von Sachsen. – Weimarer Ausgabe, fotomechan. Nachdruck der Ausg. Weimar, Böhlau, 1887–1919. München 1987. – Im fortlaufenden Text wird mit Angabe der Abteilung (römisch), des Bandes und ggf. des Halbbandes (arabisch) und der Seitenzahl zitiert. – Abt. I: Werke; Abt. II: Naturwissenschaftliche Schriften; Abt. III: Tagebücher; Abt. IV: Briefe. – Hier I 35, S. 17.

Einschätzungen aus der Sicht der modernen empirischen Naturwissenschaften schlichtweg als falsch erwiesen. Dies gilt nicht allein für das große Gebiet der Optik und Farbenlehre, worin sich Goethe in seiner polemischen Ablehnung der Theorie Newtons bekanntermaßen als unbelehrbar und geradezu starrsinnig-dogmatisch gezeigt hat. Sogar Polemik, Unbelehrbarkeit und starrsinnigen Dogmatismus abgerechnet, können Goethes Aussagen beispielsweise zu der Anwendung des Begriffs von Ursache und Wirkung als der Quelle von Irrtümern, seine Ausführungen zur Kristallographie, seine Auslassungen gegen die Mathematik und schließlich seine unablässig vorgetragenen Vorbehalte gegenüber komplizierten Experimenten heute wenig mehr als Erstaunen, wenn nicht Befremden hervorrufen.[3]

Wenn folgerecht die Mehrzahl der naturkundlichen Forschungen Goethes im Hinblick auf ihre faktischen Resultate nur noch von wissenschaftshistorischem Interesse und somit, zugespitzt formuliert, von antiquarischem Wert sein können, so dürfte – vorläufig – eine Auseinandersetzung mit Goethe aus dieser Perspektive nur noch für wenige Spezialisten der Goethe-Forschung oder aber für Wissenschaftshistoriker von Bedeutung sein.[4] Es bedarf also vorerst und hier eines anderen Ausgangspunktes, um den Sinn einer Beschäftigung mit Goethes Verständnis von Natur und Naturforschung einsichtig zu machen. Wie also wäre die polemische Feststellung *Goethe und kein Ende* umzumünzen in eine konstruktive Auseinandersetzung? Einen ersten und wichtigen Anhaltspunkt gibt die Thematik dieses Gesprächskreises selbst. Wie aber ist das Thema „Natur – Wissenschaft – Bildung" überhaupt zu verstehen? Die eminente Bedeutung der Naturwissenschaft in der heutigen Zeit legt eine erste mögliche Interpretation nahe: Natur könnte aufgefaßt werden als ein Bereich, der zunächst für sich selbst steht und zugleich dem Menschen als widerständig gegenübersteht; ein Bereich, dessen sich der Mensch nunmehr aber im Medium einer bestimmten Zugriffsweise bemeistert hat, nämlich im Medium der Wissenschaft von der Natur; schließlich dürften sich diese Bemeisterung und

---

[3] Vgl. hierzu die detaillierte Darstellung ausgewählter Beispiele (so der „Tyndall-Effekt", die Entdeckung des Isomorphismus durch Mitscherlich, die Deutung der Fraunhoferschen Linien durch Bunsen und Kirchoff usw.) bei Otto Krätz: Goethe und die Naturwissenschaften. München 1992. S. 204–212.

[4] Zu dieser Problematik ist zunächst zu ergänzen, daß allerdings einige Anregungen der Goetheschen Farbenlehre auch auf die moderne Naturwissenschaft und die Medizin nachweisbar sind, so z. B. auf Erwin Schrödinger. Im Bereich der Kunst hat Goethe insbesondere auf William Turner anregend gewirkt. – Vgl. Krätz, Goethe und die Naturwissenschaften, a.a.O., S. 212. – Für die Beurteilung der naturwissenschaftlichen Leistungen Goethes allerdings bedürfte es einer neuen Untersuchung, welche insbesondere die aktuellen Entwicklungen der Biologie, Genetik und der Anthropologie zu berücksichtigen hätte; Goethes Lehre z. B. von der Metamorphose und der Wechselwirkung von Organismus und Umwelt, seine Ausführungen zu Polarität und Steigerung könnten erst vor diesem Hintergrund in systematischer Absicht und dann auch wissenschaftshistorisch wieder angemessen eingeordnet und bewertet werden. – Zu der früh erkannten Bedeutung der Forschungen Goethes für die Biologie vgl. die Darstellung bei Mandelkow, Goethe in Deutschland, Bd. 1, a.a.O., S. 185ff.

der daraus resultierende Erkenntniszuwachs und technische Fortschritt als so konstitutiv und zunehmend unverzichtbar für die menschliche Welt erwiesen haben, daß aus ihren Ansprüchen eine neuartige Fundierung von Bildung schlechthin entstanden ist oder entstehen muß. Auf eine kurze, eingängige Formel gebracht: Natur – also Wissenschaft von der Natur – also Bildung. Es stellte sich dann die Aufgabe, die Genese, die Implikationen und die immanente Problematik dieses angenommenen Verhältnisses von Grund und Folge von Naturwissenschaft und Bildung aufzuklären. Vorausgesetzt wäre dabei, daß Wissenschaftsorientierung und naturwissenschaftliche Rationalität nicht allein als ein Konstituens moderner Bildung unter anderen Konstituentien zu begreifen, sondern darüber hinaus als normativer Maßstab an eine zeitgemäße Bildungstheorie anzulegen wären. Das Bild und der Begriff von der Natur, beide ineins als der gegenwärtige Erfahrungsmodus von Natur überhaupt, wären dann unter der Maßgabe eines wissenschaftlichen Verhältnisses zur Natur neu zu deuten. Damit wäre an diejenige Problematik wieder angeknüpft, welche Theodor Litt im Vorwort zu seiner Schrift „Naturwissenschaft und Menschenbildung" 1952 in knappen Strichen expliziert hatte: „Die neuzeitliche Naturwissenschaft ist weit mehr als eine Fachdisziplin unter anderen. Sie ist zu einer geistigen Großmacht geworden, die an den Seelen der Menschen auch da modelt, wo man sich ihren Problemen und Methoden denkbar ferngerückt glaubt. Deshalb muß, wer sich um die Frage der Menschenbildung sorgt, ihr ein Höchstmaß von Aufmerksamkeit zuwenden."[5] Innerhalb des hiermit eröffneten Horizontes müßte eine kritische Auseinandersetzung mit Goethes Verständnis von Natur und ihrer wissenschaftlichen Erfahrbarkeit darzustellen versuchen, ob das von Goethe gezeichnete Bild von der Natur und sein in Analogie dazu entwickelter Begriff der Naturforschung in ihrer bewußten Gegensätzlichkeit zum Selbstverständnis einer quantitativ verfahrenden, empirischen Naturwissenschaft in dieser aktuellen bildungstheoretischen Problematik noch einen Ort haben könnten. Somit sei wiederum auf die Ausführungen Litts verwiesen: „Wenn es gerade ein Goethe ist, der so leidenschaftlich Widerstand leistet, dann ist der Frage nicht auszuweichen, wie es zu dieser Ablehnung kommen konnte und in wie weit die bestrittene Geistesmacht Eigentümlichkeiten aufweist, die diese Gegenwehr berechtigt erscheinen lassen."[6]

Diese Fragestellung ist freilich keine selbstgenügsame und ebensowenig bloße Reverenz gegenüber dem Klassiker Goethe. Denn die vorgestellte Formel vom Funktionszusammenhang von Natur, Wissenschaft und Bildung hat doch offensichtlich versagt; die Naturwissenschaft hat offenkundig nicht jene Leistung für die Bildung erbracht, die ihr aufgrund ihrer eigenen Ansprüche an den Menschen aufgetragen worden ist. Vielmehr hat das Versagen der modernen Naturwissenschaft als Medium zwischen Natur und Mensch für die Bildung des Menschen neuartige Probleme erzeugt, welche sie selbst – zumindest

---

[5] Theodor Litt: Naturwissenschaft und Menschenbildung. Heidelberg 1952. 2., verb. und erw. Aufl. 1954.

[6] Ebd. im Anhang: Goethes Naturanschauung und die exakte Naturwissenschaft. S. 109.

bisher – nicht zu lösen vermag. Vor der in der Einladung zu diesem Gesprächskreis formulierten Aussage, das Verhältnis der Menschheit zur Natur bedürfe
einer tiefgreifenden Revision, muß sich doch der eben skizzierte Nexus der
Begriffe „Natur – Wissenschaft – Bildung" als allzu optimistisches Wunsch-
denken herausstellen. In Anbetracht einer für den neuzeitlichen Menschen geradezu charakteristisch zu nennenden Naturentfremdung einerseits und der
unaufhaltsam um sich greifenden Naturzerstörung andererseits kann die Naturwissenschaft weder als Bemeisterung der Natur durch den Menschen noch
als Medium seiner Bildung begriffen werden. Vielmehr erscheinen Natur, Wissenschaft und Bildung mehr denn je als disparate Bereiche, ihr Zusammenhang erscheint als heillos zerstört. Die Naturwissenschaft wird ihrer zwischen
Natur und Mensch vermittelnden Funktion nicht nur nicht oder nicht mehr
gerecht, sie verstellt geradezu den Zugang des Menschen zur Natur und damit
die Möglichkeit seiner Bildung in und an der Natur.

Dieser Befund ist indes keineswegs neu. Bereits 1941 stellte der Physiker
Heisenberg in seinem Aufsatz „Die Goethesche und die Newtonsche Farbenlehre im Lichte der modernen Physik" programmatisch fest: „(. . .) die ganze
Welt wird verwandelt durch die ungeheure Erweiterung unserer naturwissenschaftlichen Kenntnisse und durch den Reichtum der technischen Möglichkeiten, der uns wie jeder Reichtum teils als Geschenk, teils als Fluch gegeben ist.
Daher sind in den letzten Jahrzehnten immer wieder warnende Stimmen laut
geworden, die zur Umkehr raten. Sie weisen darauf hin, daß dieser Abkehr von
der unmittelbaren sinnlich gegebenen Welt und der damit verbundenen Teilung der Welt in verschiedene Bereiche schon jetzt eine große Zersplitterung
des Geisteslebens gefolgt sei und daß wir uns mit der Entfernung von der lebendigen Natur gewissermaßen in einen luftleeren Raum begeben, in dem kein
weiteres Leben möglich sei. Dort, wo diese Warner nicht einfach zur Aufgabe
der bisherigen Naturwissenschaft und Technik überhaupt raten, ermahnen sie
uns, bei der Entwicklung der Naturwissenschaft in enger Verbindung mit der
anschaulichen Erfahrung zu bleiben."[7]

Anschaulichkeit der Erfahrung aber und die Lebendigkeit des Zusammenhanges von Natur und Menschsein sind geradezu Leitmotive des Goetheschen
Denkens, die sich als Maximen in der Gesamtheit seines Werkes – nicht nur in
seinen naturwissenschaftlichen Schriften – zur Geltung bringen. Goethes Aussagen dürften daher mehr als fünfzig Jahre nach Heisenbergs kritischer Reflexion auf die gegebenen und die gebotenen Grenzen von Naturwissenschaft und
ihrer technischen Nutzung um so mehr als bedenkenswert gelten, als die Wirkungen jenes Fluches fühlbarer und zu einem nicht geringen Teil irreversibel
geworden sind. Also noch kein Ende mit Goethe, sondern eine reumütige
Rückbesinnung auf ihn, um den aus Menschenhand erzeugten Fluch zu ban-
nen, seine unheilvollen – und unheimlichen – Wirkungen zu kurieren? An-

[7] In: Geist der Zeit. 19 (1941), H. 5. S. 261–275. Hier zitiert nach Mandelkow, Goethe in
Deutschland, Bd. 1, a.a.O., S. 184.

haltspunkte dafür sind in Goethes Werk in reicher Zahl vorhanden. So fordert Goethe in seiner Schrift „Recht und Pflicht" die Selbstbescheidung des Naturforschers: „Wenn der Naturforscher sein Recht einer freien Beschauung und Betrachtung behaupten will, so mache er sich zur Pflicht die Rechte der Natur zu sichern; nur da wo sie frei ist, wird er frei sein, da wo man sie mit Menschensatzungen bindet, wird auch er gefesselt werden." (II 9, 73) Bestätigt nicht die Erfahrung eines schonungslos verfahrenden Umgangs mit der Natur, daß diese, wo sie in den ihr vom Menschen auferlegten Fesseln der Ausbeutung und Mißhandlung liegt, umgekehrt den Menschen unfrei macht? Und muß diese Einsicht nach allen zwischenzeitlichen Erfahrungen nicht erst dem Naturforscher bzw. Naturwissenschaftler ex professo als Maxime seines Forschens und Handelns vorgeschrieben werden, sondern jedem Menschen im seinem Verhältnis und in seinem Verhalten zur Natur, zu seiner natürlichen Umwelt? „Sprich,", so hatte Goethe einen schonenden und ökologisch vertretbaren Umgang mit der Natur postuliert, „wie werd' ich die Sperlinge los? so sagte der Gärtner: / Und die Raupen dazu, ferner das Käfergeschlecht, / Maulwurf, Erdfloh, Wespe, die Würmer, das Teufelsgezüchte? – / ‚Laß sie nur alle, so frißt einer den anderen auf.'"[8] Und entlarvt Goethe nicht auch die vorherrschende anthropozentrische Nutzung der Natur als eine zwar begreifliche, gleichwohl wenigstens vom Naturforscher zu überwindende menschliche Selbstüberschätzung und Hybris, wenn er sagt: „Der Mensch ist gewohnt, die Dinge nur in der (!) Maße zu schätzen, als sie ihm nützlich sind, und da er, seiner Natur und seiner Lage nach, sich für das Letzte der Schöpfung halten muß: warum sollte er auch nicht denken, daß er ihr letzter Endzweck sei. Warum sollte sich seine Eitelkeit nicht den kleinen Trugschluß erlauben? Weil er die Sachen braucht und brauchen kann, so folgert er daraus: sie seien hervorgebracht, daß er sie brauche. Warum soll er nicht die Widersprüche, die er findet, lieber auf eine abenteuerliche Weise heben, als von denen Forderungen, in denen er sich einmal befindet, nachlassen? Warum sollte er ein Kraut, das er nicht nutzen kann, nicht Unkraut nennen, da es wirklich nicht an dieser Stelle für ihn existiren sollte? (. . .) Ein Naturforscher also wird sich nun einmal schon über diesen trivialen Begriff erheben müssen, ja, wenn er auch als Mensch jene Vorstellungsart nicht los werden könnte, wenigstens insofern er ein Naturforscher ist, sie so viel als möglich von sich entfernen." (II 7, 218ff) Haben sich nicht die Trugschlüsse menschlicher Eitelkeit, die aus solchem Anthropozentrismus motivierten und diesen neuerlich motivierenden Handlungen seither zu Fehlschlüssen und Verfehlungen mit solchen gravierenden Folgen entwickelt, daß es nicht nur für die Naturwissenschaftler an der Zeit wäre, sich mit Goethe von ihnen zu verabschieden?

[8] WA I 1, S. 340. – Nicht zufällig ist diese Reflexion in einer populären Anthologie unter dem Titel „Mit Goethe durch den Garten. Ein Abc für Gartenfreunde" als Einladung „zu einem literarischen Spaziergang durch die Szenerie des Paradieses, gesehen mit den Augen des Dichters, der keine Vertreibung dulden mochte", abgedruckt. Hg. von Claudia Schmölders, Frankfurt a. M. 1989. S. 45.

Nicht ohne Anlaß finden sich daher sowohl unter den zünftigen Goethe-Forschern als auch unter denjenigen, die sich aus der Sicht der modernen Naturwissenschaften mit Goethe beschäftigen, Äußerungen wie die beiden folgenden: „Es bleibt abzuwarten, ob auch Goethe heute als ‚grüner' Eckstein der alternativen Kulturbewegung wiederentdeckt und reaktualisiert wird."[9] Sowie: „Manch ‚grüner' Vertreter einer ‚sanften' Naturwissenschaft wird sich in unseren Tagen von diesen Sätzen angesprochen fühlen."[10]

Vor einer solchen Inanspruchnahme Goethes als eines visionären Anwalts „grüner Selbstbescheidung"[11] kann indes nicht eindringlich genug gewarnt werden. Dabei ist es keineswegs nur der mit dieser Vereinnahmung verknüpfte eklektizistische Umgang mit den Schriften Goethes, der kritikwürdig erscheinen muß; vielmehr ist dieser Ansatz selbst zuhöchst fragwürdig. Was nämlich aus einem solchen Vorgehen einzig zu gewinnen wäre, sind bloße Handlungsanweisungen und Verfahrensvorschriften im Umgang mit der Natur. Solche präskriptiven Aussagen aber können als bloße Palliativa allenfalls dazu dienen, an oberflächlich identifizierten Symptomen herumzukurieren; sie unterziehen jedoch weder deren Ursachen noch ihre eigene Begründung einer kritischen Befragung. Ein solcher für die eigenen Bedingungen und Kriterien blinder, zweckorientierter Pragmatismus verkennt nicht nur seine Theoriebedürftigkeit; in dem rhetorischen Rückzug auf eine vermeintlich maßgebliche Autorität verstellt er geradezu die notwendige Reflexion auf die bildungstheoretische Bedeutung des Verhältnisses von Mensch und Natur.[12]

Gerade diese – von Heisenberg wie von Litt intendierte – grundsätzliche Reflexion auf das Verhältnis von Natur und Mensch, auf die verschiedenen Modi von Naturerfahrung und -erkenntnis und ihre möglichen Folgen für den Menschen, für sein Verständnis seiner selbst und der Natur und damit für seine Bildung ist der Grund des Goetheschen Denkens, aus dem dann erst im Anschluß praktische Maximen mit Berechtigung zu deduzieren wären. Im folgenden sollen deshalb die prinzipiellen Erwägungen Goethes erörtert werden. In einem ersten Abschnitt soll Goethes Verständnis der Natur dargestellt werden. Die noch unreflektierte Naturerfahrung des Menschen wird sich dabei bereits als ein Konstituens des menschlichen Naturverhältnisses herausstellen. (I) Im Anschluß daran soll die wissenschaftlich geleitete Erkenntnis der Natur als ein spezifischer Modus des Naturverhältnisses und als Dimension menschli-

---

[9] Mandelkow, Goethe in Deutschland, Bd. 1, a.a.O., S. 198.

[10] Krätz, Goethe und die Naturwissenschaften, a.a.O., S. 204.

[11] Der Begriff ist entnommen aus Ivan Illich: Die drohende Ökokratie. In: Wolfgang Beer, Gerhard de Haan (Hg.): Ökopädagogik. Aufstehen gegen den Untergang der Natur. Weinheim, Basel 1984. S. 24–31, hier S. 31.

[12] Ein analoger und ebenso unfruchtbarer Vorgang zeigt sich beispielsweise in den zahlreichen Inanspruchnahmen Wilhelm von Humboldts zur Durchsetzung aktueller schulpolitischer Vorstellungen. Vgl. hierzu Clemens Menze: Das Bildungsdenken Wilhelm von Humboldts in seiner Aktualität für eine technisch-pluralistische Gesellschaft. In: Claudia Solzbacher, Heinz-Werner Wollersheim (Hg.): Wege in die Zukunft. Pädagogische Perspektiven im pluralistischen Staat. Bonn 1988. S. 285–302, bes. S. 301, FN 9–11.

cher Bildung thematisiert werden. (II) Abschließend gilt es nach den Möglichkeiten und Grenzen der wissenschaftlichen Naturerkenntnis und den daraus resultierenden Möglichkeiten und Gefährdungen des Naturverhältnisses und seiner bildenden Bedeutung zu fragen. (III)

I.

Was also ist die Natur und in welchem Verhältnis zu ihr steht der Mensch? Wie schwierig und kompliziert die Antwort auf diese Frage womöglich ausfallen wird, als so naheliegend, selbstverständlich und geläufig mutet die Frage selbst an; denn der Mensch ist schließlich, da er selbst ein Naturwesen ist, immer schon mit der Natur verbunden und umgekehrt. „Der Mensch gehört ihr, sie dem Menschen", so beschreibt Goethe dieses Verhältnis wechselseitiger Bezogenheit von Natur und Mensch. (II 11, 65) Daß der Mensch Erfahrungen nicht nur in und mit, sondern auch von der Natur macht, erscheint als geradezu natürliche Folge dieser Beziehung. Die Erfahrung der Natur ist dabei keineswegs ein Privileg des Naturforschers; kein Mensch bleibt von ihr ausgeschlossen: „Wer mit gesunden, offnen, freien Sinnen sich (in die Natur) hineinfühlt, übt sein Recht aus, eben so das frische Kind, als der ernsteste Betrachter. (. . .) Erfahren, schauen, beobachten, betrachten, verknüpfen, entdecken, erfinden sind Geistesthätigkeiten, welche tausendfältig, einzeln und zusammengenommen, von mehr oder weniger begabten Menschen ausgeübt werden." (II 11, 65)

Noch vor jeder Antwort, was denn die Natur sei, verweist die so skizzierte Beziehung von Mensch und Natur jedoch auf eine grundsätzliche Problematik, die in der Fragestellung als solcher bereits angelegt ist: Denn der Mensch gehört als natürliches Geschöpf zwar der Natur notwendig an, doch ist seine Zugehörigkeit zu ihr nie unmittelbar und ungebrochen; denn sein Verhältnis zur Natur legt sich immer schon im Modus seiner Erfahrung als einer nie bloß natürlichen, sondern zugleich geistigen Tätigkeit aus. In der Thematisierung der Natur in der Frage, was sie sei, erweist sich die Bezüglichkeit von Natur und Mensch ebenso wie die Differenz zwischen Mensch und Natur. Diese dem Verhältnis von Natur und Mensch immanente Problematik kündigt sich bereits in dem frühen Fragment „Die Natur" an: „Natur! Wir sind von ihr umgeben und umschlungen – unvermögend aus ihr herauszutreten, und unvermögend tiefer in sie hinein zu kommen." Und Goethe setzt hinzu: „Wir leben mitten in ihr, und sind ihr fremde. Sie spricht unaufhörlich mit uns, und verräth uns ihr Geheimniß nicht."[13] Die Widersprüchlichkeit, die Goethe hier be-

---

[13] WA II 11, S. 5. – Ob Goethe den Hymnus verfaßt hat oder der junge Schweizer Gelehrte Georg Christoph Tobler, der Goethe nach dem Kennenlernen in Genf im Sommer 1781 in Weimar besuchte, kann an dieser Stelle nicht diskutiert werden. Die neuere von Nicholas Boyle vorgelegte Goethe-Biographie schreibt – allerdings ohne weitergehende Begründung – Tobler die Urheberschaft an dem Fragment zu: Goethe. Der Dichter in seiner Zeit. Bd. 1. 1749–1790. Oxford 1991. Dt. München 1995. S. 388. Zur Frage der Autorschaft vgl.

zeichnet, ist die Kluft zwischen der Natur als der Lebenswirklichkeit und Grundmodalität allen Menschseins, das ein Teil ihrer selbst ist und ihr dennoch im letzten wesensfremd bleiben muß. Hinter diesem sichtbaren Befund gleichzeitiger Affinität und Distanzierung offenbart sich das prinzipielle Spannungsverhältnis zwischen Mensch und Natur: Obwohl die Natur ihre Befragung durch den Menschen, sogar ihre Beurteilung durch „jeden Thoren" nicht nur zuläßt, sondern durch ihr unaufhörliches Sprechen zu den Menschen geradezu provoziert, gibt sie ihr Geheimnis nicht zu erkennen. „Sie hat sich", so Goethe, „einen eigenen allumfassenden Sinn vorbehalten, den ihr niemand abmerken kann."[14]

Gleichwohl läßt die Natur den Menschen in seinem eigentümlichen Streben, sie und damit sich selbst zu befragen, nicht völlig allein und ohne Orientierung. Denn die Natur bewahrt zwar ihr Geheimnis, doch zugleich macht sie dieses in der Mannigfaltigkeit ihrer Erscheinungen augenfällig und damit „öffentlich", so daß der Mensch die Geheimnisse der Natur letztendlich zwar nicht vollends auflösen, aber zumindest ahnend durchschauen kann.[15] Es ist die Weise, wie die Natur zu den Menschen spricht, worin sie ihr Geheimnis erahnen läßt: Die Natur nämlich, so Goethe weiter, „hat keine Sprache noch Rede, aber sie schafft Zungen und Herzen, durch die sie fühlt und spricht." (II 11, 8) Was sich der menschlichen Anschauung und Befragung dartut, ist folglich nicht die Natur an sich selbst und der in ihr verborgen waltende Sinn, sondern dasjenige, was sie erschafft, ihre Geschöpfe. Diese, ihre Kinder, legen

---

außerdem die Hinweise der Hg. der WA, II 11, S. 323. – Goethe selbst bekennt nach Auffindung des Manuskripts in einem Schreiben an den Kanzler von Müller vom 24. Mai 1828: „Daß ich diese Betrachtungen verfaßt, kann ich mich factisch zwar nicht erinnern, allein sie stimmen mit den Vorstellungen wohl überein, zu denen sich mein Geist damals ausgebildet hatte." Ebd. S. 10. – Diese Aussage Goethes dürfte hinreichend sein, das Fragment in die Interpretation der Auffassung Goethes von der Natur einzubeziehen.

[14] WA II 11, S. 6. Vgl. auch: „Sie läßt jedes Kind an sich künsteln, jeden Thoren über sich richten, Tausende stumpf über sich hingehen und nichts sehen, und hat an allen ihren Freude und findet bei allen ihre Rechnung." WA II 11, S. 8 sowie S. 65f: „Ein Kind, ein Idiot macht wohl eine Bemerkung die dem Gewandtesten entgeht und eignet sich von dem großen Gemeingut, heiter unbewußt, sein beschieden Theil zu." Gerade die Wendung „heiter unbewußt" macht deutlich, daß sich der Natur vermittels bloßer Rationalität kein Geheimnis abtrotzen läßt. – Der Begriff „Geheimnis" kommt im Zusammenhang mit der Natur sehr häufig vor; vgl. beispielsweise II 6, S. 346: Das Vermögen der Veranschaulichung wird „einen thiefen Blick in die Naturgeheimnisse" ermöglichen; II 7, S. 81: Die Natur „läßt ihr tiefstes Geheimniß ahnend durchschauen"; ebd. S. 110: „welch ein großes Geheimniß uns hier augenfällig dargebracht wird"; II 11, S. 141: Carus' Werk, das „das große Geheimniß mit Wort und Bild vor Augen legt"; ebd. S. 163: „Poesie deutet auf die Geheimnisse der Natur und sucht sie durch's Bild zu lösen."

[15] Vgl. die Formulierung „heilig öffentlich Geheimniß" in dem Epirrhema zum zweiten Heft „Zur Morphologie", WA I 3, S. 88. – Vgl. zur Bedeutung der Morphologie beigegebenen Strophen die Ausführungen bei Karl Otto Conrady: Goethe. Leben und Werk. München 1994. S. 920f sowie die Interpretation der Natur als „heilig öffentlich Geheimniß" bei Erich Trunz: Das Vergängliche als Gleichnis in Goethes Dichtung. Wiederabgedruckt in: Ein Tag aus Goethes Leben. München 1990. S. 167–187. S. 169.

dem Menschen, der sich in seiner eigenen natürlichen Verfaßtheit in sie „hineinzufühlen" vermag, sinnenfällig von dem Wirken der Natur Zeugnis ab; hingegen wird der der menschlichen Rationalität entspringenden Frage, wo die Natur als Mutter dieser Kinder sei, eine letztgültige Antwort verweigert. (Vgl. ebd. 6)

Mit seiner Frage, was sie sei, richtet also die Natur den Menschen auf ihre Hervorbringungen und somit vorzüglich auf das Leben selbst: „Leben", so heißt es schon im Hymnus auf die Natur, „ist ihre schönste Erfindung." (Ebd. 7) Als die Wirkung der „Urkraft der Natur", so greift Goethe diesen Gedanken in seinen Schriften zur Morphologie erneut auf, ist das Leben „das Höchste, was wir von Gott und der Natur erhalten haben".[16] Natur und Leben sind in einem notwendigen inneren Zusammenhang unlösbar miteinander verknüpft; was der Mensch von der Natur erfahren kann, erfährt er in der beschauenden Betrachtung des Lebendigen, dessen Vollzüge ihn das Prinzip der lebendigen Natur selbst erahnen lassen: „Es ist ein ewiges Leben, Werden und Bewegen in ihr, und doch rückt sie nicht weiter. Sie verwandelt sich ewig, und ist kein Moment Stillestehen in ihr." (II 11, 6) Das Leben als unaufhörliches Werden und Bewegen ist indes keine bloß auf die Wahrnehmung des Äußeren beschränkte Erfahrung, sondern ist ineins die Erfahrung des eigenen Selbst. Der Mensch erfährt sich als Teil der Natur, insofern auch ihm wie jedem Lebendigen „der Trieb, das Leben zu hegen und zu pflegen (...) unverwüstlich eingeboren" ist. Zugleich aber erfährt der Mensch immer auch die Widerständigkeit der Natur, mit welcher sie sein mit dieser Selbstwahrnehmung zugleich initiiertes Streben nach der Erklärung der Wirkungen in die Schranken weist: „Die Eigenthümlichkeit" des Lebenstriebes wiederum, so Goethe, „bleibt uns und andern ein Geheimniß." (II 6, 216) In dieser als dialogisch zu charakterisierenden Struktur des Verhältnisses von Natur und Mensch bleibt der Mensch auf die Position des Fragenden verwiesen, der im Ausgang von den Phänomenen „der Natur ihr Verfahren abzulauschen" vermag. (II 7, 77). Wo aber die Weise des Fragens den Bezug zur Natur selbst verliert, indem der Mensch ihr seine eigenen Vorschriften aufzuzwingen versucht, dort wird er sie „widerspenstig" machen. (Vgl. ebd.)

Diese Widerspenstigkeit der Natur gegenüber dem Menschen kann jedoch nicht völlig aufgehoben werden: Wo menschliches Fragen und Deuten dem Schema von Ursache und Wirkung verhaftet ist, wo es Bewegung und Festig-

---

[16] Zum Begriff „Urkraft der Natur" vgl. WA II 7, S. 221f. – Aufschlußreich wäre auch ein Vergleich dieses Terminus mit dem Begriff der „Grundkraft" bei Wilhelm von Humboldt. S. Gesammelte Schriften. Ausgabe der Königl. Preuß. Akademie der Wissenschaften. Hg. von Albert Leitzmann u. a. Bd. 1–17, Berlin 1903–1936. Hier Bd. 3, S. 346 u. ö. – Das angeführte Zitat s. WA II 6, S. 216. Dort heißt es weiter: Das Leben, „die rotirende Bewegung des Monas um sich selbst, welche weder Rast noch Ruhe kennt". Die Anknüpfung an Leibniz ist offensichtlich, jedoch nicht unproblematisch. Vgl. dazu Rolf Christian Zimmermann: Das Weltbild des jungen Goethe. Studien zur hermetischen Tradition des deutschen 18. Jahrhunderts. 2 Bde. München 1969 u. 1979. Bd. 1. S. 17ff u. ö. sowie Manfred Kleinschnieder: Goethes Naturstudien. Bonn 1971. S. 29–34 u. ö.

keit als einander entgegengesetzte Eigenschaften wahrnimmt, wo es in dem Kontinuum zwischen Vergangenheit und Zukunft ausgespannt ist, beharrt die Natur in ihrer spielerisch-freien Selbstbescheidung bloßer Andeutung auf ihren eigenen Gesetzen. Das Lebendige selbst stellt diese eigene Gesetzlichkeit der Natur vor Augen. Die Gegenwart, so Goethe, „ist ihr Ewigkeit", und in der steten Präsenz ihres rastlosen Erschaffens „ewig neuer Gestalten", die zugleich „immer das Alte" sind, knüpft die Natur Ewigkeit und Endlichkeit, Bewegung und Festigkeit, Wirkendes und Bewirktes zusammen. (Vgl. II 11, 5ff) Findet darin das Prinzip des Lebens selbst seinen Ausdruck, so findet der Mensch in seinem Unvermögen, das Entgegengesetzte als Verbundenes wahrzunehmen, in der Wahrnehmung der Gestalten als solchen seine Orientierung. Der Begriff „Gestalt" selbst aber verdeutlicht die dabei stets verbleibende Differenz zwischen Natur und Mensch und die Unzulänglichkeit menschlicher Erfahrung der Natur: „Der Deutsche hat für den Complex des Daseins eines wirklichen Wesens das Wort Gestalt. Er abstrahirt bei diesem Ausdruck von dem Beweglichen, er nimmt an, daß ein Zusammengehöriges festgestellt, abgeschlossen und in seinem Charakter fixirt sei." (II 6, 9) Nimmt der Mensch das Lebendige als Gestalt wahr, so liegt dieser Weise des Zugangs zur Natur bereits eine genuin menschliche Auffassung der Natur zugrunde, eine Auffassung nämlich, die das menschliche Unvermögen, die Natur in der Totalität ihres lebendigen Wirkens aufzufassen, widerspiegelt. Die Begriffe, mit denen sich der Mensch seiner Erfahrung der Natur vergewissert, eröffnen ihm sein Verhältnis zur Natur und verstellen es zugleich. Nur in der kritischen Reflexion auf die Genese und die Defizite der eigenen Begriffe kann der Mensch sein Verhältnis zur Natur angemessen begreifen. Folgerecht führt Goethe weiter aus: „Betrachten wir aber alle Gestalten, besonders die organischen, so finden wir, daß nirgend ein Bestehendes, nirgend ein Ruhendes, ein Abgeschlossenes vorkommt, sondern daß vielmehr alles in einer steten Bewegung schwanke. Daher unsere Sprache das Wort Bildung sowohl von dem Hervorgebrachten, als auch von dem Hervorgebrachtwerdenden gehörig genug zu brauchen pflegt." (II 6, 9f)

Der Mensch bedarf also, um zu den Phänomenen, um zu den organischen Gestalten als Wirkungen der lebendigen Natur in ihrer Eigentümlichkeit überhaupt einen Zugang finden zu können, der vorgängigen Einsicht in die Bedingungen und in die Begrenztheit seiner eigenen Wahrnehmung und Erfahrung. Dabei aber ist er genauso seines ursprünglichen Zusammenhangs mit der Natur bedürftig; will er diese erkennen, so darf er seine eigene Genese als Naturgeschöpf nicht verleugnen und die ursprüngliche Passung zwischen sich und der Natur nicht zerstören. Um, so Goethe, „einigermaßen zum lebendigen Anschaun der Natur (zu) gelangen", muß sich der Mensch selbst nach dem Beispiel der Natur „beweglich und bildsam (. . .) erhalten".[17] Den Maßstab seiner Erkenntnis darf der Mensch nicht aus sich, sondern er muß ihn „aus dem

---

[17] Vgl. WA II 6, S. 10 sowie ebd. S. 349. In der zweiten Erwähnung wird bereits die Notwendigkeit der Analogie hervorgehoben, die dann für Goethes Einschätzung der Naturwissenschaft wesentlich werden wird.

Kreise der Dinge nehmen die er beobachtet"; gelingt ihm dieses, schließt „jeder Gegenstand, wohl beschaut, ein neues Organ" in ihm auf. (Vgl. II 11, 59) Zu dieser Leistung aber ist der Mensch als ein zur Selbstbildung befähigtes Wesen prädestiniert: „Der Mensch kann und soll seine Eigenschaften weder ablegen noch verläugnen. Aber er kann sie bilden und ihnen eine Richtung geben." (II 11, 42) Indem der Mensch natürliches und geistiges Wesen ineins ist, ist die Unmittelbarkeit seines Verhältnisses zur Natur gefährdet; dieselbe geistige Tätigkeit, die die ursprüngliche Passung von Mensch und Natur aufzuheben droht, ermöglicht jedoch die besonnene Wiederherstellung derselben. „Als höchstes Geschöpf der Natur," so formuliert es Goethe in „Die Metamorphose der Tiere", erfährt der Mensch die Gewißheit seiner Fähigkeit, „Ihr den höchsten Gedanken, zu dem sie schaffend sich aufschwang,/ Nachzudenken."[18]

Welcher aber ist nun jener höchste Gedanke der Natur, der, wie Goethe ihn nennt, „Schlüssel zu aller Bildung"? (I 3, 90) Es ist das an allen Gestalten nachvollziehbare „haushälterische Geben und Nehmen" der Natur, also ihre Ausgewogenheit nach innen und außen, ihr Gleichgewicht „von Willkür und Gesetz, von Freiheit und Maß", welches als immanentes Prinzip aller Bildung – sowohl in ihren Resultaten als auch in ihrer Prozessualität – voraus- und zugrunde liegt. (Vgl. II 8, 18; I 3, 91) Doch auch die Haushaltung der Natur, welche sie in ihren Erscheinungen vergegenwärtigt, kann vom Menschen nur in der Synthesis von sinnlicher Anschauung und rationaler Erkenntnis aufgefaßt werden: Die Natur in ihrer ewigen Gegenwart, in ihrer eigentümlichen Spannung zwischen „geordneter Bildung" und „lebendiger Bildung" wird ihm nur dann erfahrbar, wenn er ihre ihm jeweilig erscheinende Gegenwärtigkeit in der Sukzession von Ursache und Wirkung, die Materie in ihrer kraftvoll-lebendigen Entfaltung erfaßt. (Vgl. I 3, 90) In seiner kurzen Schrift „Bildungstrieb" hebt Goethe die dazu notwendige Verknüpfung von Betrachtung und Denken hervor, nämlich „daß wir, um das Vorhandene zu betrachten, eine vorhergegangene Thätigkeit zugeben müssen und daß, wenn wir uns eine Thätigkeit denken wollen, wir derselben ein schicklich Element unterlegen, worauf sie wirken konnte, und daß wir zuletzt diese Thätigkeit mit dieser Unterlage als immerfort zusammen bestehend und ewig gleichzeitig vorhanden denken müssen."[19] Diese ewige und nicht mehr hinterfragbare Tätigkeit, die die Ausge-

---

[18] WA 11, S. 22 und I 3, S. 91. Vgl. auch die ebd. S. 398 angegebene Lesart *Geschöpf, der Natur* und die Kommentierung: „An Naturfreude ist hier aber nicht zu denken, sondern an die innere Befriedigung des Menschen, die 50–56 entwickelten Begriffe der Natur nachdenken zu können." – Die ineins wirkliche Differenz und die Affinität von Mensch und Natur findet sich auch in folgender Formulierung: „Soviel aber können wir sagen, daß die aus einer kaum zu sondernden Verwandtschaft als Pflanzen und Thiere nach und nach hervortretenden Geschöpfe, nach zwei entgegengesetzten Seiten sich vervollkommnen, so daß die Pflanze sich zuletzt im Baum dauernd und starr, das Thier im Menschen zur höchsten Beweglichkeit und Freiheit sich verherrlicht." WA II 6, S. 13.

[19] Vgl. Goethes kleine Abhandlung über den „Bildungstrieb" in kritischer Reflexion auf „Caspar Friedrich Wolf als Mittelglied zwischen Haller und Bonnet auf der einen und Blumen-

spanntheit des Lebens zwischen Stoff und Form in der Erscheinung der lebendigen Gestalten manifestiert, ist ein ständiges Bilden und Umbilden, eine unaufhörliche Metamorphose.[20]

Die Metamorphose des Lebendigen aber vollzieht sich weder nach beliebiger Willkür noch ist sie in einmal Bestimmtes eingezirkelt. In ihr, anschaulich und erfahrbar in den Gestalten selbst, bringt sich vielmehr die Haushaltung, die gleichsam regulative Idee der Natur zur Geltung, indem die organischen Gestalten in ihrer jeweils verschiedenen Erscheinung des Identischen die „Einheit und Freiheit des Bildungstriebes" in sich vereinen.[21] Doch ist diese Einheit und Freiheit zugleich realisierende Wirksamkeit der Natur keineswegs auf die innere Entwicklung der organischen Gestalten beschränkt, welche sich in der Kontinuität des „durch Metamorphose sich erhebenden Typus" einerseits und in dessen „Versatilität" andererseits zu erkennen gibt. (Vgl. I 35, 16; II 8, 18) Ist es, um die Metamorphose des Typus zu verfolgen, notwendig, „auch zugleich mit und neben dem Veränderlichen unsere Ansichten zu verändern", so ist es dem Menschen überhaupt aufgegeben, sich aus den Fesseln seiner an-

---

bach auf der andern Seite". WA II 7, S. 71f. – Im Anschluß an das genannte Zitat heißt es: „Dieses Ungeheure personificirt, tritt uns als ein Gott entgegen, als Schöpfer und Erhalter, welchen anzubeten, zu verehren und zu preisen wir auf alle Weise aufgefordert sind." – Zu der hier nur angedeuteten Problematik vgl. die Ausführungen bei Claus Günzler: Bildung und Erziehung im Denken Goethes. Philosophische Grundlagen und aktuelle Perspektiven einer Pädagogik der Selbstbeschränkung. Köln, Wien 1981. S. 71–87.

[20] Auch der Begriff der Metamorphose selbst verdeutlicht die unbehebbare Differenz zwischen Mensch und Natur; denn sie ist eine „Idee" und sogar „eine höchst ehrwürdige, aber zugleich höchst gefährliche Gabe von oben. Sie führt ins Formlose, zerstört das Wissen, löst es auf. Sie ist gleich der vis centrifuga und würde sich ins Unendliche verlieren, wäre ihr nicht ein Gegengewicht zugegeben: ich meine den Specificationstrieb, das zähe Beharrungsvermögen dessen was einmal zur Wirklichkeit gekommen." S. WA II 7, S. 75. – Zum Hintergrund der Verwendung des Begriffs bei Goethe vgl. Boyle, Goethe, Bd. 1, a.a.O., S. 688ff. – Vgl. auch die Bemerkung Goethes: „Wollte ich jedoch einmal als Poet irgendeine Idee darstellen, so tat ich es in kleinen Gedichten, wo eine entschiedene Einheit herrschen konnte und welches zu übersehen war, wie zum Beispiel die Metamorphose der Tiere, die der Pflanze (. . .)." S. Eckermann: Gespräche mit Goethe. Besorgt von Hans T. Kroeger. Bd. 2. Weimar 1918. S. 533.

[21] Vgl. WA II 7, S. 73. – In diesem Zusammenhang entwickelt Goethe für den Bereich der organischen Natur den Begriff des „anatomischen Typus, zu einem allgemeinen Bilde, worin die Gestalten sämmtlicher Thiere, der Möglichkeit nach, enthalten wären, und wornach man jedes Thier in einer gewissen Ordnung beschriebe". WA II 8, S. 10. – Diesem Verfahren liegt die Annahme einer auch den Menschen umfassenden harmonischen Ordnung zugrunde, wie Goethe in dem Brief an Knebel vom 17. November 1784 darlegt: „(. . .) daß man nämlich den Unterschied des Menschen vom Thier in nichts einzelnem finden könne. Vielmehr ist der Mensch aufs nächste mit den Thieren verwandt. Die Übereinstimmung des Ganzen macht ein iedes Geschöpf zu dem was es ist, und der Mensch ist Mensch sogut durch die Gestalt und Natur seiner obern Kinlade (!), als durch Gestalt und Natur des letzten Gliedes seiner kleinen Zehe Mensch. Und so ist wieder iede Creatur nur ein Ton eine Schattirung einer großen Harmonie, die man auch im ganzen und grosen (!) studiren muß sonst ist iedes Einzelne ein todter Buchstabe." WA IV (Briefe) 6, S. 390. – Vgl. auch WA II 8, S. 167 u. ö.

thropozentrischen Maßstäbe zu befreien und die Natur nach ihren immanenten Bestimmungen und Wirkungen zu befragen. (Vgl. ebd.) Gelingt ihm dies, dann legt sie ihm in der Ausgewogenheit von Metamorphose und Gestalt Rechenschaft ab von ihrem haushälterischen Verfahren, mit welchem sie alles Lebendige in einer Verbindung zum Ganzen erhält. (Vgl. II 11, 31) Denn der menschliche Maßstab, „allen Dingen eine Bestimmung nach außen zu geben", greift zu kurz und vermag die Metamorphose in ihrer allseitigen Wirksamkeit nicht auszumessen. (II 7, 220) Die Natur wirkt hingegen „von außen als nach außen, von innen als nach innen". (Ebd. 221) Beachtet der Mensch diese allseitige Wirkkraft der Natur, so erkennt er die Gestalten in ihrer entschiedenen Bestimmtheit als einen „inneren Kern, welcher durch die Determination des äußern Elements sich verschieden bildet". (Vgl. ebd. 221f) Hierin erweist sich die immanente Zweckhaftigkeit der Natur: Die organischen Gestalten stehen mit den Elementen in einem wechselseitigen Bildungsprozeß, in welchem keines ohne das andere werden und bestehen kann. „Treten wir", so fragt Goethe, „ihrer Macht zu nahe, wenn wir behaupten: sie habe ohne Wasser keine Fische, ohne Luft keine Vögel, ohne Erde keine übrigen Thiere hervorbringen können, so wenig als sich die Geschöpfe ohne die Bedingung dieser Elemente existirend denken lassen?" (II 7, 222)

Drückt sich das Wirken der Natur also sowohl im Reich des Organischen als auch im Reich des Anorganischen aus, so läßt sich der „geheimnisreiche Bau der Bildung" gerade in dieser wechselseitigen Bezogenheit des „äußeren Elements" und der Gestalten aufeinander entschlüsseln. (Vgl. II 7, 222) Setzt sich der Mensch aus dem Schema von „Bestimmungen und Zwecken" frei und betrachtet er die Natur unvoreingenommen nach ihren eigenen „Verhältnissen und Beziehungen", stellt sich ihm die Metamorphose als ein stetiger Bildungs- und Umbildungsprozeß von außen und von innen dar; in der Gestaltwerdung bewirkt sie umgekehrt stets aufs neue eine harmonische Zweckmäßigkeit nach innen wie nach außen. In dem sich proportional entwickelnden Verhältnis von Lebensweise und Lebensbedingungen zeigt sich das kontinuierliche Geben und Nehmen der Natur als ein permanenter Ausgleich von Möglichkeit und Wirklichkeit.[22] Bezeugt sich in der konstanten Stimmigkeit dieser Entwicklung das immanente Prinzip der Steigerung, so geht die Entwicklung selbst in ihrer Kontinuität aus dem Prinzip der Polarität hervor, welches den Bildungsprozeß lebendig erhält. In ihrem Verfahren der Bildung wie im Gebildeten werden die Polarität als „ewige Wirkung und Gegenwirkung der Kräfte und Elemente" und die Steigerung als „immerwährendes Aufsteigen" in der Reihe der organischen Gestalten als die „zwei großen Triebräder aller Natur" erfahrbar.[23]

---

[22] Vgl. WA II 7, S. 222ff sowie 8, S. 18ff.

[23] Die Prinzipien von Polarität und Steigerung, so führt Goethe in seiner rückblickenden Betrachtung des „Natur"-Hymnus aus, seien erst die „Erfüllung" des damals erreichten „Comparativ". S. WA II 11, S. 10f. – Vgl. ebd. S. 32.

II.

In Anbetracht der vorgestellten Komplexität der Natur und ihrer immanenten Prinzipien stellt sich indessen die Frage, ob die Natur überhaupt noch im ursprünglichen Erfahrungsmodus des „frischen Kindes", des naiven Betrachters entschlüsselbar ist. Ist die Natur in ihrem geheimnisreichen Bau, wie Goethe sie darstellt, nicht vielmehr schon das Resultat ihrer forschenden oder sogar wissenschaftlichen Befragung, welche Begriffe und Ideen bereits voraussetzt? Dieser Einwand mag sich zwar vordergründig aufdrängen; er verkennt jedoch, daß es gerade die Natur in den komplexen Wirkungen ihrer Prinzipien selbst ist, welche das Verhältnis des Menschen zu ihr allererst konstituiert. Denn noch vor jeder forschenden oder wissenschaftlichen Betrachtung der Natur unterliegt auch das Naturverhältnis des Menschen eben jenen essentiellen Prinzipien der Natur. Noch ohne den Begriff der Polarität zu kennen, lebt der Mensch als natürliches Geschöpf gemäß dem Prinzip der Polarität: „Sobald der Mensch die Gegenstände um sich her gewahr wird, betrachtet er sie in Bezug auf sich selbst, und mit Recht. Denn es hängt sein ganzes Schicksal davon ab, ob sie ihm gefallen oder mißfallen, ob sie ihn anziehen oder abstoßen, ob sie ihm nutzen oder schaden. Diese ganz natürliche Art die Sachen anzusehen und zu beurtheilen scheint so leicht zu sein als sie nothwendig ist, und doch ist der Mensch dabei tausend Irrthümern ausgesetzt, die ihn oft beschämen und ihm das Leben verbittern."[24]

Der Mensch bedarf der Natur als einer Welt außerhalb seiner selbst; noch vor jedem bewußten und reflexiven Verhältnis zur Natur ist er notwendig auf die „Außenwelt" als seines natürlichen Komplements verwiesen: „Der Mensch kennt nur sich selbst, in sofern er die Welt kennt, die er nur in sich und sich nur in ihr gewahr wird."[25] Dieses Gewahrwerden seiner selbst ist zugleich eigentümliches Konstituens und Ziel aller menschlichen Bildung. Bildung aber ist gerade als natürliche Dimension des Menschseins in vorzüglicher Weise als ein Werden zu verstehen. Wenn Goethe betont, der Mensch könne von der Natur „ohnmöglich einen größern Begriff als von sich selbst haben", dann gilt

---

[24] WA II 11, S. 21. Aus dem weiteren Kontext erhellt, daß Goethe die „Gegenstände der Natur" meint. – Vgl. auch ebd. S. 87: „Es liegt in jedem Menschen und ist ihm von Natur gegeben, sich als Mittelpunct der Welt zu betrachten, weil doch alle Radien von seinem Bewußtsein ausgehen und dahin wieder zurückkehren."

[25] WA II 11, S. 59. Auch hier verdeutlicht der Kontext, daß mit „Welt" vorzüglich die Natur, erst im weiteren die „Nebenmenschen" gemeint sind; auch nimmt Goethe in diesem Zusammenhang entsprechend Bezug auf die zuvor zitierte Schrift „Der Versuch als Vermittler von Subject und Object". – Zur Notwendigkeit einer „Außenwelt" vgl. Wilhelm von Humboldts Aussage in dem Fragment „Theorie der Bildung des Menschen": „Im Mittelpunkt aller besonderen Arten der Thätigkeit nämlich steht der Mensch, der ohne alle, auf irgendetwas Einzelnes gerichtete Absicht, nur die Kräfte seiner Natur stärken und erhöhen (...) will. Da jedoch die blosse Kraft einen Gegenstand braucht, an dem sie sich üben, und die blosse Form, der reine Gedanke, einen Stoff, in dem sie, sich darin ausprägend, fortdauern könne, so bedarf auch der Mensch einer Welt ausser sich." S. Akademie-Ausgabe, a.a.O., Bd. I, S. 283.

ebenso der Umkehrschluß: Der Begriff, den sich der Mensch von der Natur bildet, entspricht seinem Begriff von sich selbst. (II 7, 219) So wird das Kind in der Ursprünglichkeit seines Verhältnisses zur Natur dieser wie auch seiner selbst gewahr; und wie sich der Mensch im Gang seiner Bildung zu einem sittlichen Wesen erhebt, so macht er sich analogice „durch das Anschauen einer immer schaffenden Natur, zur geistigen Theilnahme an ihren Productionen würdig".[26]

Indem also das Fortschreiten von einem noch unreflektierten Anschauen zu einer ideengeleiteten Betrachtung der Natur dem Menschen als einem geistigen Wesen von der Natur selbst aufgegeben ist, so ist der Gang der menschlichen Bildung aufs engste mit seinem sich entwickelnden Naturverhältnis verschränkt. Diese Verschränkung bedeutet hingegen nicht etwa, daß der Gang menschlicher Bildung von Natur aus determiniert wäre; im Gegenteil ist der Mensch damit gemäß der in der Natur waltenden Freiheit vor einen fundamentalen Widerstreit in seinem Verhältnis zu sich selbst und zur Natur gestellt, dessen Lösung er selbsttätig leisten muß.[27] Dieser Widerstreit stellt sich daher unweigerlich ein, wenn der Mensch sich der Natur zuwendet: „Möchte man doch bei dergleichen Bemühungen immer wohl bedenken", so Goethe, „daß alle solche Versuche, die Probleme der Natur zu lösen, eigentlich nur Conflicte der Denkkraft mit dem Anschauen sind. Das Anschauen gibt uns auf einmal den vollkommenen Begriff von etwas Geleistetem; die Denkkraft, die sich doch auch etwas auf sich einbildet, möchte nicht zurückbleiben, sondern auf ihre Weise zeigen und auslegen, wie es geleistet werden konnte und mußte." (II 9, 91) Mit diesem naturbedingten und naturgemäßen Übergang von kindlich-naiver Naturerfahrung zu einer rational-erklärenden Erfahrung der Natur ist schließlich eine anthropologische Grundgegebenheit aufgezeigt, aus welcher dem Menschen eine wesentliche Aufgabe seiner Bildung erwächst. Daß der Mensch die „Kluft zwischen Idee und Erfahrung", den „Widerstreit zwischen Aufgefaßtem und Ideirtem" niemals aufzulösen vermag, verweist dabei gerade auf das mit der Haushaltung der Natur gewiesene Maß und ebenso auf den prozessualen Charakter seiner Bildung in und an der Natur: „Dehmohngeachtet bleibt unser ewiges Bestreben, diesen Hiatus mit Vernunft, Verstand, Einbildungskraft, Glauben, Gefühl, Wahn und, wenn wir sonst nichts vermögen, mit Albernheit zu überwinden."[28]

---

[26] WA II 11, S. 55. Die Formulierung, der Mensch mache sich „würdig", zeigt gerade die enge Verwandtschaft des Naturverhältnisses mit dem Bereich der Sittlichkeit. – Vgl. auch I 3, S. 91, wo es im Anschluß an die Würdigung der inneren Gesetzmäßigkeit der Natur heißt: „Keinen höhern Begriff erringt der sittliche Denker."

[27] Vgl. WA II 11, 144: „Im Reich der Natur waltet Bewegung und That, im Reiche der Freiheit Anlage und Willen. Bewegung ist ewig und tritt bei jeder günstigen Bedingung unwiderstehlich in die Erscheinung. Anlagen entwickeln sich zwar auch naturgemäß, müssen aber erst durch den Willen geübt und nach und nach gesteigert werden."

[28] WA II 11, S. 56f. – Die genannte Reihenfolge von Vernunft bis hin zur Albernheit ist keineswegs belanglos, sondern charakterisiert die Stufen der Bildung des menschlichen Selbst- und Naturverhältnisses.

Initiiert sich somit der Prozeß menschlicher Bildung aus der Erfahrung der Verbundenheit des Entgegengesetzten sowohl in der Wahrnehmung der Naturdinge als auch in dem Gewahrwerden seiner selbst, so sind und bleiben äußere und innere Erfahrung in ihrer Gleichursprünglichkeit miteinander untrennbar verknüpft: Die Natur ist „zum Erstaunen" da, und dieses Erstaunen ist zugleich das über die Dinge und das über das eigene Selbst.[29] Die Wissenschaft hat in diesem Zusammenhang von Natur und Bildung eine wesentliche Funktion: „Die Wissenschaft", so Goethe, „hilft uns vor allem, daß sie das Staunen, wozu wir von Natur berufen sind, einigermaßen erleichtere." (II 6, 222) Wissenschaft und wissenschaftlich geleiteter Umgang mit der Natur werden somit, indem sie zur Auflösung des Staunens in ein Erkennen und zur Einsicht in die Voraussetzungen dieses Erkennens, also zur Reflexion auf die Bedingtheit und die Bedingungen des Menschseins selbst, beitragen, zu einem eigenen Modus der Naturerfahrung und auch zu einem Modus der Bildung des Menschen überhaupt. Im Sinne der Steigerung wird Wissenschaft damit zu einem Korrektiv der bloß trivialen Vorstellungsart des Menschen, indem sich dieser über die ursprüngliche „Bequemlichkeit" seiner ebenso anthropozentrischen wie unreflektierten Denkungsart hinaus erhebt.[30]

Wie aber kann Wissenschaft die ihr angetragene Leistung erbringen, dem Menschen das Staunen als Grundmodalität seines Daseins zu erleichtern? Wiederum ist es die Natur selbst, die diesem spezifischen Modus menschlichen Natur- und Selbstverständnisses die Prinzipien vorschreibt: Die Wissenschaft muß zwischen der in der Metamorphose der Naturdinge herrschenden Polarität einerseits und dem Widerstreit der menschlichen Erfahrungsmodi andererseits vermitteln. Nur indem sich das wissenschaftliche Vorgehen das natürliche Prinzip der Polarität zu eigen macht, kann es erst dem Subjekt wie dem Objekt gerecht werden. Abermals in Analogie zur Dimension des Sittlichen muß sich die Wissenschaft „durch die Wechselbewegung von Idee zu Erfahrung" regieren lassen. (Vgl. II 6, 354) Wissenschaft muß also die sinnliche Anschauung ebenso zu ihrem Recht kommen lassen wie die geistige Tätigkeit. Der Mensch muß im Gang seiner Bildung das Sehen lernen: „Wir lernen", so Goethe, „mit den Augen des Geistes sehen, ohne die wir, wie überall, so besonders auch in der Naturforschung, blind umher tasten." (II 8, 37) Erhebt die Wissenschaft den Menschen über die blinde Anschauung hinaus zu begrifflicher Klarheit, so wird damit jedoch die sinnliche Anschauung keineswegs obsolet; die geistige Tätigkeit, das Sehen mit den Augen des Geistes ist vielmehr als ihr notwendiges Komplement zu verstehen. Ihre bildende Wirkung kann Wissenschaft nur erbringen, indem sie den Menschen zugleich darüber belehrt, „daß es ein Unterschied sei zwischen Sehen und Sehen, daß die Geistes-Augen mit den Augen des Leibes in stetem lebendigen Bunde zu wirken haben, weil man sonst in Gefahr geräth zu sehen und doch vorbeizusehen". (II 6, 156)

---

[29] Vgl. die ursprünglich der „Morphologie" 1820 beigegebene „Parabase", WA I 3, S. 84.
[30] Vgl. WA II 7, S. 218; ebd. 11, S. 21f.

Bleibt diese lebendige Verbindung zwischen sinnlicher und geistiger Tätigkeit erhalten, so bildet sich der Mensch in der Ansicht seiner selbst und ebenso in der Ansicht der Natur, die ihm in den „unzertrennlichen Lebensacten des Sonderns und Verknüpfens" in ihrer jeweiligen Besonderheit und in ihrer gesetzmäßigen Verwandtschaft ineins erfahrbar werden. (Vgl. II 7, 188) Die Wissenschaft wird damit zu dem vorzüglichen Medium, in welchem der Mensch den Antagonismus in seinem Naturverhältnis nicht wider, sondern gemäß der Natur zur Entfaltung seiner natürlichen Anlagen erkennen kann: Denn dann wäre „derjenige Punct" erreicht, „wo der menschliche Geist sich den Gegenständen in ihrer Allgemeinheit am meisten nähern, sie zu sich heranbringen, sich mit ihnen (wie wir es sonst mit der gemeinen Empirie thun) auf eine rationelle Weise gleichsam amalgamiren kann". (Vgl. II 11, 39) Wie die Natur selbst, würde die Wissenschaft, so verstanden und betrieben, in sich den Begriff von Macht und Schranken aufnehmen: Sie würde sich zwar „im Ganzen immer vom Leben" entfernen, jedoch „durch einen Umweg wieder dahin" zurückführen; genau in dieser umwegigen Rückkehr eröffnet sich die bildende Bedeutung der Wissenschaft, indem sie „die äußern und innern Erfahrungen in's Allgemeine, in einen Zusammenhang" bringt. (Vgl. II 11, 114)

Die Rückkehr zum Leben selbst als ihrem ursprünglichen Ausgangspunkt ist jedoch der Wissenschaft als Medium der Bildung keineswegs vorherbestimmt; ihr „belebter Aufsprung zu einer höhern Cultur" ist kein notwendiger, sondern kann sehr leicht auf „Irr-, Schleif- und Schleichwegen" fehlgehen. (Vgl. II 11, 19) Wissenschaft steht stets in der Gefahr, vom Leben wegzuführen, und diese Gefährdung geht vom Menschen selbst aus: „Und wer", so Goethe, „kann denn zuletzt sagen, daß er wissenschaftlich in der höchsten Region des Bewußtseins immer wandle, wo man das Äußere mit größter Bedächtigkeit, mit so scharfer als ruhiger Aufmerksamkeit betrachtet, wo man zugleich sein eigenes Innere, mit kluger Umsicht, mit bescheidener Vorsicht walten läßt, in geduldiger Hoffnung eines wahrhaft reinen, harmonischen Anschauens? Trübt uns nicht die Welt, trüben wir uns nicht selbst solche Momente?" (II 11, 19f)

Die vom Menschen ausgehenden Gefährdungen seines Verhältnisses zur Natur und schließlich seiner Bildung durch die Wissenschaft sind mannigfacher Art. So ist der Wissenschaftler etwa keineswegs frei von einem vordergründigen Interesse am Nutzen seiner Forschung; kann er sich von dieser Denkungsart nicht emanzipieren, bestärkt ihn das Publikum eher noch darin: „Die Menge fragt bei einer jeden neuen bedeutenden Erscheinung was sie nutze, und sie hat nicht Unrecht; denn sie kann bloß durch den Nutzen den Werth einer Sache gewahr werden."[31] Auch ist es „in der wissenschaftlichen Welt (. . .)

---

[31] WA II 11, 115f. – Vgl. hierzu auch die Ausführungen bei Wilhelm Flitner zur Problematik von Wissenschaft und ihrer Bedeutung und Wertigkeit für die *Laienbildung*, in: Gesammelte Werke. Hg. von Karl Erlinghagen u. a. Bd. 1. Paderborn 1982. S. 29–80, hier S. 72f: „Wie wirkt denn eigentlich die Wissenschaft auf die Laienwelt, das heißt auf die Menge derer, die nicht selbst Wissenschaftler sind oder wenigstens einen systematischen wissenschaftlichen Unterricht längere Zeit genossen haben? Ihre Wirkung auf diese Kreise kann

durchaus auf Herrschen und Beherrschen angesehen", so daß die Vertretung eines weniger faßlichen und populären höheren Standpunktes beinahe zwangsläufig zur Folge hat, daß ein Wissenschaftler „die Majorität gegen sich habe". (Vgl. II 11, 117) Sind solche Gefährdungen eher den akzidentellen „Trübungen durch die Welt" zuzuschreiben, so sind diejenigen Trübungen, die vom forschenden Subjekt selbst ausgehen, allerdings essentieller Art.[32] So vermag sich der Mensch als Naturforscher aus der trivialen Vorstellungsart des Nutzens durch eigene Anstrengung ebenso herauszusetzen wie er die Abhängigkeit vom Beifall anderer überwinden kann. Daß hingegen Idee und Erfahrung als die konstitutiven Elemente seiner Naturerkenntnis niemals völlig kongruieren können, daß die Idee in der Erfahrung gar nicht darstellbar ist, führt mit letztendlicher Konsequenz in die unbehebbare Situation, sich in der Erforschung der Natur mit der Anerkennung eines letzten Geheimnisses bescheiden zu müssen. Dringt das menschliche Denken auf abgemachte Fakten und Resultate, beschränkt die Komplexität der Natur es auf die Feststellung von Analogien.[33]

Diese Bescheidung aber widerspricht ganz offensichtlich der menschlichen Neigung, vorschnell „zu systematisieren, zu schematisieren", dabei der Natur die eigenen Gesetze aufzupressen, die Reflexion auf das eigene Verfahren zu vernachlässigen, schließlich dem Bestreben, „ein isolirtes Factum mit (...) (der) Denk- und Urteils-Kraft unmittelbar zu verbinden".[34] Und nicht nur im Hinblick auf das Verfahren, sondern auch in Anbetracht des zu erreichenden Resultats wird daher die grundsätzliche Umorientierung des Wissenschaftlers eingefordert: Denn „der analoge Fall will sich nicht aufdringen, nichts beweisen; er stellt sich einem andern entgegen, ohne sich mit ihm zu verbinden. Mehrere analoge Fälle vereinigen sich nicht zu geschlossenen Reihen, sie sind wie eine gute Gesellschaft, die immer mehr anregt als gibt."[35] Führt eine solche Reflexion schließlich auf eine „Erfahrung der höhern Art", so konzediert Goethe selbst, „wie streng diese Forderungen sind und wie wenig man hoffen kann sie ganz erfüllt zu sehen, man mag sie nun an andere oder an sich machen." (II 11, 33; 23) Fernab und vor jeder pragmatischen Bescheidung gleich welcher

nur *mittelbar* sein. (...) Das bloße Wort, in dem diese Kunde sich oft erschöpft, hat keinerlei Bildungswert, und es berührt auch tatsächlich den inneren Menschen und sein Denken nicht weiter. Dagegen kann die neue Arbeitsweise eines Technikers sich sehr schnell jedermann mitteilen: im Gebrauch der Geräte, in der Umstellung irgendeiner Berufsarbeit, die ja immer auch innere Folgen hat. Sie beeinflußt das Lebensgefühl schon ganz stark."

[32] Allerdings sind nicht alle „Trübungen durch die Welt" bloß akzidentell; die Notwendigkeit, sich mit der Anerkennung eines letzten Geheimnisses bescheiden zu müssen, macht vielmehr deutlich, daß sich die Natur im letzten dem Menschen verweigert, nämlich ihn statt mit Klarheit mit der Verschleierung ihrer selbst, mit Trübungen konfrontiert.

[33] Vgl. WA II 11, 57; ebd. 18f; ebd. 105; II 6, 226.

[34] Vgl. WA II 7, S. 77; II 11, S. 23; ebd. S. 32.

[35] Vgl. WA II 11, S. 105. – Vgl. auch die Ausführungen zur Analogie bei Günther Buck: Lernen und Erfahrung – Epagogik. Zum Begriff der didaktischen Induktion. 3., um einen dritten Teil erweiterte Aufl., hg. von Ernst Vollrath. Darmstadt 1989. S. 50f.

Couleur wird hier eine grundsätzliche Bescheidenheit angemahnt, nämlich angesichts einer „hypothetischen Unmöglichkeit (...) das Möglichste zu thun", um in der Beachtung der Bedingungen und Grenzen des Menschen die Natur in ihrer Eigenheit und in ihren eigentümlichen Rechten anzuerkennen. (II 11, 23) Soll aber an die Stelle des Erkennens der Natur als eines bloßen Objekts die Anerkennung der Natur in ihrem Subjektcharakter treten, bedarf es dazu der vorgängigen Einsicht in die eigene Endlichkeit und Unvollkommenheit und des Abschieds von der Vision, die Natur methodisch bis ins letzte durchdringen und nach sich absolut setzenden anthropozentrischen Normen beherrschen zu können.[36]

III.

Eröffnet sich also die bildende Dimension der Wissenschaft in der Reflexion des erkennenden Subjekts auf die notwendige, jedoch erst im Prozeß der Bildung selbst zu leistende Synthesis von Erfahrung und Idee, so steht diesem Streben nach einer Synthesis der Vorstellungsarten nicht selten eine jeweils zur Einseitigkeit tendierende Verfaßtheit des Subjekts entgegen. Denn, so Goethe, „hier sind zwei verschiedene Denkweisen im Spiele, welche sich in dem menschlichen Geschlecht meistens getrennt und dergestalt vertheilt finden, daß sie, wie überall, so auch im Wissenschaftlichen schwer zusammen verbunden angetroffen werden und, wie sie getrennt sind, sich nicht wohl vereinigen mögen". (II 7, 169) Die Neigung, im Gang der Erkenntnis sich entweder nur von Ideen oder aber nur von der Empirie leiten zu lassen, erkennt Goethe als einen in der menschlichen Natur selbst angelegten Zwiespalt, vor dem sich diese „kaum jemals retten könne". (Ebd. 170)

Die eigentliche Bedeutung und Tragweite dieses „immerfort währenden Conflicts" erschließt sich hingegen zunächst nicht im Blick auf die Individuen als solche, die diesen im Gang ihrer Bildung zu überwinden versuchen müssen, sondern im Blick auf die Wissenschaft, in welche hinein sich dieser „Antagonismus" fortzeugt, zur Geltung bringt und dadurch in letzter Konsequenz „unheilbar" wird.[37] In dem Pariser *Akademiestreit*, der 1830 zwischen Etienne

---

[36] Streng genommen handelt es sich bei dem eingeforderten Abschied von der Vision von Naturerkenntnis und -beherrschung letztendlich um die Absage an den Omnipotenzanspruch des Menschen; konsequenterweise müßte in diesem Zusammenhang Goethes Aussage, „ein Phänomen an und vor sich scheine dem Menschen nicht wichtig genug", so daß er es „schnell als einen Minor behandele", auch umgekehrt formuliert werden: Letztendlich kann der einzelne Mensch sowohl als auch die Menschheit überhaupt im Ganzen der Natur kaum mehr als ein Minor bedeuten. WA II 11, S. 42. – Vgl. auch ebd. S. 5. – Zu dem Problem der Spaltung von Subjekt und Objekt und ihrer Bedeutung für das Naturverhältnis des Menschen vgl. auch die Darlegungen bei Theodor Litt, Goethes Naturanschauung und die exakte Naturwissenschaft, a.a.O., S. 110f.

[37] Vgl. WA II 7, S. 168–171. – Aufschlußreich ist es gerade, daß Goethe im Hinblick auf die Verschiedenheit der Denkungsart „im menschlichen Geschlecht", d. h. in den Individuen, die Befürchtung darstellt, „die menschliche Natur werde sich von diesem Zwiespalt kaum

Geoffroy de Saint-Hilaire und Georges Cuvier ausbricht, bestätigt sich für Goethe sowohl die vorherrschende Einseitigkeit in der Denkungsart der Individuen als auch die Gefährdung der Bildung dadurch, daß dieser Konflikt als wissenschaftlicher Prinzipienstreit gleichsam institutionalisiert wird.[38] Beiden, Geoffroy St. Hilaire als Anhänger der Deszendenztheorie und somit als Vertreter einer „deduktiven" Naturwissenschaft, Cuvier als „induktiv" verfahrendem Empiriker, sei, so Goethe, zwar jeweils ein Verdienst um den Fortgang der Naturwissenschaft zu konzedieren; für schädlich aber und die bildende Dimension der Wissenschaft faktisch außer Kraft setzend befindet Goethe die Ignoranz beider, einander trotz ihres Zusammentreffens „auf mehreren Puncten" keine „Wechselwirkung zugestehen" zu wollen.[39] In genau dieser Wechselwirkung aber muß sich menschliche Tätigkeit als Bildung der zwischen Natur und Geist oszillierenden Vorstellungsarten auslegen. Macht nun aber eine der beiden Vorstellungsarten in ihrer Einseitigkeit Schule und findet sie aufgrund ihrer leichteren Faßlichkeit beim Publikum größere Verbreitung, so wirkt solche institutionalisierte Intoleranz wiederum auf die Bildung des einzelnen zurück.[40] Das Individuum, dem als Grundproblem seiner Bildung die harmoni-

---

jemals retten können", während er im Blick auf die Wissenschaft den Zwiespalt als „unheilbar" bezeichnet; die Abstufung verweist auf die Problematik der Absolutsetzung einer einseitigen Denkungsart durch ihre Institutionalisierung.

[38] Zu dem Pariser *Akademiestreit* äußert sich Goethe ausführlich in seiner Schrift „Principes de Philosophie Zoologique" von 1832. – Welche Bedeutung Goethe diesem Ereignis beimaß, geht hervor aus der Darstellung Eckermanns vom 2. August 1830; während er Goethe von der gerade nach Weimar gemeldeten Julirevolution in Kenntnis setzen wollte, empfing ihn dieser – für Eckermann zunächst mißverständlich – mit dem Ausruf, „der Vulkan sei zum Ausbruch gekommen". Aufschlußreich für Goethes eigenen Standpunkt ist dann folgende Bemerkung: „Was ist auch im Grunde aller Verkehr mit der Natur, wenn wir auf analytischem Wege bloß mit einzelnen materiellen Teilen uns zu schaffen machen und wir nicht das Atmen des Geistes empfinden, der jedem Teile die Richtung vorschreibt und jede Ausschweifung durch ein inwohnendes Gesetz bändigt oder sanktioniert!" Eckermann, Gespräche mit Goethe, a.a.O., S. 629f. – Vgl. auch die Bemerkungen bei Krätz, Goethe und die Naturwissenschaften, a.a.O., S. 90f, wo auf die Einschätzung bei J. Jahn u. a.: Geschichte der Biologie. Jena 1985, S. 301 verwiesen wird, Goethe habe „eine zeitlos gültige grundsätzliche Charakteristik der beiden diametral entgegengesetzten Forschungsrichtungen" gefunden.

[39] WA II 7, S. 169. – In den Aufzeichnungen Eckermanns vom 2. August 1830 findet sich allerdings eine Aussage Goethes, die trotz der bemängelten Einseitigkeit ausdrücklich den Standpunkt Geoffroy de St. Hilaires als den ausgewogeneren würdigt: „Das beste aber ist, daß die von Geoffroy in Frankreich eingeführte synthetische Behandlungsweise der Natur jetzt nicht mehr rückgängig zu machen ist." Eckermann, Gespräche mit Goethe, a.a.O., S. 629f. – Der Vorwurf der Ignoranz muß daher den Empiriker um so mehr treffen, insbesondere dann, wenn sich dieser als „empirischer Querkopf" geriert: „Armer empirischer Teufel! Du kennst nicht einmal das Dumme/ In dir selber, es ist, ach! a priori so dumm." WA I 5.1, S. 232.

[40] Welche Tendenz der Wissenschaft sich dabei um so eher Geltung verschaffen kann, liegt für Goethe auf der Hand; denn der empirische Naturforscher kann seine Ansichten wirksamer durchsetzen, da er sich „mit dem Faßlichen abgibt, das was er leistet belegen kann, keine ungewöhnlichen Ansichten fordert, niemals was paradox erscheinen möchte vor-

sche Synthesis der widerstreitenden Vorstellungsarten aufgegeben ist, wird nunmehr durch eine institutionalisierte Denkungsart vorgängig dominiert. Die Folge der institutionellen Dominanz einer Denkungsart wäre dann letztendlich der Verlust der bildenden Funktion von Wissenschaft überhaupt.

Aus der Sicht Goethes droht unterdessen die sich abzeichnende Entwicklung der Naturwissenschaft selbst das ohnehin labile Gleichgewicht des Verhältnisses von Mensch und Natur weiter zu destabilisieren. Während nämlich die Besinnung auf die Bedingungen der eigenen Naturerfahrung und -erforschung den Menschen unweigerlich auf seine Grenzen führt, präferiert die moderne Naturwissenschaft zunehmend den „gebahntesten Pfad", das empirische Vorgehen. Mit ihrem vom Subjekt abgetrennten quantifizierenden Verfahren suggeriert die Wissenschaft, der Mensch könne sich aus seinen natürlichen Einschränkungen heraussetzen, und beschneidet zugleich die Natur in ihrem Subjektcharakter, indem sie sie auf ein Objekt quantifizierend-technischer Behandlung reduziert.[41] „Bei der gegenwärtigen Lage der Naturwissenschaft", so bestimmt Goethe folgerecht ein, wenn nicht das leitende Motiv seiner naturwissenschaftlichen Erwägungen überhaupt, „muß daher immer wiederholt zur Sprache kommen, was sie fördern und was sie hindern kann." (II 11, 66)

„Bemerken, sondern, zählen, messen, wägen" sind dabei ebensowenig wie die dazu erforderlichen Vorkehrungen und Geräte an sich kritikwürdig; vielmehr sind sie die traditionellen „großen Hülfsmittel, durch welche der Mensch die Natur umfaßt und über sie Herr zu werden sucht". Als Instrumentarien des menschlichen Geistes in der Vielfältigkeit seiner Operationen kommt ihnen eine bedeutende Funktion bei der Erforschung der Natur zu. (II 11, 65) Der Mensch bedient sich dieser Verfahrensweisen, wie er sich auch der Mathematik und verschiedenartiger Apparate bedient, um die Phänomene näher an sich heranzubringen.[42] Als Hilfsmittel des Erkennens gilt für diese Verfahrenswei-

---

trägt", und „so muß er sich ein größeres, ja ein allgemeines Publicum erwerben; dagegen jener sich, mehr oder weniger, als Eremiten findet". WA II 7, S. 171.

[41] Vgl. WA I 5.1, S. 306. – Zu beachten ist jedoch, daß Goethe gleichermaßen die „Theoretiker" und „Zergliederer" kritisiert, vgl. ebd. u. ö. Überhaupt ist Goethe jede einseitige Denkungsart verdächtig; vgl. dazu die treffende Bemerkung „Metaphysiker und Physiker" in den „Xenien": „Welches Treiben zugleich nach reiner Vernunft, nach Erfahrung,/ Ach, sie stecken das Haus oben und unten in Brand." Ebd. S. 275.

[42] Zur Mathematik vgl. WA II 11, S. 102 u. ö. – Die häufig behauptete rigorose Ablehnung technischer Apparate kann Goethe nicht ohne weiteres attestiert werden; so z. B. wieder bei Hans Blumenberg: Die Genesis der kopernikanischen Welt. Frankfurt a. M. 1981. S. 755. – Diese Einschätzung modifizierende Hinweise geben beispielsweise Goethes Aufzeichnungen in den Tagebüchern 1799–1800 über seine Bekanntschaft mit dem Mechaniker Auch und seine Nutzung des Teleskops, vgl. WA III 2, S. 257f, 283, 311. – Vgl. auch den Brief an J. S. Chr. Schweigger vom 2. August 1819, in welchem sich Goethe eigens nach dem „entoptischen Apparat" erkundigt, s. WA IV 31, S. 251. – Vgl. ferner folgende Bemerkung, welche Goethes Versuch, die Wissenschaften immer auch in ihrer historischen Entwicklung zu würdigen, belegt: „Nachdem man in der zweiten Hälfte des siebzehnten Jahrhunderts dem Mikroskop so unendlich viel schuldig geworden war, so suchte man zu Anfang des achtzehnten Jahrhunderts dasselbe geringschätzig zu behandeln." WA II 11, S. 113. – In seinen

sen und die Verwendung von Apparaten dieselbe Vorschrift, wie sie der Naturforscher auch für sich selbst anwenden muß, nämlich die Selbstprüfung als
„Subject in genauer Erwägung seiner auffassenden und erkennenden Organe".
(I 36, 56) Dieser Selbstprüfung korreliert die Anerkennung des „Objects als
eines allenfalls Erkennbaren". (Vgl. ebd.)

Wird jedoch die quantifizierende Verfahrensweise absolut gesetzt, so zieht
dies nicht nur für die Wissenschaft und für den Naturforscher, sondern auch
für das Naturverhältnis des Menschen überhaupt schwerwiegende Konsequenzen nach sich. Indem die empirisch-technischen Verfahrensweisen und die
dazu gehörigen Geräte ihren bloß funktionellen Charakter einbüßen und ihnen
aufgrund der durch sie gegebenen Möglichkeiten ein zunehmend eigenständi-
ger, die Forschung leitender Status beigemessen wird, wird sowohl die Natur
zu einem bloßen Objekt degradiert als auch der Forscher selbst als Subjekt
seiner Forschung sukzessiv suspendiert. Setzt sich eine solche Tendenz ungebrochen fort, so vollzieht sich Wissenschaft schließlich unter umgekehrten
Vorzeichen: Nicht mehr der Wissenschaftler ist es, der sich der Verfahren und
Apparate bedient; vielmehr wird er zum austauschbaren Funktionär einer
nicht mehr von Ideen, sondern vom technischen Kalkül geleiteten Wissenschaft. „Zahl und Maß in ihrer Nacktheit", so beschreibt Goethe die Folge
dieser Entwicklung, „heben die Form auf und verbannen den Geist der lebendigen Beschauung."[43] Der Mensch verliert den lebendigen Bezug zur Natur,
der ihm als natürlichem Geschöpf in der Anschauung gegeben ist; er muß diesen Bezug notwendig verlieren, indem er sich selbst als das Subjekt seiner geistigen Tätigkeit und damit die Erkenntnis der Natur als seines natürlichen
Komplements preisgibt. Wenn Goethe die – zuerst freilich befremdlich wirkende – Behauptung aufstellt, „der Mensch an sich selbst sei der größte und
genauste physikalische Apparat, den es geben könne", und wenn er hinzufügt,
„das sei eben das größte Unheil der neuern Physik, daß man die Experimente
gleichsam vom Menschen abgesondert habe, und bloß in dem, was künstliche
Instrumente zeigen, die Natur erkennen, ja was sie leisten könne dadurch beschränken und beweisen wolle", dann ist ihm zwar mit Recht entgegenzuhal-
ten, daß er den funktionalen Nutzen nicht allein der physikalischen Instru-

---

naturwissenschaftlichen Schriften betont Goethe schließlich die Notwendigkeit bestimmter
Vorkenntnisse, um „richtige", d. h. angemessene, von der Vorstellung des Subjekts geleitete
„mikroskopische Beobachtungen" machen zu können, s. WA II 12, S. 144. – Vgl. dann
auch Goethes durchaus zustimmenden Bericht über die Sternwarte in Jena, ebd.
155–162.

[43] WA II 8, S. 219. – Bedeutsam ist in diesem Zusammenhang auch folgende Unterscheidung
Goethes in einer Rezension seiner „Metamorphose der Pflanzen": „Die eine ist die Geschichte der Pflanzen, die andere die Geschichte der Pflanze. Diese letzte Art, die Vegeta-
bilien anzusehen hat man die philosophische genannt, indem sie sich enger an die Philosophie der Natur anschließt; eigentlich aber sind diese beiden Arten die lebendigen Wesen zu
studiren durchaus unzertrennlich." S. WA II 6, S. 272. – Ein interessanter Vergleich ergäbe
sich hier zu der Differenzierung Wilhelm von Humboldts zwischen Sprachen- und Sprach-
studium. Vgl. Humboldt, Ak.-Ausgabe, a.a.O., Bd. VI, S. 111 u. ö.

mente doch sehr unterschätzt hat.[44] Im Hinblick auf das Verhältnis des Menschen zur Natur als Dimension seiner Bildung erweist sich Goethes Aussage hingegen als äußerst bedenkenswert: Die immer radikalere Absonderung der Wissenschaft vom Menschen führt in eine Situation, in der die Polarität als immanentes und auch das Verhältnis von Mensch und Natur leitendes Prinzip außer Kraft gesetzt wird. Mit der Aufhebung ihrer lebendigen Wirkung wird der in der Komplexität des Lebendigen – in den Naturdingen wie im Menschen selbst – wirkende Bildungstrieb künstlich kanalisiert; die ursprüngliche Passung von Mensch und Natur gerät zu einer künstlichen Anpassung.

Mit der daraus resultierenden Aufhebung der Möglichkeit, daß sich der Mensch gemäß seiner eigentümlichen Verfaßtheit als natürliches und geistiges Wesen der Natur *auf rationelle Weise amalgamieren* kann, ist jedoch ebenso das zweite *Triebrad* der Natur in seiner Wirkung gehemmt, nämlich das Prinzip der Steigerung. Gibt nämlich der Mensch den ihm zukommenden Status der zur Anerkennung der Natur in ihrem Eigensein führenden Beherrschung seiner selbst zugunsten einer ihn künstlich beherrschenden Wissenschaft auf, so büßt er damit nicht nur die Dignität seiner Ideen ein, sondern zuletzt auch seine Humanität überhaupt, die in der Realisierung eines ideengeleiteten Handelns besteht. Unterscheidet den Menschen nämlich als *höchstes aller Geschöpfe der Natur* das Vermögen, sich aus eigener Kraft zu bilden und sich in dieser Bildung zu veredeln, so ist ihm damit als Ziel seiner Bildung die ethische, sich in seinem Handeln lebendig ausdrückende Einsichtigkeit vorgegeben.[45] Sein Naturverhältnis ist ihm von der Natur selbst eröffnet; dieses aber gemäß seiner selbst und der Natur gestaltend zu steigern, ist ihm als Aufgabe seiner Selbsttätigkeit auferlegt. Die tätige Verknüpfung von Möglichkeit und Wirklichkeit zu einer genuin humanen inneren und äußeren Haltung faßt Goethe in folgenden Versen zusammen: „Seele legt sie auch in den Genuß, noch Geist in's Bedürfniß, / Grazie selbst in die Kraft, noch in die Hoheit ein Herz." (I 5.1, 279)

Läßt der Mensch sich indes vom Schein wissenschaftlicher-technischer Optionen dazu verleiten, die Möglichkeit seiner Bildung und somit seiner Humanität preiszugeben, dann kann sein Handeln letztendlich nicht mehr als ein pragmatisches Zurechtstutzen seiner selbst und der Natur und ein Bemühen um den Ausgleich zwangsläufig entstehender Defizite bedeuten: „Nur durch eine erhöhte Praxis", so Goethes Forderung, „sollten die Wissenschaften auf

---

[44] Vgl. WA II 11, S. 118; Hervorhebungen vom Vf.

[45] Vgl. WA I 2, S. 83: „Edel sei der Mensch,/ Hülfreich und gut!/ Denn das allein/ Unterscheidet ihn/ Von allen Wesen,/ Die wir kennen." – Vgl. dazu Boyle, Goethe, Bd. 1, a.a.O., S. 402f. – Daß der Gang der Bildung schließlich zur Tat, zu einem vom „Gemeindrang" geleiteten tätigen Miteinander der Menschen führen muß und darin seine eigentliche Vollendung erfährt, wird ausführlich dargestellt und belegt bei Trunz, Das Vergängliche als Gleichnis in Goethes Dichtung, a.a.O., S. 178–182. – Vgl. ferner die Bemerkungen Flitners zu Goethes Wissenschaftsverständnis und Bildungsideal in seiner Schrift „Laienbildung", a.a.O., S. 76.

die äußere Welt wirken: denn eigentlich sind sie alle esoterisch und können nur durch Verbessern irgend eines Thuns exoterisch werden. Alle übrige Theilnahme führt zu nichts." (II 11, 115) Die vornehmste und angemessene Aufgabe aller Wissenschaft muß demzufolge darin bestehen, die dem Menschsein eigentümliche Ausgespanntheit zwischen Sinnlichkeit und Geist zur harmonischen Synthesis zu steigern und zugleich die Polarität zwischen Erkennen und Handeln zur harmonischen Synthese in dem menschlichen Verhältnis und Verhalten zur Natur zu bilden: „Das Höchste ist das Anschauen des Verschiednen als identisch; das Gemeinste ist die That, das aktive Verbinden des Getrennten zur Identität."[46] Gelingen kann dies nur in der selbsttätigen, vom Standpunkt der Humanität geleiteten Überwindung des Widerständigen – auch und gerade im Menschen selbst – und dem daraus gewonnenen Bewußtsein, daß „mit den Ansichten, wenn sie aus der Welt verschwinden, (...) oft die Gegenstände selbst verloren" gehen. (Vgl. II 11, 259) Der Verlust seines Verhältnisses zur Natur stellt sich dabei dem Menschen letztendlich als der selbstverschuldete Verlust des sich bildenden Gewahrwerdens seiner selbst dar. Einer Revision des Naturverhältnisses muß demgemäß die Revision des menschlichen Selbstverhältnisses vorausgehen; eine solche Revision hätte auch die Wissenschaft als Modus der Naturerkenntnis grundsätzlich zu thematisieren. Allerdings: „Wie schwer es sei auf diesem Wege für Didaktisches oder wohl gar Dogmatisches zu sorgen, ist dem Einsichtigen nicht fremd."[47] Angesichts der Prognosen Goethes zur weiteren Entwicklung der Naturwissenschaft und der darin begründeten Gefährdung des Menschen und seiner Bildung sollte aus heutiger Sicht am ehesten seine folgende Maxime zeitlose Gültigkeit beanspruchen können: „Fromme Wünsche jedoch dürfen wir hegen, liebevolles Annähern an das Unerreichbare zu versuchen, ist nicht untersagt." (II 11, 20)

---

[46] WA II 13, S. 441. – Vgl. auch WA I 5.1, S. 310: „Daß dein Leben Gestalt, dein Gedanke Leben gewinne,/ Laß die belebende Kraft stets auch die bildende sein."

[47] Vgl. WA II 6, S. 226. In diesem Zusammenhang stellt Goethe die Schwierigkeit des Bildungsganges überhaupt dar: „Die Idee ist in der Erfahrung nicht darzustellen, kaum nachzuweisen, wer sie nicht besitzt, wird sie in der Erscheinung nirgends gewahr; wer sie besitzt, gewöhnt sich leicht über die Erscheinung hinweg, weit darüber hinauszusehen und kehrt freilich nach einer solchen Diastole, um sich nicht zu verlieren, wieder an die Wirklichkeit zurück und verfährt wechselweise wohl so sein ganzes Leben." – Hervorhebung vom Vf. – Vgl. auch WA II 11, S. 260: „Die Wissenschaften so gut als die Künste bestehen in einem überlieferbaren (realen), erlernbaren Theil und in einem unüberlieferbaren (idealen), unlernbaren Theil."

Aloysius Regenbrecht

In memoriam Heinrich Stork

Am Freitag, dem 10. Januar 1997, ist Prof. em. Dr. Heinrich Stork, Mitglied des Erweiterten Vorstandes des Münsterschen Gesprächskreises, verstorben. Schon gezeichnet von seiner schweren Krankheit, hat er bis zuletzt sein Wissen und Können in den Dienst des Münsterschen Gesprächskreises gestellt und beim Symposion im Frühjahr 1996 einen Vortrag zum Problemkreis „Natur – Wissenschaft – Bildung" gehalten. Der Münstersche Gesprächskreis trauert um den Wissenschaftler und um den Menschen Heinrich Stork.

Heinrich Stork war in einem umfassenden Sinne gebildet. Als engagierter Naturwissenschaftler hat er seine wissenschaftlichen Fragestellungen bis hin in die technischen Anwendungen verfolgt, zugleich aber auch umfassend erkenntnis- und wissenschaftstheoretisch reflektiert. Sein beruflicher Werdegang über das Chemiestudium, die Promotion, eine langjährige Tätigkeit im Bereich der Forschung und des Patentwesens in der chemischen Industrie, eine Dozentur für Philosophie der Naturwissenschaften an der Schule der Bundeswehr für Innere Führung in Koblenz, die ordentlichen Professuren für Chemie und ihre Didaktik in Münster und Essen und die geschäftsführende Leitung des Instituts für die Pädagogik der Naturwissenschaften an der Universität Kiel lassen ahnen, daß seine Erfahrung und sein breites und tiefgreifendes Wissen ihm stets einen souveränen Blick über die Grenzen des Faches Chemie ermöglichten. Seine philosophischen Reflexionen über Naturwissenschaften und Technik sind weithin beachtet worden; seine „Einführung in die Philosophe der Technik" ist in der vierten Auflage erschienen, die fünfte wird vorbereitet.

Sein wissenschaftlicher Ruf blieb nicht auf Deutschland beschränkt. Eine Reihe von Einladungen zu Kongressen, Arbeitstagungen und Forschungsaufenthalten haben ihn ins europäische Ausland, nach Nord- und Südamerika und schließlich nach Japan geführt.

Im Denken des Naturwissenschaftlers Stork ist die Frage nach der Verantwortung des Menschen in einer von Naturwissenschaft und Technik beherrschten Welt immer stärker geworden. Das wird deutlich an seinem Wechsel aus einer steilen Karriere in der Großindustrie auf einen Lehrstuhl für Philosophie der Naturwissenschaften und am zweiten Schritt zur Didaktik der Chemie. Im Jahre 1971 schrieb er in einem Aufsatz „Die unbewältigte Technik": „Wir haben die Technik in großem Ausmaß praktiziert, aber nicht bewältigt. Diese Bewältigung ist eine gesellschaftliche Aufgabe ... In der Tat muß wohl zunächst ein neues Bewußtsein, eine öffentliche Moral in Bezug auf den sinnvollen Gebrauch von Technik entstehen, welche die Qualität des Lebens höherstellen als die Quantität der Produktion ... An der Bildung eines solchen Bewußtseins kann jeder von uns mitarbeiten." Heinrich Stork ging es immer um die präzise Förderung des Wertbewußtseins junger Menschen im verantwortlichen Umgang mit den Ergebnissen von Naturwissenschaft und Technik.

In diesen beiden Fragerichtungen hat er die Münsterschen Gespräche bereichert. Sein Aufsatz in diesem Heft und sein Beitrag über „Naturwissenschaftlicher Unterricht und moralische Erziehung" in Heft 7.2 der Münsterschen Gespräche sind dafür beredte Zeugnisse.

Der Münstersche Gesprächskreis nimmt auch Abschied von dem Menschen Heinrich Stork. Bei aller Schärfe der wissenschaftlichen Diktion und Unduldsamkeit gegenüber unsachlichen Argumenten kam nie ein grobes oder verletzendes Wort über seine Lippen. Seine Beiträge waren von Einfühlsamkeit und menschlicher Zuwendung getragen. In seinem persönlichen Leben verband er die Frage nach der wissenschaftlichen Wahrheit mit der Suche nach dem Urgrund der Wahrheit, nach Gott. Sein Denken war getragen von der Hoffnung und dem Glauben, den er als Mitte seines Lebens bekannte. Heinrich Stork wird uns sehr fehlen.

Die Autoren des Heftes 14

Götz, Rainer, Prof. Dr.	Universität Freiburg
Hilgenheger, Norbert, Prof. Dr.	Universität Bonn
Ludwig, Harald, Prof. Dr.	Universität Münster
Mertens, Gerhard, Prof. Dr.	Universität Regensburg
Peters, Meinolf, Dr.	Hauptabteilung Schule und Erziehung im Bischöflichen Generalvikariat Münster
Plöger, Wilfried, Prof. Dr.	Universität Köln
Rekus, Jürgen, Prof. Dr.	Pädagogische Hochschule Karlsruhe
Schneider, Barbara, Dr.	Universität Bonn
Stork, Heinrich, Prof. Dr. †	ehemals IPN Kiel

Münstersche Gespräche
zu Themen der wissenschaftlichen Pädagogik

Über den Inhalt der früheren Bände schicken wir Ihnen gern einen Prospekt

Heft 10: Bildung und Religion. Herausgeber: Johannes SCHNEIDER.

Das 10. Münstesche Gespräch ist die inhaltliche Fortsetzung und Vertiefung des 9. Gesprächs. Es befaßt sich noch einmal mit dem Verhältnis von Bildung und Religion, und zwar in historischer und in systematischer Fragestellung. – *Ursula Frost:* Das Verhältnis von Religion und Bildung bei Schleiermacher – ein Lösungsweg für die Zukunft? – *Egon Schütz:* Nietzsche und das Christentum – ein unterschätztes Lehrstück zum prekären Verhältnis von Glaube und Bildung. – *Hermann Schrödter:* Der Begriff der Religion und seine Bedeutung für Bildung und Erziehung. – *Linus Hauser:* Neue Religiosität. Zwischen Neomythos und Technologie. – *Dietrich Benner / Marian Heitger:* Zur Bedeutung von Religion für die Bildung. VI und 135 Seiten, Paperback 34,– DM.

Heft 11: Schule – gestalteter Lebensraum. Pädagogische Reflexionen und Orientierungen. Herausgeber: Wilhelm WITTENBRUCH.

Wilhelm Wittenbruch: Schulleben – Chance oder Barriere für die Bildung des jungen Menschen? – *Maria Fölling-Albers:* Empirische Befunde zur Lebenssituation von Kindern und Jugendlichen – *Edward J. Birkenbeil:* Geistliche Wurzeln des Dialogs in ihrer Bedeutung für die Humanisierung des Schullebens – *Ludwig Kerstiens:* Sozialerziehung in der Schule – ein aspektreiches Programm – *Ernst Klaus Schneider:* Schulmusik – Lebenswelt – Schulleben – *Gottfried Leder:* Schule als „gestalteter Lebensraum" im Aspekt politikwissenschaftlichen Fragens – *Jan Heiner Schneider:* Vor allem Zuwendung und Solidarität. Intentionen und Konzeptionen der „Schulseelsorge" in der „Schule für alle" – *Herwart Kemper:* Öffnung von Schule und Unterricht – eine pädagogische Zielkategorie? – *Dieter Hintz:* Differenzierung der Unterrichtsformen – *Joachim Kuropka:* Lebensbezug im Geschichtsunterricht. Neue Formen historischen Lernens und ihre Probleme für Unterricht und Schule – *Paul Schäfer:* Die erzieherische Dimension im Erdkundeunterricht – Fachunterricht als fachübergreifend-projektorientierte Unterrichtsform – *Ludwig Rendle:* Der Religionsunterricht als Lebens-, Handlungs- und Erfahrungsraum. Stimmigkeit – Ganzheitlichkeit – Handlungsorientierung: Ansätze zu ihrer Verwirklichung im Religionsunterricht – *Altfrid Gramm:* Forschungsvorhaben MINT-Projekt (Mädchen im naturwissenschaftlich-technischen Unterricht) – *Hans-Hermann Buyken:* Musik im Schulleben der Grundschule – *Mechthild Löning und Gertrud Schilmöller:* Irrfahrten mit Odysseus – Ein Unterrichtsbeispiel aus den Fächern Deutsch und Kunst im 6. Jahrgang – *Ulrike Kurth:* Bilder vom Menschen – Menschenbilder. Ein Projekt im Philosophieunterricht des 11. Jahrgangs – Drei Berichte aus den Werkstattgesprächen – *Karl Gerhard Pöppel:* Schule – gestalteter Lebensraum? – *Wilhelm Wittenbruch:* Schlußwort: Schule – ein Raum, in dem junge Menschen günstige Voraussetzungen für ihre Bildung finden. X und 200 Seiten, Paperback 39,80 DM.

Heft 12 Erfahrung und schulisches Lernen.
Herausgeber: Aloysius REGENBRECHT und Karl Gerhard PÖPPEL.

Im 12. Münsterschen Gespräch wurde das Verhältnis von lebensweltlicher Erfahrung und schulischem Unterricht unter bildungstheoretischer, schultheoretischer, didaktischer und lernpsychologischer Fragestellung in fünf Beiträgen kritisch untersucht. – *Aloysius Regenbrecht:* Erfahrung und Unterricht. – *Volker Ladenthin:* Wissenschafts- und erfahrungsanaloger Unterricht. – *Karl Gerhard Pöppel:* Zu welchem Zweck sollen sich Schule und Unterricht öffnen? – *Norbert Hilgenheger:* Öffnen oder Schließen von Schule? Eine historische Problemskizze. Ferner 8 Beiträge zum Verhältnis von Erfahrung und schulischem Lernen in unterschiedlichen Unterrichtsfächern und Unterrichtsformen. XX und 236 Seiten, Paperback 45,– DM.

Heft 13 Kulturelle Vielfalt als Problem für Gesellschaft und Schule.
Herausgeber: Johannes SCHNEIDER.

Clemens Menze: Zur Geschichte der Toleranzidee von der Frühaufklärung bis zum Neuhumanismus in Deutschland – *Gottfried Leder:* Freiheitlich-demokratischer Rechtsstaat und multikulturelle Gesellschaft – *Reinhard Schilmöller:* Kollision kultureller Werte – Pädagogische Konzeption interkultureller Erziehung im Dilemma – *Heinz-Günther Stobbe:* Sind monotheistische Religionen toleranzfähig? – *Adel-Theodor Khoury:* Zur Identität der Muslime in einer nicht islamischen Gesellschaft. VI und 153 Seiten, Paperback 38,– DM.

Verlag Aschendorff Münster. Bezug durch jede Buchhandlung.